포스트모더니즘의 이해
: 포스트모던 시대와 기독교의 복음

A Primer on Postmodernism

A Primer on Postmodernism
by Stanley J. Grenz
copyright ⓒ 1996 by Wm. B. Eerdmans Publishing Co.
All right reserved.
Korean tranlation copyright ⓒ 2009 by Worship & Preaching Academy
through the arrangement of KCBS

본 저작물의 한국어판 저작권은 KCBS, INC.를 통해
Wm. B. Eerdmans Publishing Co.와 독점계약한 예배와 설교 아카데미에 있습니다.
저작권법에 의해 한국 내에서 보호를 받는 저작물이므로
무단 전재와 복제를 금합니다.

포스트모더니즘의 이해

초판 1쇄	2010년 2월 10일
2쇄	2018년 5월 21일
지 은 이	스탠리 그렌츠
옮 긴 이	김운용
펴 낸 이	김현애
펴 낸 곳	예배와 설교 아카데미
주 소	서울특별시 광진구 광장동 272-12
전 화	02-457-9756
팩 스	02-457-1120
홈페이지	www.wpa.or.kr
등록번호	제18-19호(1998.12.3)
디 자 인	디자인집 02-521-1474
총 판 처	비전북
전 화	031-907-3927
팩 스	031-905-3927
ISBN	978-89-88675-44-1

값 14,000원

* 잘못 만들어진 책은 교환해 드립니다.

A Primer on Postmodernism

포스트모더니즘의 이해
: 포스트모던 시대와 기독교의 복음

스탠리 그렌츠 저
김운용 역

하나님 나라의 비전을 가지고
포스트모던 세계를 위한
지도자를 훈련하는 일에
온전히 헌신했던 진정한 그리스도인
레이톤 포오드(Leighton Ford)에게
이 책을 드립니다.

차 례

서문 · 11
역자 서문 · 19

1장 "스타 트랙"과 포스트모던 세대 · 25
모더니티에서 포스트모더니티로의 움직임 · 26
모던 사고방식 · 28
1) 계몽주의 프로젝트
2) 모더니티와 "스타 트랙"

포스트모던 사고 · 34
1) 철학적 포스트모더니즘
2) 포스트모던 분위기
3) 포스트모더니즘과 다음 세대

포스트모더니티와 복음주의의 기독교 · 41

2장 포스트모던 사조 · 43
포스트모던 현상 · 46
포스트모던 의식 · 46
포스트모더니티의 탄생 · 50
포스트모더니티 선구자 · 53
포스트모더니즘 중심이 없는 영역 · 57

문화적 현상으로서의 포스트모더니즘 · 59
다양성에 대한 포스트모던 찬사 · 59
포스트모던 건축 · 62
포스트모던 예술 · 66
포스트모던 연극 · 70
포스트모던 소설 · 73

대중문화 현상으로서의 포스트모더니즘 · 77
포스트모던 문화의 토대로서의 영화 산업 · 78
텔레비전과 포스트모던 문화의 보급 · 82
대중문화에서의 포스트모더니즘에 대한 그 밖의 표현 · 86

3장 포스트모던 세계관이 아니라 관점 · 91
포스트모더니즘과 지식 · 92
'세계'의 종말로서의 포스트모더니즘 · 93
'절대담론'의 종말로서의 포스트모더니즘 · 100
과학의 종말로서의 포스트모더니즘 · 104
포스트모던 과학 혁명 · 108
물리적 세계에 대한 새로운 관점 · 109
과학 연구 성격에 대한 새로운 관점 · 116

4장 모던 세계의 태동 · 121
모더니티에 대한 르네상스의 토대 · 122
모더니티와 계몽주의 · 125
계몽주의 시기 · 126
계몽주의 인류학 · 128
계몽주의 전망의 기초 · 131
  1) 철학에 있어서의 혁명
  2) 과학적 혁명

계몽주의 원칙들 · 138
계몽주의 시대의 종교 · 143
모더니티와 칸트 학파의 혁명 · 146
칸트의 철학 · 148
  1) 상황 : 흄의 회의론
  2) 칸트의 응답 : 능동적 이성
  3) 실천 이성

칸트와 선험적 허식 · 155

5장 포스트모더니즘에 대한 서곡 · 159
계몽주의에 대한 의문 · 161
계몽주의 자아에 대한 도전 · 161
1) 데카르트의 사고하는 자아에 대한 비판
2) 실체에 대한 비판 : 조안 피히테

계몽주의에 대한 거부 : 프리드리히 니체 · 168
1) 계몽주의 진리 개념의 종말
2) 계몽주의의 가치 개념에 대한 거부
3) 계몽주의 철학자들에 대한 거부

해석학의 문제 · 183
모던 해석학의 시작 : 프리드리히 슐라이어마허 · 184
역사주의와 해석학 : 빌헬름 딜타이 · 186
다름의 해석학 : 마틴 하이데거 · 192
해석학의 재탄생 : 한스-게오르그 가다머 · 202

언어의 문제 · 208
게임으로서의 언어 : 루드비그 비트겐슈타인 · 208
사회적 관습으로서의 언어 : 페르디낭 드 소쉬르 · 211
해체된 자아 : 구조주의 · 216

6장 포스트모더니즘 철학자들 · 225
권력으로서의 지식 : 미셸 푸코 · 227
니체의 가장 진실한 신봉자 · 227
계몽주의의 거부 · 231
1) 자아에 대한 거부
2) 인류학에 대한 거부

권력으로서의 지식 · 239
계통학 · 244
허구로서의 역사 · 248

로고스 중심주의 해체 : 자크 데리다 · 250
   언어의 본질 · 253
   차이와 차연 · 256
   해체 · 265
실용주의 유토피아 : 리처드 로티 · 279
   새로운 실용주의 · 284
      1) 실용주의자들의 견해
      2) 포스트모던 실용주의
   실용주의자의 자아와 인간 공동체 · 280
   새로운 유토피아적 이상주의 · 285

7장   복음과 포스트모던 상황 · 289
모더니즘에 대한 포스트모던 비판 · 291
   우리의 기초 위에 서서 : 메타내러티브에 대한 거부를 반대하면서 · 292
   공통 기반 : 계몽주의 인식론의 거부 · 295
      1) 지식의 확실성
      2) 진리의 객관성
      3) 지식의 선함

포스트모던 복음의 윤곽 · 298
   탈개인주의 복음 · 299
   탈이성주의적 복음 · 301
   탈이원론적 복음 · 304
   탈지성 중심의 복음 · 306

참고문헌 · 309
색인 · 325

서문

언젠가 레이톤 포오드 사역 연구소(Leighton Ford Ministries)의 탐 학스(Tom Hawkes)에게서 그런 질문을 받은 적이 있다. "'베이비 버스터'들을 위한 목회 종합 연구소의 열두 명의 참여자들 가운데 한 명이 되기 위하여 1993년 10월 26~28일, 노스 캐롤리나 샬롯에 한번 오시지 않으시겠습니까?" 나는 그 질문에 대해 그렇게 대답했다. "아무래도 사람을 잘못 택하신 것 같은데요. 저는 학자이지 현장 사역자가 아닙니다." 그렇게 반응했던 나에게 들려온 대답은 의외였다. "그것이 바로 당신이 거기에 있어야 하는 이유입니다. 우리 현장 사역자들은 포스트모더니즘이 무엇을 주장하는지 우리가 바른 이해를 갖기 위해 당신을 필요로 합니다."

'포스트모더니즘.' 이것은 우리들이 사용하는 용어들 중에 전혀 새로운 용어는 이제 아니다. 실로 나의 저서들 가운데 두 권의 책에서 나는 새롭게 태동하는 포스트모던 상황에서 복음주의 신학이 어떠해야 하는지에 대한 질문을 이미 제기한 바 있다. 그러나 샬롯에서의 그 모임은 이 용어가 정확히 무엇을 의미하는지에 대한 바른 이해를 필요로 한다는 사실에 내 관심을 집중하도록 만들어주었다.

사실 샬롯에서의 경험은 이 책에 대한 기본 사고를 가질 수 있게 해주었다. 포스트모더니즘에 대한 이 '입문서'는 학생들, 교회 지도자들, 청소년 사역자들, 그리고 신학자들을 돕기 위해서 쓰여졌다. 북미, 특히 대학 캠퍼스에 점점 지배적인 현상이 되고 있는 자세, 마음 상태를 이해하는 데 있어서 이러한 책의 필요성을 강하게 느끼게 되었다. 그 모임을 위해 준비하는 동안 어드만 출판사의 존 패트(Jon Pott)를 포함하여 먼저 여러 출판사로부터 전화를 받았다. 1993년 11월에 모인 북미종교학회(the American Academy of Religion)에서도 이것을 토론의 주제로 삼기를 원한다면서 깊은 관심을 보여주었다.

한편 1994년 3월 남침례신학대학원(Southern Baptist Theological Seminary)에서 열리기로 되어 있었던 복음주의 신학학회(Evangelical Theological Society, ETS)의 동남부 지역 모임에서 이 주제에 대해 발제를 해달라는 제안을 데이빗 도커리(David Dockery) 교수님으로부터 받기도 했다. 샬롯 경험은 1장의 내용인 "스타 트랙과 다음 세대"라는 글의 기초를 제공했다.

이 글은 본인이 섬기고 있는 리젠트대학의 계간지인 *Crux*(십자가)에 발표되었고(1994년 3월호, 30/1), 놀라운 반향을 불러일으켰다. 그것은 여러 차례 다른 잡지에도 실리게 되었는데, ETS 모임에서 발제된 내용을 중심으로 출판된 *The Challenge of Postmodernism*(포스트모더니즘의 도전)[1]에 실리기도 했다.

이렇게 진행된 이 주제와 관련한 예비 연구와 함께 본인은 포스트모더니즘 연구에 본격적으로 접어들게 되었다. 이러한 작업을 통해서 이 지적 경향이 말하는 것이 무엇이며, 포스트모던 에토스가 우리 문화 가운데 어떻게 스며들면서 퍼져 나가고 있는지 이해하기를 원했다. InterVarsity Christian Fellowship의 국제 훈련 프로그램인 NISET '94에 한 과목을 개설해 달라는 초청은 이러한 작업을 통해서 내가 발견한 내고를 마치기 위한 계획의 마감 시간을 제공해 주었다. 또한 상황은 이러한 결과를 검토하도록 요청하여서 이 작업을 더 서두르게 되었다. 이제 이러한 작업의 수정된 완성본을 읽고 있는 셈이다.

본서는 다소 독특한 구성을 따라 집필되었다. 1장과 7장은 읽다보면 마치 책의 결론처럼 느껴질 수도 있을 것이나. 그러면서도 첫 장의 "스타

---

[1] David S. Dockery, ed., *The Challenge of Postmodernism: An Evangelical Engagement* (Wheaton, Ill. : BridgePoint, 1995).

트랙과 포스트모던 세대"는 이 책에서 다루고 있는 전체 내용의 초기 형태를 제시해 준다. 마지막 결론에 해당하는 장(章)인 "복음과 포스트모던 상황"에서는 포스트모더니즘에 대한 요약된 응답을 제시하고 있으며, "그래서 어떻다는 말인가?"(So what?)라는 질문에 대한 초기 답변을 제시하려고 했다. 만약 포스트모더니즘에 대해 다소 낯설게 느껴진다면 먼저 이 부분을 읽을 것을 권하고 싶다.

2장과 3장에서는 "이 소동이 어찌함인고?"라는 질문을 제기하면서 일반적인 포스트모던 상황에 대해 기술하려고 했다. 이 부분은 오늘날 우리가 살고 있고, 사역하고 있는 상황에 점점 강력하게 영향을 끼치면서 형성해 가고 있는 광범위한 지적, 문화적 에토스에 주의를 기울이도록 경고를 해준다.

4장, 5장, 6장에는 정말 들뜨게 만드는 자료가 제시된다. 포스트모더니즘은 결국 지적 발달과정의 하나이다. 이 섹션에서는 우리 사회 안에 많은 이들이 모더니즘을 거부하고 포스트모더니즘의 불분명한 흐름을 진수시키게 하는 지적인 힘이 무엇인지에 대해 살펴보게 된다. 이런 논의의 꼭대기에는 포스트모더니즘의 대표적인 세 사람의 사상이 무엇인지에 대한 논의가 제시되는데, 미셸 푸코, 자크 데리다, 리처드 로티가 그들이다(6장).

　여기에서 '입문서'(primer)라는 용어를 사용하였지만 책의 내용에는 많은 인용문을 담고 있지 않음을 발견하게 될 것이다. 내가 이 책을 수정하면서 처음 작업에서 넣었던 그런 내용을 많이 생략하려고 했다. 이 책에서 어떤 저자에 대해 인용할 때 근본적인 목표는 그 '저자'가 말하려고 하는 것이 무엇인지를 발견하려고 하였다. 그래서 그들의 주장들을 인용하는 부분을 넣는 것보다는 그들의 주장 전반을 정리하려고 하였다. 푸코, 데리다, 로티 등과 같은 포스트모던 학자들의 저서를 살펴보기를 원하면 이 입문서를 살펴보기보다는 그들의 저서들로 직접 들어가는 것이 좋을 것 같다. 여기에서 나의 목적은 포스트모더니즘에 대한 주요 연구서들의 개관을 제공하는 것이며, 그 주제를 이해하기 위한 기본적 도구를 제공하는 데 있다. 바라기는 이 예비적인 논의가 나중에 대표적인 학자들이 제시한 내용을 읽을 때 도움이 되고, 어떤 부분을 더 연구해야 할지에 대한 격려가 될 수 있기를 바란다.

　포스트모더니즘에 대한 지적 논의에 있어서 주요 주장을 제시한 학자들의 작품을 이해하려는 노력의 일환으로 제시되는 것들은 대표적 저작으로부터 몇 인용들을 이 '입문서'의 여기저기에 뿌리듯이 배치해 놓았다. 그러한 인용문들은 이 책의 내용을 전개해 가는 데 배치하지 않고 별도의 섹션에 위치시켰다. 그러한 것들을 통해 대표적인 학자들의 저작에서 제시한 중심적 내용을 이해하는 데 도움이 될 수 있기를 바란다. 아마도 그것들은 그 저작에서 인용된 내용을 읽다보면 그 책들을 더 읽고 싶은 흥미를 불러일으켜 줄 것이다.

    이러한 주요 목적을 마음에 새기고 본서를 읽었으면 좋겠다. 나의 목표는 포스트모던 에토스에 대한 기초적인 이해를 제공하는 것이다. 특히 본서를 통해 포스트모더니즘이 제시해 주는 지적 경향에 대한 소개를 제공하는 데 목표를 두었다. 포스트모더니즘은 분명히 중요한 비판과 평가가 주어졌고, 전방위에서 다양한 학자들에 의해서 도전을 받기도 했다. 그리스도인들은 결국 포스트모더니즘에 대해 비판적으로 참여하는 데 실패해서는 안 되는데, 특별히 그것이 요구하는 자리에서는 반드시 그리해야 한다. 동시에 모더니즘에 대한 바른 이해가 필요하듯이 포스트모더니즘이 우리에게 긍정적으로 가르쳐 주는 것에 대해서도 역시 개방적이 되어야 한다. 우리가 포스트모던 상황에서 확신을 가지고 복음을 전하고,

그것을 오늘의 시대에 구현시키기를 원한다면 어떤 경우에도 우리는 먼저 떠오르는 지적 에토스(intellectual ethos)에 대한 바른 이해와 명확한 이해를 가져야 한다.

포스트모던 세대를 위한 사역에 어떻게 참여해야 하는지를 정확하게 제시하려는 것이 본서의 근본적인 목적이 아니다. 무엇보다도 나는 학문을 연구하는 학자이다. '스타 트랙 세대'를 이해하고 그들을 위한 사역을 펼쳐나가는 임무는 시대와 사역에 대한 뛰어난 감각을 가지고 있는 현장 사역자들의 몫으로 남겨놓는다.

마지막으로 이 책을 저술함에 있어서 많은 도움과 지원을 해주신 분들에 대해 감사를 표하고 싶다. 캐리신학대학(Carey Theological College)의 직원들과 특히 나의 강의 조교인 조지 캐패큐(George Capaque)에게 감사를 드린다. 어드만 출판사의 직원들에게 감사를 드리고, 이러한 작업이 가능하도록 격려해 주신 존 패트(Jon Pott) 편집장에게 감사를 드린다. 책의 편집을 위해 어깨를 맞대고 수고해 주신 팀 스트레이어(Tim Straayer) 씨에게 감사를 드린다. 무엇보다도 캐리신학대학과 리젠트대학의 모든 학생들에게 특별히 감사를 드리고 싶다. 또한 다른 학교에서 내 강의를 들었던 학생들에게도 감사의 마음을 표하고 싶다. 내가 인도한 IVCF의 세미나 그룹에도 감사의 인사를 드리고 싶고, 이 주제에 대해 강의를 했던 여러 교회의 회중에게도 감사의 마음을 전하고 싶다. 그들은 인내를 가지고 나의 강의를 경청해 주었고 (물론 너무 딱딱하고 어려운 내용이라고 힘들어하신 분들도 있었지만) "포스트모더니즘"이라고 부르는 이 복합적인 현상을 내가 좀 더 민감하게 이해할 수 있도록 많은 도움을 주신 것에 대해 감사를 드린다. 이러한 포스트모던 에토스는 연대감을 가지고 함께 연구한 많은 학자들의 주장이 폭넓게 터져 나오게 했으며, 이 책을 쓰는 데 중요한 역할을 해준 여러 학자들에게 깊은 감사의 마음을 갖게 된다.

모든 일에서 하나님께서 홀로 영광을 받으시옵소서!
(*in omnibus glorificetur Deus*)

역자 서문

얼마 전 거대한 지진해일(쓰나미)이 평화롭던 사모아제도의 섬들을 덮어 버렸다는 뉴스를 접했다. 남태평양의 파라다이스와 같던 그곳이 일순간에 지상의 지옥으로 바뀌었다고 현지 언론은 온 세계에 뉴스를 타전했다. 2004년 인도양 연안 국가에서 일어난 지진해일은 자그마치 23만 명의 목숨을 앗아간 지진과 같은 단층선에서 발생했다. 환태평양 화산대는 지진과 화산 활동이 활발한 지역으로 지금 해저 지형의 구조가 바뀌면서 자주 지진과 지진해일이 발생하고 있다고 전문가들은 설명한다. 수많은 인명 피해와 재산 피해를 냈을 뿐만 아니라 섬 전체를 폐허로 만들어 버린 재난 앞에서 이번에도 조기 경보 시스템이 도마에 올랐다. 남태평양 지역의 국가들이 지난 참사 이후 수년간 조기경보 시스템 구축을 위해 노력해 왔지만 이번에도 그것이 제대로 작동하지 않아 인명 피해가 컸다고 언론은 지적하고 있다. 지진해일이 생명을 위협하는 세력이라면, 조기경보 시스템은 생명을 살리는 시스템이다. 문제는 시스템이 적절하게 가동되지 못했을 때 그곳의 모든 것이 무너져 내리고 말았다. 그 세력이 강력하면 할수록 그 시스템은 더욱 중요해진다.

지진해일과 같이 오늘날 우리 시대를 향해 밀려오는 또 하나의 거대한 물결이 있다. 그것은 가히 수백 년 동안 이어져 온 기존의 질서와 규범들을 넉넉히 허물어 버리고 마비시켜 버릴 수 있을 만큼 강력한 힘을 가진 물결이다. 이것은 이미 시작되어 나타나고 있는 현상들인데, 옛 질서를 허물어 내고 새로운 문화·사회적 질서를 구축해 가고 있다. 그 흐름은 모든 것을 잠재워 버릴 만큼 거대한 물결로 다가오고, 토대와 같이 작용해 왔던 것들을 흔들어 놓고 있는 강력한 힘으로 다가오고 있다. 그중에서 현대 문화를 대표하는 흐름 가운데 하나인 포스트모더니즘의 흐름은 각계각층에 영향력을 행사하고 있는 새로운 흐름으로 다가오고 있다. 이것은 오늘날 "문화 전체의 성격을 규정하는 지시어"로 자리매김을 해가고 있다.

오랫동안 지배해 왔던 가치관과 사고의 터가 흔들리면서 새로운 시대 정신으로 대두되고 있는 포스트모더니즘은 교회의 사역 전체에 있어서 큰 도전으로 다가오고 있다. 기존의 토대 자체를 스스로 해체해 가는 시대에 교회는 어떻게 본래의 역할을 계속해서 수행할 수 있을까? 절대 진리를 전해야 하는 기독교의 설교, 유일한 구원자가 되시며 만왕의 왕이 되시는 성삼위 하나님을 예배하고 섬겨야 하는 기독교의 모든 사역은 모든 것을 다 무너뜨릴 수 있는 거대한 물결 앞에서 어떻게 진리를 보존하며, 증거할 수 있을 것인가? 이에 대한 정확한 이해와 적절한 대처가 없으면 그 물결에 무너져 내릴 수밖에 없을 것이다. 단적으로 말하기는 어렵지만 작금에 한국교회는 이런 문화 흐름의 충격에서 기존의 사역들이 흔들리면서 휘청거리고 있는 현상들을 보게 된다. 절대 진리와 그러한 토대 자체를 거부하는 시대에 설교자들은 어떻게 하나님의 말씀을 증거할 수 있을 것이며, 어떻게 하나님의 거룩한 엄위에 사로잡혀 드리는 예배를 보존할 수 있을 것인가? 이 시대의 징조와 흐름을 알고 정확하게 대처할 수 있는 지혜로움이 요구된다.

    포스트모더니즘은 계몽주의 이후에 나타난 모더니즘의 한계를 극복하려는 노력의 일환으로 나타난 시대 정신이요, 문화적 현상이다. 필자가 1990년대 초반, 미국에서 박사과정 세미나에서 "포스트모더니즘과 설교"라는 과목을 수강할 때만 해도 이것은 생소한 용어였고, 국내에서는 거의 논의조차 안 되던 주제였다. 그러나 이제 이것은 기독교의 신학 진영뿐만 아니라 다양한 영역에서 지속적인 논의가 되고 있다. 이 주제에 대한 논문을 쓰고 지속적인 연구를 하면서 기독교 사역자들은 이 시대의 흐름을 알고, 분별하는 지혜가 필요하다는 생각에서 강의도 개설해서 사역자들로 하여금 이것을 연구하는 일을 계속하게 했다.

본서는 미국에서 공부할 때 처음 접했던 때 번역을 생각했는데 10여 년이 지난 오늘에야 번역 작업을 마무리하게 되었다. 스탠리 그렌츠 박사는 캐나다 밴쿠버에 소재한 리젠트대학 신학부에서 오랫동안 신학과 기독교 윤리 교수로 재직해 온 분으로 미국의 복음주의 진영의 대표적인 학자이다. 그의 저서와 이론들은 이미 국내에 다양하게 소개되었다. 본서는 변화하는 시대 가운데서 복음주의 신학의 토대를 어떻게 세워나갈 것이며, 그것을 통해 어떻게 이 시대로 하여금 복음을 다시 듣도록 할 것인가에 초점을 맞춘 그의 네 권의 저서와 깊이 연결되어 있다. 특별히 본서는 그의 이러한 저서들의 배경과 토대를 제공하고 있는 책으로 평가되고 있다.

본서가 이 시대의 새로운 시대 정신으로 기독교 진영에는 토대를 흔들어 놓을 수 있는 거대한 물결인 포스트모더니즘에 대한 이해를 돕는 좋은 길잡이가 될 수 있을 것이라는 생각에서 본서의 번역을 진행했다. 밀려오는 거대한 파도는 분명 두려운 것이나 그 파도의 성격을 잘 아는 윈드서핑을 하는 사람들은 오히려 파도를 타는 것을 본다. 이 책을 통해서 많은 사역자들과 그리스도인들이 거대하게 일어나는 파도를 타며 그 스릴을 만끽하면서 이 시대 속에 생명을 가져올 복음을 온전히 드러낼 수 있기를 바라는 마음이 크다.

    이 책의 번역은 장신대 박사과정 세미나인 "포스트모던 시대의 설교"를 진행하면서 부분적으로 박사과정 중에 있는 김양일 목사가 번역을 시도하였다. 그 수고에 감사하고, 본서는 학교에서 허락해 준 2009년 봄, 연구학기 동안에 본인이 직접 새롭게 번역하였다. 혹 잘못된 것이 있으면 전적으로 본인에게 책임이 있다. 세심하게 교정을 해준 윤혜경 전도사의 수고에 감사하고, 색인 작업과 기타 작업을 위해서 수고해 준 조교 김영규 전도사와 전성령 양의 수고에 감사를 드린다. 본서의 출판을 기꺼이 허락해 주신 WPA 사장이신 김현애 목사에게도 감사의 말씀을 전한다. 늘 책을 출판할 때마다 가장 최고의 감사는 가족들에게 돌아간다. 미국에서 가족이 모처럼 함께 보내던 시간에도 연구를 위해서 늘 도서관에 머물러야 하는 아빠를 언제나 먼저 이해하려고 드는 사랑스러운 아이늘, 한솔, 한결, 한빛(세라)에게 감사한 마음이 크다. 아내 박혜신 님의 기도와 격려의 내조는 늘 나의 연구와 사역에 늘 원동력이 되어왔음을 기억할 때

고마운 마음을 전한다.

    본서를 통해 사역자들이 시대를 이해하고, 어떻게 이 시대 가운데서도 복음으로 교회를 세우고 소중한 사역들을 세워나갈 수 있을지 '지혜'를 얻게 하는 책이 될 수 있기를 기도하는 마음이다.

2009년 가을에 담아 놓으신 아름다움으로 가득한
광나루 언덕의 연구실에서

역자 김운용

1

"스타 트랙"과 포스트모던 세대
Star Trek and the Postmodern Generation

 카메라는 저 멀리 떨어져 있는 은하계를 배경으로 달리고 있는 미래 우주선에 그 초점을 맞추고 있다. 안내 문구를 자랑스럽게 읽어가는 해설자의 목소리가 들려온다. "우주…… 우리가 탐구해야 할 최후의 영역(final frontier). 그곳을 향해 지금 우주선 '엔터프라이즈'(Enterprise)호가 항해를 시작했습니다. 이 우주선이 수행해야 할 지속적인 임무는 낯선 새로운 세계를 탐험하고, 새로운 생명체와 문명을 찾아내며, 이전에 아무도 가보지 않았던 곳을 향해 담대히 나아가는 것입니다."

 이 멘트와 함께 한때 인기 있었던 텔레비전 시리즈, "스타 트랙: 다음 세대"(Star Trek: The Next Generation)의 이야기가 시작된다. 이것은 오랜 기간의 방영을 마치고 1994년 5월에 그 시리즈를 종영하였다.

"다음 세대"로 명명된 이것은 이전에 방영된 바 있는 초기 "스타 트랙" 시리즈를 여러 측면에서 새롭게 한 버전이었다. 이 버전에는 이전 우주 항해사들이 항해할 때 은하계를 어지럽게 하던 정치상의 여러 난국이 해결된 후의 세대들의 이야기로 채워져 있는데, 이전 세대를 지나 미래에 존재하는 내용들을 중심으로 펼쳐진다. 하지만 때로는 새로운 타입의 탐험가인 진 룩 피카드(Jean-Luc Picard)가 키르크(Kirk) 선장과 승무원들로부터 임무를 인수받아 재구성된 엔터프라이즈호의 선장을 맡게 된 후, 이 시리즈를 새롭게 구성한 작가는 시청자의 세계가 미묘한 패러다임의 변화를 경험하고 있음을 발견하게 된다. 즉, 모더니티(modernity)는 이제 포스트모더니티(postmodernity)에게 자리를 내주게 된 변화이다. 결과적으로 "스타 트랙: 다음 세대"는 새로 태동하고 있는 세대의 세계관을 반영하고 있는데, 그 틀도 이러한 시대적인 변화에 영향을 받으면서 형성된 것임을 알 수 있다.

첫 번의 시리즈 "스타 트랙"에서 "스타 트랙: 다음 세대"로의 전환에서 읽게 되는 분명한 패러다임의 변환은 오늘날 서구 사회 가운데 일어나고 있는 깊은 변혁을 반영하고 있음이 분명하다.

모더니티에서 포스트모더니티로의 움직임

오늘날 사회를 연구하는 많은 관찰자들은 서구 세계가 변화의 한복판에 서 있다는 사실에 대해 한결같이 동의한다. 사실 우리는 명백히 중세의 쇠퇴에서 벗어나 모더니티의 출현에 필적하는 그런 혁신이 우리 가운데서 다시 일어나고 있는 문화적 변화를 뚜렷하게 경험하고 있다. 우리는 지금 모던 시대에서 포스트모던 시대에로의 전환이 일어나고 있는 한 복판에 서 있다.[1] 물론 그러한 변혁기가 언제부터 시작되었고, 어떻게 일어나고 있는지를 명확하게 설명하고 평가하는 것은 쉽지 않은 일이다. 새로 생성되는 시대적 특성을 한두 마디 말로 분명하게 기술하는 것은 쉽지 않다.[2] 그럼에도 불구하고 대단한 기념비적인 변화가 현대 문화의 모든 차원에 걸쳐 일어나고 있는 현상을 보고 있다.

'포스트모던'이라는 용어는 1930년대에 이미 진행 중이었던 두드러진 역사적 변화[3]를 설명하기 위하여, 그리고 예술 영역에서 일어나고 있는 확고한 발전을 명명하기 위해[4] 처음으로 사용되었다. 그러나 포스트모더니즘은 1970년대에 이르기까지는 그렇게 관심을 끌지 못했다. 처음에 이것은 건축의 새로운 스타일을 의미하는 용어로 사용되었다가 점차 학문적 영역에서 사용되었다. 특히 이것은 대학의 영문학과 철학과에서 상술된 이론을 설명하는 명칭으로 본래 사용되기 시작했다. 결과적으로 이

---

1) 이런 주장에 대해서는 예컨대 Diogenes Allen, *Christian Belief in a Postmodern World: The Full Wealth of Conviction* (Louisville: Westminster/John Knox Press, 1989), 2쪽을 참조하라.
2) 어떤 사상가들은 이러한 포스트모던의 풍조를 대담하게 기술하려고 하는 사람도 있다. 그러나 그들의 이러한 묘사는 그들 자신의 교감을 반영하는 경향을 보여준다. 예를 들어 샐리 맥패규(Sallie McFague)는 포스트모던 특징 가운데 "자연의 중요성에 대한 깊은 인식, 인간 존재 표현에 있어서 언어의 중요성 인식, 과학 기술에 대한 낙관적 반응의 유보, 유대교와 기독교 전통에 대해 다른 종교가 주는 도전의 수용, 종말론적 묵시에 대한 민감성, 유럽계 백인 남성의 퇴조하는 듯한 현상, 그리고 성, 인종, 계급으로 상대적으로 박탈감을 가지고 있던 사람들의 부각, 그중에서도 아마도 가장 중요한 것은 모든 차원에서와 모든 상상 가능한 방식에서 삶이 상호 의존되어 있다는 의식의 증대" 등을 들고 있다. 보다 상세한 내용을 위해서는 Sallie McFague, *Metaphorical Theology* (Philadelphia: Fortress Press, 1982), x-xi쪽을 참조하라.
3) 이러한 용어의 초기의 사용에 대한 논의를 살펴보기 위해서는 Margaret Rose, "Defining the Post-Modern," in *The Post-Modern Reader*, ed. Charles Jencks (New York: St. Martin's Press, 1992), 119-36쪽을 참조하라.
4) Craig Van Gelder, "Postmodernism as an Emerging Worldview," *Calvin Theological Journal*, vol. 26 (1999): 412.

용어는 광범위한 문화적 현상을 기술하는 용어로 자리잡게 되었다.

이것이 처음에 어떻게 사용되었든지 간에 그 명칭이 시사하는 것처럼 포스트모더니즘은 모더니즘을 넘어서 새로운 탐구를 의미하는 용어이다. 특히 이것은 모던 시대의 사고방식에 대한 거부를 포함하지만 모더니티의 토양 아래서 시작되었다. 그러므로 포스트모던 사고를 정확히 이해하기 위해서 우리는 모던 세계의 상황에서 살펴보아야 하는데, 이것은 포스트모더니즘의 태동지이면서 그것에 대한 대응으로서 넘어서려는 시도가 일어난 자리이기 때문이다.

모던 사고방식

많은 역사가들은 모던 시대의 출현을 유럽의 30년 전쟁이 끝난 후 나타난 계몽주의(Enlightenment)의 태동에서 찾는다. 그러나 모던 시대가 출현한 무대는 좀 더 이른 시기였는데, 르네상스 시대가 그것이다. 르네상스는 특별히 인간을 모든 진리의 실재의 중심(the center of reality)에 올려놓은 시기였다. 세계를 전혀 새로운 시각으로 바라보게 된 이러한 견해의 특성은 프랜시스 베이컨(Francis Bacon)이 본질의 비밀을 발견하기 위한 수단으로 사람을 본질 위에 있는 힘을 행할 수 있는 존재라고 본 것에서 찾을 수 있다.

르네상스를 토대로 하여 계몽주의는 세상의 중심에 인간의 자아를 올려놓는다.[5] 르네 데카르트(René Descartes)는 모던 체계를 위한 철학적 기초를 세우는데, 그것은 모든 것에 대한 의심에 강조점을 두면서 행해진

---

5) 계몽주의 시대에 대한 간략한 논의와 그것이 기독교 신학에 준 영향에 대해 살펴보기 위해서는 Stanley J. Grenz and Roger E. Olson, *Twentieth-Century Theology: God and the World in a Transitional Age* (Downers Grove, Ill. : InterVarsity Press, 1992)를 참조하라.

다. 사유하는 존재에게는 의심이라는 것이 부인할 수 없는 진리의 첫 번째 조건이 된다. 그는 어거스틴의 격언인 "나는 생각한다. 고로 존재한다."(Cogito ergo sum)는 명제를 활용하여 이러한 원칙을 규정화한다. 이와 같이 데카르트는 인간의 본질을 사유하는 실체(thinking substance)로, 인간 존재를 자율적인 이성적 주체(autonomous rational subject)로 규정한다. 후에 아이작 뉴턴(Isaac Newton)은 모더니티를 위한 과학적 구조를 제시하는데, 인간 정신으로 구별할 수 있는 법칙과 규칙을 규정하면서 물질세계를 묘사하려고 하였다. 모던 시대의 인간은 뉴턴의 기계론적 세계와의 만남을 통해 데카르트가 제시한 자율적이면서 이성적인 실체로 가장 적절하게 특징지을 수 있다.

1) 계몽주의 프로젝트

사유하는 자아의 원리와 기계론적 우주의 원리는 위르겐 하버마스(Jürgen Habermas)가 "계몽주의 프로젝트"(Enlightenment project)라고 불렀던 표상 아래 인간 지식의 폭발이 일어난 활로가 활짝 열리게 되었다. 이것은 인간의 이익을 위하여 자연을 정복하고 더 나은 세상을 창조하기 위해 사람들은 우주의 비밀을 풀려고 했는데, 이것은 인간의 지적 탐구의 목표가 되었다. 이러한 탐구는 20세기 모더니티가 추구했던 특성으로 이끌어가는데, 이것은 과학 기술을 통한 인간 존재의 진보를 가져오기 위해 인간 삶에 대한 합리적 관리(rational management)를 가져오려는 노력을 경주하게 된다.[6]

---

6) Van Gelder, "Postmodernism as an Emerging Worldview," 413.

> 18세기에 계몽주의 철학자들에 의해 공식화된 모더니티 프로젝트는 객관적인 과학의 끊임없는 개발, 도덕과 법의 보편적인 토대 마련, 내면의 논리와 일치하면서도 동시에 인식의 잠재 능력을 해방시키면서 그들의 고매한 비전의 형식의 축적인 자율적 예술 형성 등으로 구성되어 있다. 다시 말해 이것은 삶의 환경과 사회적 관계를 합리적으로 조직함으로 가능해진다. 계몽주의 옹호자들은 여전히 예술과 과학이 자연의 힘뿐만이 아니라 인간 자아와 세상, 도덕적 진보, 우리 사회의 모든 조직 안에 정의 수립, 인간의 행복을 증진할 것이라는 과도한 기대를 가지고 있다.
>
> —위르겐 하버마스[7]

계몽주의 프로젝트의 지적 토대에는 분명한 인식론적 가정(epistemological assumptions)을 가지고 있다. 특히 모던 사고방식은 인간의 지식(knowledge)이 확실성을 보장해 주며, 객관적이고, 선한 것이라고 가정한다.[8] 게다가 모던 시대를 사는 사람들은 대체로 지식은 인간의 사고방식에 접근할 수 있다고 가정한다.

확실한 지식에 대한 요구는 모더니티의 탐구의 초석이 되는데, 철학, 과학, 종교, 도덕, 그리고 정치적 정책이 가져야 할 필수적 정당성(correctness)을 규명하는 방법을 탐구해 가는 데 있어서 그러한 지식을 필요로 한다.[9] 계몽주의의 방법은 이성의 정확한 조사 아래 많은 실재의 측

---

7) Jurgen Habermas, "Modernity: An Unfinished Project," in *The Post-Modern Reader*, ed. Charles Jencks (New York: St. Martin's Press, 1992), 162-63.
8) 지식의 객관성에 대한 모더니스트들의 가정에 대해서는 James M. Kee, "'Postmodern' Thinking and the Status of the Religions," *Religion and Literature*, vol. 22 (Summer-Autumn, 1990): 49쪽을 참조하라.
9) Richard Luecke, "The Oral, the Local and the Timely," *Christian Century* (3 October 1990): 875.

면을 위치시키는데, 그러한 판단 기준을 토대로 그 실재를 평가한다.[10] 그것은 이 방법이 인간의 이성적인 능력에 대한 절대적인 신뢰를 보이고 있음을 알려준다.

계몽주의의 관점은 지식은 확실할 뿐만 아니라(그러므로 합리적이며) 또한 객관적이라고 생각하는 태도를 취한다. 그러한 객관성에 대한 추정은 모더니스트들로 하여금 냉정하게 지식의 차원으로 나아가도록 이끌어준다. 모던 시대의 사상가들은 그들이 관찰하는 세상에 대해 단지 조건반사적인 참여 이상이 되어야 한다고 언명한다. 즉, 그들은 우리가 세상을 관찰할 때 어떤 조건에 의해서도 영향을 받지 않는 관찰자로 바라볼 수 있어야 한다고 주장한다. 다시 말해 역사의 흐름 밖으로 나와서 유리한 관점(vantage point)으로 세상을 연구하라고 주장한다.[11]

이렇게 모던 학자들의 냉정한 지식의 추구는 과학 프로젝트를 서로 분리된 개별 학문 영역으로 나누게 되었고,[12] 그러한 추구를 통해 한정된 영역에서 전문적 지식을 가진 전문가, 객관성을 가지고 중립적인 관찰을 한 사람에게 특별한 지위를 부여하게 된다.

지식은 언제나 확실하고 객관적이라고 추정하는 것에 더하여 계몽주의 사상가들은 인간의 지식은 본래부터 언제나 선한 것이라고 주장한다. 예를 들어 현대 과학자들은 지식의 발견은 언제나 선한 것이라고 금언처럼 여기게 되었다. 지식에 대한 본질적인 선함을 주장하는 학자들의 가정은 계몽주의의 견해를 낙관적으로 여기게 되었다. 이것은 발전이 당연한

---

10) Klaus Hedwig, "The Philosophical Presuppositions of Postmodernity," *Communio* 17 (Summer 1990): 168.
11) Merold Westphal, "The Ostrich and the Boogeyman: Placing Postmodernism," *Christian Scholar's Review*, 20 (December 1990): 115.
12) Ted Peters, "Toward Postmodern Theology," *Dialog*, 24 (Summer 1985): 221.

것이고 교육의 힘과 결부시키면서 과학은 마침내 우리 인간을 모든 사회적 속박뿐만 아니라 인간이 가지고 있는 모든 취약점으로부터 우리를 자유롭게 할 수 있을 것이라는 확신감으로 이끌어간다.

계몽주의의 낙관론은 이성에 초점을 맞춤과 함께 인간의 자유(human freedom)를 아주 중요한 요소로 고양시킨다. 인간의 자율성을 박탈하거나 이성(혹은 경험)보다 외부의 권위에 기초를 둔 것처럼 보이는 모든 신념 체계는 의심의 도마 위에 오르게 되어 있다. 계몽주의 프로젝트(Enlightenment project)는 자유라는 개념을 널리 개인적인 차원에서 이해한다. 사실 모던 시대의 이상은 자율적 자아(autonomous self)를 널리 옹호한다. 뿐만 아니라 어떠한 전통이나 공동체가 규정하고 속박하는 것을 벗어나 스스로 결정하는 주체성(self-determining subject)을 옹호한다.[13]

2) 모더니티와 "스타 트랙"

일반적으로 현대 소설과 같이 처음 나온 "스타 트랙" 시리즈는 계몽주의 프로젝트와 후기 모더니티의 여러 측면들을 반영했다. '엔터프라이

---

13) 처음에 계몽주의 프로젝트는 종교의 절친한 친구로 여겨지면서 등장하였다. 인간의 이성에 분명한 기반을 둔 것으로 믿음을 위치시키는 데 적절하게 활용되었다. 그러나 후기의 사상가들은 하나님에 대한 이해를 받아들이지 않았고 초기 구원받은 세상에 대한 이해를 받아들이려고 하지 않았다. 이러한 그들의 새로운 회의론은 후기 모더니티에서는 무신론적 물질주의 세계관으로 나아가게 했다. 특히 데카르트와 뉴턴의 사상은 몸/영의 이분법적 이해에 치명타를 가져왔으며, 인간 영혼과 나머지 피조물 사이에 절대적 간격(absolute gulf)을 만들어놓았다. 후기 모던 학자들은 이원론적 세상에서는 하나님의 역사하심을 인식한다는 것이 어렵다고 주장하게 된다. 영과 몸이 어떻게 상호 교류할 수 있는가를 이해하기 어렵다는 주장은 '수반 현상'(epiphenomenon)으로 마음(mind)의 특성에 관심을 기울이게 했다. 그들은 마음을 뇌의 작용으로 나타나는 산물로 이해하면서 그 근저에는 인간 영혼의 개념을 제거하기에 이른다. 그들은 영혼을 '초자연 세계에 존재하는 유령' 정도로 격하시키게 되었다. David Ray Griffin, *God and Religion in the Postmodern World: Essays in Postmodern Theology* (Albany: State University of New York Press, 1989), 21-23, 54-56쪽을 보라.

즈' 호의 승무원들은 인류의 공동 이익을 위하여 함께 일하는 다양한 국적의 사람들로 구성되어 있다. 그들은 모던 시대 보편주의자들이 추구하는 인류학(the modern universalist anthropology)을 축소해 놓은 모습이었다. 메시지는 분명했다: 우리 모두는 같은 인간이고, 서로의 차이를 극복해 나가야 하는 존재이다. 우리의 임무를 완수하기 위하여 우리는 함께 힘을 모아야 하며, 인류가 탐구해야 할 '최후의 영역'으로 서서히 드러나고 있는 우주 공간에 대한 분명하고 객관적 지식의 탐구를 위해 함께 힘을 모아야 한다.

처음 나온 "스타 트랙"의 영웅 가운데 한 사람은 스포크(Spock)이다. 그가 다른 행성에서 온 유일한 승무원이었음에도 불구하고(그는 어느 부분은 인간이었고, 부분적으로 불카누스[14]였다), 완전한 인간이 아니라는 점에서 실제로 그는 탁월한 인간의 이상적인 모습으로 역할을 하고 있다. 스포크는 계몽주의가 추구하는 이상적 인간의 모습을 담고 있다. 그는 완벽하게 이성적이며, 전혀 감정에 휘둘리지 않는 존재이다(적어도 그는 자신의 감정을 철저하게 억제할 수 있는 존재이다). 그가 지닌 냉철한 합리성은 '엔터프라이즈' 호의 승무원들이 직면하는 수많은 문제를 해결하는 열쇠를 반복해서 제시하는 것으로 그려진다. 이런 경우에 작가들은 결국 우리의 문제가 이성적 전문 지식으로 해결될 수 있다는 점을 쟁점으로 제시하고 있음을 알 수 있다.

포스트모더니즘은 계몽주의의 프로젝트를 거부하고 그것이 세워온 모든 기초적 확신(foundational assumptions)을 거부하는 경향을 띤다.

---

14) 역주/ 불카누스(Vulcan)는 희랍 신화의 불과 대장일을 주관하는 신의 이름으로 여기에서는 기계라는 의미로 사용되었다.

포스트모던 사고

프리드리히 니체(Friedrich Nietzsche, 1844-1900)가 19세기 말 모더니티에 대해 비판적인 공격을 한 이래 계속적인 공격을 받아왔다. 그러나 이것에 대한 전면적인 공격은 적어도 1970년대까지는 시작되지 않았다. 계몽주의 프로젝트를 흔들어놓는 즉각적인 지적인 충격은 철학의 새로운 움직임에 깊은 영향을 주었던 문학적 이론으로의 해체 구축(deconstruction; 역주/ 구조주의 문학 이론 이후에 유행한 비평 방법)의 경향이 일어남으로부터 시작되었다.

1) 철학적 포스트모더니즘

해체 비평은 소위 '구조주의'(structuralism)라고 불리는 문학 이론의 연장으로서 일어났다. 구조주의 비평가들은 주장하기를 언어는 사회적 구조물이며, 사람들은 의미의 구조를 제공하려는 시도로서 우리의 경험의 의미 없음을 인식할 수 있도록 하기 위해 문학적 문헌들-텍스트-을 발전시킨다고 주장한다. 구조주의 비평가들은 문학이 실재에 대한 우리의 경험을 조직하고 이해하도록 도와주는 범주를 제공한다고 주장한다. 또한 그들은 모든 사회와 문화가 공통적인 불변의 구조를 소유한다는 사실에 동의한다.[15]

해체 비평가들(혹은 후기 구조주의자들)은 이러한 구조주의의 마지막 이론(tenet)을 거부한다. 그들은 주장하기를, 의미는 텍스트 안에 그 자체적으로 본래부터 가지고 있는 것이 아니라 해석자가 텍스트와 함께 대화에 참여할 때에만 나타난다고 주장한다.[16] 그리고 텍스트의 의미가 그것과 함

---

15) "Structuralism," in *Dictionary of Philosophy and Religion*, ed. W. L. Reese (Atlantic Highlands, NJ: Humanities Press, 1980), 553.

께 대화에 참여하는 사람의 견해에 따라 좌우되기 때문에 이것은 많은 독자들의 수, 혹은 그것을 읽는 것만큼 많은 의미를 가진다.

포스트모던 철학자들은 문학 해체 비평가들의 이론을 온 세계에 적용하려고 하였다. 그들은 텍스트가 읽는 사람에 따라서 다르게 읽혀지는 것과 마찬가지로 현실은 그것과 만나는 사람들의 자아에 의해서 전혀 다르게 '읽혀질 수' 있다고 말한다. 이 세상에는 단지 하나의 의미만 있는 것이 아니고 모든 실재에 있어서 초월적인 중심(transcendent center)은 존재하지 않는다는 것을 의미한다.

이러한 주장을 근거로 프랑스 철학자 자크 데리다(Jacques Derrida)는 "존재 신학"(onto-theology)[17]-실재에 대한 존재론적 기술(ontological descriptions of reality)을 설명하려는 시도-과 "존재의 형이상학"(metaphysics of presence)-실재에는 초월적인 무엇이 존재한다는 주장-모두를 버려야 한다고 주장한다.[18] 삶의 실재에는 어떤 초월적인 것이 본래적으로 주어지는 것이 아니기 때문에 앎의 과정에서 나오는 모든 것은 실재를 해석하는 사람의 자아로부터 나오는 관점이라고 주장한다.

미셸 푸코(Michel Foucault)는 데리다의 주장에 대해 도덕적 비틀림(moral twist) 현상을 덧붙였다. 푸코는 실재에 대한 모든 해석은 권력의 추구(assertion of power)라고 주장한다. '지식'(knowledge)은 언제나 권력 행

---

16) 이러한 내용은 한스-게오르그 가다머에게서 왔다. Hans-Georg Gadamer, *Truth and Method* (New York: Crossroad, 1984), 261쪽을 보라.

17) 역주/ 기독교 신학에서는 하나님을 이해할 때 하나의 인식의 대상(객체)으로 이해하는데, 하나님을 절대 실체로 이해하거나 절대 주체로 이해하면서 많은 교리를 양산하게 된다. 신에 대한 이러한 형이상학적인 이해와 해석을 하이데거는 '존재 신학'이라고 부른다. 이러한 존재 신학적 신론 이해는 신을 절대주권을 가진 폭군과 같이 묘사함으로써 신에 대한 형이상학적인 이해에 대한 반발이 일어난 것으로 이해한다. 그 대표적인 것이 니체의 신 죽음의 철학이다.

18) Derrida, *Of Grammatology*, trans. Gayatri Chakravorty Spivak (Baltimore: The Johns Hopkins University Press, 1976), 50.

사의 결과이기 때문에[19] 무언가에 이름을 붙이는 것도 권력의 사용이며, 이름이 붙여진 것에 폭력을 행사하는 것이 된다고 주장한다. 그러므로 사회적 기관은 불가피하게 권력을 통한 폭력을 행사하게 되는데, 특히 그것이 중심이 없는 경험의 흐름(the centerless flux of experience)에 자신의 이해를 편승해 넣으려고 할 때 그렇게 된다고 푸코는 주장한다. 이와 같이 푸코는 자연(nature)을 지배할 수 있는 힘을 얻기 위하여 지식을 추구했던 베이컨과 반대로 모든 권력의 추구는 권력의 행위라고 주장한다.

리처드 로티(Richard Rorty)는 본성을 드러내 주는 마음, 혹은 언어로서의 진리에 대한 고전적 개념을 던져 버린다. 진리는 객관적 실재에 대한 주장이 일치되기 때문에 세워지는 것도 아니고, 그들 자신의 주장이 가지는 내적 일관성에 의해서 세워지는 것도 아니라고 그는 주장한다. 우리는 진리에 대한 탐구를 포기해야 하며 단지 그것에 대한 해석에 만족해야 한다고 로티는 주장한다. 그는 고전적 '조직적 철학'(systematic philosophy)을 내려놓고, "진리를 발견하는 것에 두기보다는 끊임없는 대화에 초점을 맞추는"[20] '교화적 철학'(edifying philosophy)으로 대체해 나가야 한다고 제안한다.

데리다, 푸코, 로티의 저작은 포스트모던 철학의 중심적 문구가 되어 가고 있는, "모든 것은 다르다"는 문구를 깊이 반영하고 있다. 이러한 관점은 계몽주의 프로젝트에서 추구하였던 'universe' (우주)라는 단어에서 'uni' (단일)를 쓸어내 버린다. 이것은 객관적 실재에 대한 통일된 이해의

---

19) Foucault, "Truth and Power," in *Power/Knowledge: Selected Interviews and Other Writings, 1972-1977*, ed. Colin Gordon (New York: Pantheon Books, 1980), 133.
20) Richard Rorty, *Philosophy and the Mirror of Nature* (Princeton: University of Princeton Press, 1979), 393.

탐구를 내던져 버린다. 세상 어디에도 이제는 중심은 없으며 오직 다른 입장과 관점만 있을 뿐이라고 주장한다. 사실 '세계'(world)라는 개념조차도 '저편에' 존재하고 있지도 않은 객관적 개체(objective unity)나 이치가 분명한 전체(coherent whole)를 전제한다. 결국 포스트모던 세계는 단지 '텍스트와 결투'(duelling texts)하는 영역일 뿐이다.

2) 포스트모던 분위기

비록 데리다나 푸코, 로티와 같은 철학자들이 대학 캠퍼스에서는 영향력이 있다 하더라도 그들은 서구 문화 안에서 반영된 사고에 있어서 거대한 변환을 가져오는 데 일부분만을 형성했을 뿐이다. 포스트모더니즘의 다양한 기준을 통합한다는 것은 계몽주의 인식론의 중심적 주장에 대해 의문을 제기하는 것이다.

포스트모던 세계에서 사람들은 더 이상 지식이 본래부터 선한 것이라는 확신을 갖지 않는다. 불가피한 과정의 계몽주의 신화(Enlightenment myth)를 피하면서 포스트모더니즘은 지난 세기의 낙관론을 괴롭히는 비관론으로 대체해 나간다. 매일 모든 면에서 점점 더 나아지고 있다는 확신은 사라지고 있다. 새롭게 대두되는 세대의 구성원들은 더 이상 인류가 세상의 거대한 문제들을 풀 수 있거나 그들의 경제적인 상황도 그들 부모의 때보다 더 나아질 것이라고 자신만만해 하지 않는다. 그들은 이 땅 위에서의 삶은 연약하여 깨어지기 쉬우며, 인류가 계속해서 존속할 수 있을지는 어떻게 정복하느냐에 달린 것이 아니라 어떻게 하면서 협동할 수 있을 것인지에 대한 새로운 태도에 달렸다고 믿는다.

포스트모던인 가운데서 전체론(holism)에 대한 강조는 계몽주의 두 번째 주장–다시 말해서 진리는 확실하고 순전히 이성적이다–에 대한 그들의 거부와 관련이 있다. 포스트모던 정신은 진리를 단지 이성적 차원으로 한정하는 것을 거부하고 인간의 지성을 진리의 중재자로 높이는 것을 거부하면서 깎아 내린다. 포스트모던인들은 감성(emotions)과 직관(intuition)을 포함해서 이성 이외에도 지식에 대한 다른 유효한 길이 있다고 말한다.

결국 포스트모던 정신은 인간의 지식은 객관적이라는 계몽주의의 확신을 더 이상 받아들이지 않는다. 포스트모던인들은 우주는 기계적이거나 이원론적이지 않고, 오히려 역사적이고 상관적(relational)이며 개인적(personal)이기 때문에 지식은 단지 객관적일 수 없다고 주장한다. 세계는 발견되고 알려지기를 기다리면서 단지 '바깥 너머 저쪽에'(out there) 존재하고 있는 주어진 객관적 대상이 아니다. 그들은 실재(reality)는 상대적이고, 불확정적이며, 참여적이라고 주장한다.

지식의 객관성에 대한 모던인의 가정을 거부하면서 포스트모던인은 냉정하고 자율적인 인식에 대한 계몽주의의 이상을 역시 거부한다. 그들은 다른 인간 존재의 그것이 불완전한 것처럼 과학자들의 연구도 역사적, 문화적 상황에 따라 달라질 수 있는 조건적이라고 주장한다. 또한 우리의 지식은 언제나 불완전한 것이라고 주장한다.

포스트모던 세계관은 진리 이해에 있어서 공동체 중심적 사고와 함께 작동한다. 이것은 우리가 진리로 받아들이고 심지어 진리를 마음에 그리는 방법이 무엇이든지 간에 진리는 우리가 참여하는 공동체에 의존하게 된다고 주장한다. 더 나아가 보다 과격하게 말해서 포스트모던 세계관은 이러한 상대성은 진리에 대한 우리의 '인식'(perceptions)을 넘어서서 그것의 본질(essence)까지 확대된다고 주장한다. 그런 점에 절대적인 진리는 없다고 주장한다. 오히려 진리는 우리가 참여하는 공동체에 따라 상대적이라고 주장한다.

이러한 가정에 기초하여 포스트모던 사상가들은 어떤 하나의 보편적이고, 범문화적이며, 시간을 초월하여 작용하는 진리를 추구하려고 했던 계몽주의가 탐구하였던 것을 포기해 왔다. 대신에 그들은 특정 공동체에서 진리가 될 수 있는 것에 초점을 맞춘다. 그들은 주장하기를 진리는 우리가 속한 공동체의 참된 삶을 촉진해 주는 기본적 법칙을 구성하는 것이라고 주장한다. 이러한 강조사항을 염두에 두고 포스트모던 사회는 공동사회(communal society)가 되어야 하는 것에 초점을 맞춘다.

> 후기 산업사회는 …… 역시 사회적 구성단위가 개인보다는 공동체가 되는 '공동의' 사회이다. 그러므로 사람들은 단지 개인적 결정(individual decisions)의 총합에 대항하는 차원으로서 '사회적 결정'을 성취해야 한다. 그러한 개인적 결정은 공공 교통수단이 혼잡하게 되면서 자가용을 필요로 하는 분위기로 모아질 수밖에 없어 늘 악몽으로 끝이 날 수 있기 때문이다.
>
> —다니엘 벨[21]

3) 포스트모더니즘과 다음 세대

포스트모던 관점은 두 번째 나온 "스타 트랙: 다음 세대" 시리즈에 잘 반영되어 나타난다. 후편에 나오는 '엔터프라이즈' 호의 승무원들은 우주의 다른 부분으로부터 온 종족들을 포함하여 전편보다 더욱 다양해졌다. 이러한 변화는 포스트모더니티의 더 광대해진 보편성을 나타낸다. 인류는 더 이상 유일한 진보된 지능적 존재는 아니다. 왜냐하면 전 우주의 영역에서 진화가 이루어졌기 때문이다. 더욱 중요하게 지식의 탐구에 대한 이해가 바뀌게 되었다. 인류는 그 임무를 혼자 완성할 수 없고, 지구상

---

21) Daniel Bell, "The Coming of the Post-Industrial Society," in *The Post-Modern Reader*, ed. Charles Jencks (New York: St. Martin's Press, 1992), 264.

의 인류만 탐구의 부담을 짊어져야 하는 것은 아니다. '엔터프라이즈' 호의 승무원들은 우주의 모든 영역과 연합해야 하는 인류가 가지는 '새로운 생태 환경'(new ecology)을 상징한다. 그들의 임무는 더 이상 "'사람'이 가본 적 없는 곳"을 가는 것이 아니라 "'아무도' 가본 적이 없는 곳"을 담대하게 탐험하는 것이다.

"스타 트랙: 다음 세대"에서 스포크는 인조인간인 '다터'(Data)로 대체된다. 어떤 점에서 보면 다터는 스포크보다 완전한 이성적 사고를 하는 존재로 실현된 작품이며, 지능적 기술에 있어서 초인적인 능력을 가졌다. 그럼에도 불구하고 그는 표면적으로는 완벽한 지성을 소유한 것 같지만 스포크가 구현한 뛰어난 이상적 인간상(transcendent human ideal)은 아니다. 왜냐하면 그는 단지 기계이기 때문이다. 스포크와는 달리 그는 인간이 되는 것이 무엇을 의미하는지 그것을 이해하고 싶어할 뿐만 아니라 실은 인간이 되길 원한다. 그는 생각하기를 자신은 아무래도 불완전하다고 믿고 있다. 그는 유머나 감정과 같은 감각과 꿈을 꾸는 능력과 같은 것을 갖고 있지 않기 때문이다. 후에 제작자가 그의 회로에 꿈꾸는 능력을 부여하는 프로그램을 설치했을 때 그는 더욱 완성된 것같이 느낀다.

비록 다터가 종종 프로그램을 다루어 매우 유용한 조력을 제공했을지라도 그는 오직 문제를 찾는 데 기여한 여럿 중 하나일 뿐이다. '합리성의 대가'(master of rationality)에 더하여 '엔터프라이즈' 호의 승무원들은 인간 삶의 특징인 정서적이고 직관적 차원을 갖춘 인간도 포함하고 있다. 그 가운데서도 뛰어난 사람은 카운슬러 트로이(Counselor Troi)인데, 그녀는 다른 사람들의 숨겨진 감정을 잘 감지해 낼 수 있는 재능을 가지고 있다.[22]

---

22) 그러나 여기에서 여성은 감정적으로 민감한 역할을 감당하는 전형적인 존재로 그려지고 있지 않다. '엔터프라이즈' 호의 의무대장도 여성이었다.

'엔터프라이즈' 호의 새로운 항해는 다양해진 승무원들을 태우고 포스트모던 세계인 우주로 나아간다. 새로운 세계에서 시간은 더 이상 단순히 직선(linear)으로 이어지는 것이 아니며, 외양은 반드시 필요한 실재는 아니다. 합리적인 것은 언제나 신뢰해야 하는 것이 아니다.

일반적으로 하나님과 종교적 신앙의 문제는 전혀 다루지 않고 외면했던 전형적 모던 양식을 취한 첫 번째 시리즈와는 대조적으로 두 번째 시리즈인 "스타 트랙: 다음 세대"는 특별히 포스트모던 세계를 반영하고 있는데 여기에서는 이상한 인물인 "큐"(Q)를 통해 반영하고 있는 것처럼 초자연적 존재에 대한 관심을 보여준다. 하지만 이 시리즈가 묘사하고 있는 신에 대한 그림은 단지 전통적 기독교 신학에서 보여주는 것이 아니다. 고전적으로 신은 전지전능한 특성을 가짐에도 불구하고 여기에서 그려지는 신적인 존재인 "큐"는 도덕적으로 모호하고, 자비심도 가지고 있지만 냉소적이고 자기 만족을 추구하는 성향을 모두 드러내는 존재이다.

포스트모더니티와 복음주의의 기독교

조지 마아즈덴(George Marsden)이 정확하게 결론을 내린 것처럼 과학적 사고, 경험적 접근, 그리고 상식에 초점을 맞추고 있는 복음주의는 초기 모더니티가 낳은 자녀이다.[23] 하지만 우리 사회는 모더니티에서 포스트모더니티로 나아가는 역사적 변혁을 겪고 있는 진통기에 서 있다. 이

---

23) George Marsden, "Evangelicials, History, and Modernity," in *Evangelicalism and Modern America*, ed. George M. Marsden (Grand Rapids: William B. Eerdmans, 1984), 98.

제 새로 떠오르는 세대는 "스타 트랙"에 반영되어 있는 계몽주의 프로젝트에 마음을 두기보다는 로티와 "스타 트랙: 다음 세대"에서 보여주고 있는 포스트모던 비전에 의해서 형성된 상황에서 자란 세대이다.

모던 시대에서 포스트모던 시대로의 전환은 교회에게 그들의 다음 세대를 향한 임무에 있어서 중대한 도전을 부여한다. 이 새로운 환경에 직면하여 우리는 복음주의의 탄생을 가져온 초기 모던 시대로 다시 돌아가야 한다고 생각하는 그런 열망의 함정에는 빠지지 않아야 한다. 우리는 과거가 아닌 오늘 현재의 상황 가운데서 섬기도록 부름을 받았기 때문이다. 또한 우리가 살고 있는 오늘의 상황은 포스트모던 아이디어들에 의해 영향을 받고 있기 때문이다.

포스트모더니즘은 분명히 위험을 내포하고 있다. 그럼에도 불구하고 만약 복음주의자들이 지금 사라져가고 있는 모더니티의 최후 옹호자들이 되어 끝내려고 한다면 그것은 참으로 아이러니가 아닐 수 없으며 실로 그것은 비극적인 사실이 될 것이다. 새로운 포스트모던 상황 가운데 살고 있는 사람들에게 다가가기 위하여 우리는 복음을 위해 포스트모더니즘이 가지는 함축적 의미를 풀어가야 할 임무를 수행하도록 부름받았다.

하나님께서 이 세상을 향해 갖고 계시는 계획의 비전에 고취되어 우리는 새로운 세대가 이해할 수 있는 방식으로 기독교의 신앙을 구체화함으로써 그리스도를 위해 포스트모던 시대에 복음을 전할 수 있는 환경을 만들어가야만 한다. 간단히 말해서 십자가의 표상 아래서 우리는 "전에 아무도 가본 적 없는 곳을 향해 담대하게 나아가야만 한다."

2

포스트모던 사조
The Postmodern Ethos

　포스트모더니즘은 1972년 7월 15일 오후 3시 22분에 미국 미주리 주 세인트루이스(St. Louis, Missouri)에서 태어났다.
　미주리 주 세인트루이스에 프루잇-이게(Pruitt-Igoe) 주택 단지가 처음 세워졌을 때 그 프로젝트는 모던 건축물의 획기적인 표상으로 환영을 받았다. 보다 중요한 것은 이 단지 모든 입주자들의 유익을 위해 이상향의 사회를 만들기 위해 테크놀로지를 도입하는 것을 목표로 삼았기 때문에 모더니티를 잘 보여주는 건물로 세워졌다. 하지만 그러한 시설에 크게 감동을 받지 못한 거주 주민들은 건물과 시설을 고의적으로 파괴하는 일을 자행했다. 그러한 프로젝트를 수립한 정부 관리들은 건물을 수리 보수하는 데 많은 노력을 기울였다. 결국 그 프로젝트를 위해 수백만 달러를

들인 다음에야 정부 관리들은 결국 그것을 포기하게 되었다. 1972년 7월 중순 어느 날, 참담한 오후에 그 건물은 다이너마이트에 의해 무너져 내렸다. "포스트모던 건축에 있어서 가장 영향력 있는 제안자"[1]로 명성을 가지고 있는 찰스 젱크스(Charles Jencks)에 따르면 이 사건은 모더니티의 죽음인 동시에 포스트모더니티의 탄생을 상징하는 것이었다.[2]

우리의 사회는 다양한 영역에서 거대한 문화적 변동이 일어나는 과도기에 서 있다. '프루잇-이게' 공영주택단지 사건처럼 모던 시대에 수립된 사상과 문화의 체계(edifice)가 무너져 내리고 있다. 우리 주위에서 모더니티가 죽어 가면서 우리는 새로운 중요한 시대, 포스트모더니티로 들어서고 있음이 널리 드러나고 있다.

포스트모던 현상은 현대 사회의 많은 차원에서 일어나고 있음을 알 수 있다. 이러한 모든 변화의 핵심에는 지적인 풍조이며, 사고방식이고 새로운 '주의'(ism)인 포스트모더니즘이 자리잡고 있다.

포스트모더니즘이 무엇을 포함하고 있는가에 대해서는 학자들의 의견의 일치가 이루어진 것은 아니지만 하나의 사실에는 일치된 의견을 가지면서 합일점을 가지고 있는데, 이 현상은 단일의 보편적인 세계관이 종말을 고하고 있다는 사실을 드러내고 있다는 점이다. 포스트모던 사조는 단일화된, 모든 것을 아우르는, 그리고 보편적으로 설득력을 가지는 어떤 설명에 대해서 저항한다. 이것은 보편적으로 받아들여지는 실재를 다름과 지역적이고 특정한 것을 존중하는 자세로 대체한다.[3] 이렇게 포스트모

---

1) Steven Connor, *Postmodernist Culture* (Oxford: Basil Blackwell, 1989), 69.
2) Charles Jencks, *The Language of Post-Modern Architecture*, 4th ed. (London: Academy Editions, 1984), 9. 역시 Jencks, "The Post-Modern Agenda," in *The Postmodern Reader*, ed. Charles Jencks (New York: St. Martin's Press, 1992), 24쪽도 참고하라.
3) Jencks, "The Post-Modern Agenda," 11.

더니즘은 과학적 방법을 통한 이성적 발견에 강조점을 두었던 모던 시대의 체계를 거부하는데, 그러한 모던 체계는 더 나은 세계를 만들고자 하는 모던 시대의 시도를 위한 지적인 기초를 제공하였다. 이러한 기초 위에 포스트모던 사고방식은 모던 사고와 반대되는 형태를 취한다.

그러나 '포스트모던'이라는 형용사는 지적인 풍조(intellectual mood) 이상의 것을 설명해 준다. 포스트모던 시대는 모던 시대에 주로 이성적 특성(rationality characteristic)에 초점을 맞추었던 것을 거부하는데, 이것은 현대 사회의 다양한 차원에서 들려오는 표현을 발견하게 된다. 최근 몇 년 동안 포스트모던 사고경향은 건축, 예술, 영화 등을 포함한 다양한 전통적 전달 수단을 통한 문화적 표현에 깊이 반영되어 나타나고 있다. 덧붙여 말하면 포스트모더니즘은 점점 우리 사회의 광범위한 영역에서 보다 구체적으로 그 특성들이 나타나고 있다. 우리는 분리적인 뮤직 비디오에서부터 새로운 "스타 트랙" 시리즈에 이르기까지 폭넓은 대중문화에서, 그리고 시장에서, 사람들의 마음을 탐구하는 것에서, 많은 사람들이 즐겨 입는 의류의 스타일을 연구하는 것에 이르기까지 현대인들의 일상생활에서 우리는 어렵지 않게 모던에서 포스트모던으로의 전환이 일어나고 있음을 감지할 수 있다.

'포스트모더니즘'은 모던 사고방식(mind-set)의 중심에 놓여 있는 이상, 원리, 그리고 가치에 대해 의문을 제기하면서 지적인 풍조와 일련의 문화적 표현을 해석한다. 또한 '포스트모더니티'는 새롭게 일어나고 있는 시대와 포스트모던 사상 체계가 점차적으로 우리 사회를 형성해 가는 시간과 관련을 짓는다. 포스트모더니티는 포스트모던 관념, 태도, 그리고 가치가 지배하는 시대인데 포스트모더니즘이 문화를 형성하는 시기이다. 이것은 포스트모던 사회의 시대이다.

이번 장에서 우리의 목표는 방대한 포스트모던 현상에 대해 좀 더 깊이 살펴보고 포스트모더니티의 사조에 대해 깊은 이해를 갖는 데 있다. '다음 세대'가 추구하는 세상의 문화적 표현과 보다 다양한 일상의 차원을 특징짓는 것은 무엇인가? 새로운 지적 사고방식이 우리 사회에서 삶을 형성해 가는 데에 어떤 증거들이 있는가?

포스트모던 현상

'포스트모더니즘'은 현대 사회에서 점점 더 우위를 차지해 가는 지적 풍조(intellectual mood)나 문화적 표현(cultural expressions)과 관련된다. 우리는 분명히 새로운 문화적 시대인 포스트모더니티로 가고 있다. 그러나 우리는 포스트모던 현상이 수반하고 있는 것들을 보다 세세하고 정확하게 살펴보아야만 한다.

포스트모던 의식

포스트모더니즘의 기본적 사조(ethos)의 초기 증거들은 아주 부정적이었다. 이러한 사조는 모더니티를 일으켰던 계몽주의의 사고방식에 대한 과격한 거부로부터 생성되었다. 우리가 살고 있는 사회 어디에서든지 우리는 포스트모던 사조의 흔적을 추적할 수 있다. 하지만 무엇보다도 이것은 최근 일어나고 있는 새로운 세대의 의식에 널리 퍼지면서 과거의 지배적이었던 주장들에서 근본적으로 단절시키는 분위기를 형성해 간다.

포스트모던 의식(consciousness)은 불가피하게 구성되는 과정 가운데서 계몽주의 시대에서 신뢰하였던 것을 하나씩 폐기시켜 가고 있다. 포스트모던은 이전 세대를 특징짓는 낙관주의를 지향하지 않는다. 반대로 그것은 통렬한 비관주의의 경향을 취한다. 최근 역사에서 처음으로 새롭게 대두되는 세대들은 그들의 부모들이 가졌던 확신을 더 이상 공유하지 않는데, 그러한 확신은 세상은 살기에 더 좋은 곳이 되어가고 있다는 것이다. 점점 넓어지는 오존층의 파괴로부터 십대들 사이에서의 폭력에 이르기까지 우리의 문제는 점점 더 심각해지고 있다고 그들은 생각한다. 그들은 더 이상 인간의 독창력이 이 거대한 문제들을 해결할 수 있을 것이라고 확신하지 않으며, 그들 삶의 기준이 그들 부모가 가졌던 기준보다 더 높아질 것이라고도 생각지 않는다.

포스트모던 세대는 또한 이 땅 위에서의 삶은 덧없는 것이라는 확신을 가지고 산다. 그들은 프랜시스 베이컨(Francis Bacon)으로부터 시작된 인간의 자연 정복을 꿈꾸었던 계몽주의 모델은 이제 이 땅과의 협력이라는 새로운 태도로 바꾸어져야 한다고 믿고 있다. 그들은 인류의 생존은 지금 위험 가운데 놓여 있다고 믿는다.

이러한 음울한 비관주의에 더해 포스트모던 의식은 이전 세대가 지지했던 것과는 전혀 다른 진리에 대한 관점을 가지고 움직이고 있다.

모더니즘의 이해(modern understanding)는 진리를 합리성과 연결하였고, 이성과 논리적 논쟁(logical argumentation)을 바른 확신의 유일한 권위자로 인정하였다. 이성적 노력을 통해 발견되고 증명된 보편적 진리의 개념에 대해 포스트모던인들은 의문을 가지고 있다. 그들은 인간의 지성이 우리가 믿을 수 있는 것인지를 판정하는 유일한 결정자(sole determiner)로 삼는 것을 인정하지 않는다. 포스트모던인들은 이성을 넘어서 감성과 직관에 높은 위치를 부여하면서 앎에 있어서 비이성적인 방식을 선호한다.

협력적인 모델(cooperative model)과 진리에 대한 비이성적 차원을 추구하는 탐구는 포스트모던 의식에 있어서 통전적 차원(holistic dimension)

을 가져다준다. 포스트모던 전체론(holism)[4]은 냉정하고, 자율적이며, 이성적인 개인의 계몽주의 이상을 거부하는 것을 수반한다. 포스트모던인은 전적으로 자아 중심적인 개인보다는 '건전한'(whole) 사람이 되는 것을 추구한다.

포스트모던 전체론은 개인적 삶의 모든 차원을 통합하는데, 정신적 작용에 관한 것뿐만이 아니라 정서적인 것과 직관적인 것들의 모든 특질들의 통합을 수반한다. 또한 총체성은 우리 자신 너머에 놓여 있는 것과의 지워지지 않고 정교한 연결을 짓는 의식을 수반한다. 그렇게 거기에 놓여 있는 것 가운데 우리의 개인적 존재가 세워졌고, 또한 그것에 의해서 영향을 받으며 양육되었다. 이런 방대한 영역은 물론 '자연계'(생태계)도 포함한다. 하지만 이것은 또한 우리가 참여하고 있는 인간 공동체도 포함한다. 포스트모던인은 공동체의 중요성과 인간 존재의 사회적 차원의 중요성에 대해서 강하게 인식하고 있다. 그리고 전체성에 대한 포스트모던 이해(postmodern conception)는 인간 삶의 종교적이고 영적인 면에까지 확장된다. 실로 포스트모던인은 개인 존재란 신적 실재(divine reality)의 상황에서 드러나는 것이라고 주장한다.

각 사람은 특정 인간 공동체 안에 속해 있다는 확신은 진실에 대한 공동의 이해로 나아가도록 인도해 준다. 포스트모던인은 우리의 특정 신앙뿐만 아니라 진리 자체에 대한 이해 역시 우리가 속해 있는 공동체 안에 뿌리를 내리고 있다고 확신한다. 그들은 특정 공동체의 표현으로서 진리를 찾아내고자 하는 열망 가운데서 보편적이고, 모든 문화를 포괄하는 영원한 진리를 추구하는 계몽주의의 추구를 거부한다. 진리는 공동체 안에

---

[4] 역주/ 복잡한 체계로 구성된 전체는 단지 각 부분이 기능적으로 총합(總合)을 통해 이루어지는 것이 아니라 각 부분을 결정하는 통일체라는 입장을 취하는 철학, 심리학의 사조.

서 개인적 안녕과 전체로서의 공동체의 안녕을 촉진시키는 지상의 법칙으로 구성되어 있다는 확신을 그들은 가지고 있다.

이러한 점에서 포스트모던 진리(postmodern truth)는 그 사람이 속해 있는 공동체와 관계가 있다. 지구상에는 많은 인간 공동체가 있기 때문에 서로 다른 많은 진리가 불가피하게 존재한다. 대부분의 포스트모던인은 진리의 다원성(plurality of truths)은 다른 것들과 공존할 수 있다는 믿음의 도약을 이루어낸다. 그러므로 포스트모던 의식은 급진적인 상대주의와 다원론의 특성을 수반한다.

물론 상대주의와 다원론이 새로운 것은 아니다. 하지만 포스트모던 다양성(postmodern variety)은 이전의 것들과는 다르다. 모던 후기의 상대주의적 다원론(relativistic pluralism)은 아주 개인주의적 특성을 가진다. 이러한 경향은 개인적 취향과 개인적 선택은 모든 것이며, 최종적인 것이라고 여길 만큼 가장 중요한 요소로 높였다. 그러므로 그것의 특징을 잘 나타내는 격언은 "각자에게 자기 자신의 것을!"(To each his/her own), 그리고 "모든 사람은 자신의 의견을 가질 권리를 지니고 있다!"(Everyone has a right to his/her own opinion)였다.

대조적으로 포스트모던 의식은 개인보다는 공동체(group)에 초점을 맞춘다. 포스트모던인은 필요 시설이 다 완비된 사회 공동체 안에서 존재하면서 그들 각각의 언어, 신념, 그리고 가치를 가지고 살아간다. 결과적으로 포스트모던 상대주의적 다원론은 진리가 가지는 '지역적'(local) 특성에 자리를 내어주는 것을 구한다. 믿음은 그들이 지지하는 공동체의 상황 안에서만 진리로 받아들여진다.

진리에 대한 포스트모던 이해는 포스트모던인으로 하여금 그들의 소상들이 조직적이고 논리적으로 생각하라고 했던 것보다는 그 부분에 덜 강조점을 둔다. 전통적으로 용납할 수 없었던 의상 스타일로 여겨졌던 내용들이 어떤 사람들에게는 아주 편하게 느껴졌던 것처럼 포스트모던인은 전통적으로 용납될 수 없는 믿음의 체계를 혼합하여 그것을 편안하게 받아들인다. 예를 들어 포스트모던 그리스도인들은 교회의 고전적인 교리와 그동안 전통적으로 비기독교적인 사상들도 다시 우리 가운데 태동시켜야 한다고 주장하기도 한다.

포스트모던인들은 반드시 그들 자신은 '옳고' 다른 사람들은 '틀렸다' 라는 사실을 증명하는 일에는 그렇게 크게 관심이 없다. 믿음은 궁극적으로 사회적 상황의 문제이며, 따라서 그들은 그렇게 결론을 내리기를 좋아한다. "우리에게 옳은 것이 당신에게는 옳지 않을 수도 있다." "우리 상황에 맞지 않는 것이 당신의 상황에서는 받아들여질 수 있거나 보다 바람직한 것이 될 수도 있다."

그렇다면 포스트모더니즘의 영향으로 생겨난 비관주의, 전체론, 공산(사회)주의, 그리고 상대론적 다원론과 함께 포스트모던 의식은 언제 생겨났는가?

포스트모더니티의 탄생

어떤 점에서 포스트모더니티는 긴 부화 기간을 가져왔다. 학자들 사이에는 누가 처음으로 이 신조어를 만들어냈는가에 대한 의견이 분분함에도 불구하고[5] 그것이 1930년대에 언제인가 처음으로 나타난 것 같다는 데에는 일반적으로 합의가 이루어지고 있다.[6]

---

5) 이 용어의 근원에 대해 도움이 되는 논의를 살펴보기 위해서 Margaret Rose, "Defining the Post-Modern," in *The Postmodern Reader*, 119-36쪽을 참조하라.
6) 1930년에 그것은 이미 예술에 있어서 분명한 발전을 위한 지정 요소로 역할을 해왔다. Craig Van Gelder, "Postmodernism as an Emerging Worldview," *Calvin Theological Journal* 26 (November 1991): 412.

포스트모더니즘의 대표적인 발의자 가운데 한 사람인 찰스 젠크(Charles Jencks)는 그 개념의 기원을 스페인 작가 페데리코 오니스(Federico de Onis)의 작품에서 찾을 수 있다고 주장한다. 그의 작품, *Antologia de la poesia espanola e hispanoamericana*(1934: 역주/ 스페인과 스페인계 미국인의 시에 있어서 유비)에서 오니스는 모더니즘 안에서 반작용에 대해 묘사하는 용어로 이것을 소개하고 있다.[7]

이 용어를 처음 사용한 예로서 자주 사용한 경우를 우리는 아놀드 토인비(Arnold Toynbee)의 몇 권으로 구성된 기념비적인 책, 『역사의 연구』(*Study of History*)에 나타난다.[8] 토인비는 역사에 있어서 새로운 역사적 시대가 시작되었다고 확신하고 있었다. 비록 그것이 1차 세계대전에 의해 개시되었다고 하기도 하고, 1870년대에 이미 나타났다고 주장하기도 한다. 물론 자주 그의 주장을 바꾸고 있기는 하지만 말이다.[9]

토인비의 분석에서 우리는 포스트모던 시대가 서구의 지배력이 끝나고 개인주의, 자본주의, 그리고 기독교의 쇠퇴와 함께 주어졌다는 사실을 알 수 있다. 그는 이러한 변화가 서구 문명이 합리성에 대한 반발과 상대주의에 빠졌을 때 일어났다고 주장한다. 토인비에 따르면 이러한 상황이 발생했을 때 권력(power)이 서구로부터 비서구의 문화와 새로운 다원주의 세계의 문화로 이동하게 되었다.

비록 이 용어가 1930년대에 생성되었지만 문화적 현상으로서의 포

---

7) Jencks, *What Is Post-Modernism?* 3rd ed. (New York: St. Martin's Press, 1989), 8.
8) Steven Connor, *Postmodernist Culture* (Oxford: Basil Blackwell, 1989), 65.
9) 이 용어를 토인비가 사용한 것과 그 의미에 대한 논의를 살펴보기 위해서는 Rose, "Defining the Post-Modern," 122-24쪽을 보라. 역시 Margaret A. Rose, *The Post-Modern and the Post-Industrial: A Critical Analysis* (Cambridge: Cambridge University Press, 1991), 9-11쪽을 보라.

스트모더니즘은 그후 약 40~50년이 지난 후까지는 크게 힘을 얻지 못했다. 이것은 처음에 사회 주변에서 나타났다. 1960년대에는 포스트모더니즘을 특징짓는 분위기가 지배적인 모던 문화에 대해 대안을 찾고 있던 예술가, 건축가, 그리고 사상가들의 마음을 사로잡는 것이 되었다. 윌리엄 해밀턴(William Hamilton)과 토마스 앨티저(Thomas J. J. Altizer)와 같은 신학자들도 신의 죽음을 선언했던 니체의 혼령에 사로잡힌 것처럼 그 일에 가담하기 시작했다.[10] 이런 다양한 발전은 1965년에 '문화 관측자'(culture watcher) 레슬리 피들러(Leslie Fiedler)를 당대의 문화에 급격하게 반대되는 문화에 대해서 '포스트모던'이라는 꼬리표를 붙이도록 이끌었다.[11]

1970년대에 모더니티에 대한 포스트모더니티의 도전은 주요 문화에 더욱 강하게 스며들었다. 그 시기의 한중간에 이러한 흐름의 가장 영향력 있는 옹호자였던 이합 하산(Ihab Hassan)은 "'포스트모던으로의 전환'에 가장 견실한 주창자"[12]로서 갈채를 받았다. 이렇게 포스트모더니즘에 대해 열렬히 옹호했던 사람들은 그 현상을 예술에 있어서 경험주의와 건축에서의 첨단 과학 기술을 연결하였다.[13]

그러나 포스트모던 사조는 단지 이 두 영역에 제한되지 않고 훨씬 광

---

10) Thomas J. J. Altizer and William Hamilton, *Radical theology and the Death of God* (Indianapolis: Bobbs-Merrill, 1961). 이러한 움직임에 대한 간략한 논의를 살펴보기 위해서는 Stanley J. Grenz and Roger E. Olson, *Twentieth-Century Theology: God and the World in a Transitional Age* (Downers Grove, Ill.: InterVarsity Press, 1993), 156-61쪽을 보라.
11) Leslie Fiedler, "The New Mutants," in *The Collected Essays of Leslie Fiedler*, vol. 2 (New York: Stein & Day, 1971), 382, 389.
12) Connor, *Postmodern Culture*, 204.
13) Hassan, "The Question of Postmodernism," in *Romanticism, Modernism, Postmodernism*, ed. Harry R. Garvin (Toronto: Bucknell University Press, 1980), 117-26.

범위한 영역으로 급격히 확장되었다. 대학의 다양한 인문학부의 교수들은 포스트모더니즘에 대하여 언급하기 시작했고, 포스트모던 사상들에 열중하기 시작했다.

결과적으로 새로운 사조의 도입은 아주 폭넓게 퍼져나가게 되는데, '포스트모던'이라는 용어로 이러한 흐름이 규정되면서 다양한 문화·사회적 현상을 표현하는 호칭으로 더욱 구체화되기 시작했다. 포스트모던의 폭풍은 다양한 문화 영역과 학술 연구의 영역에 불어오게 되는데, 가장 현저하게 영향을 받았던 영역은 문학, 건축, 영화, 그리고 철학의 영역이었다.[14]

1980년대에는 이런 움직임이 사회의 주변부에서부터 주류로의 이동이 완성되기에 이른다. 포스트모던 사조는 점점 대중문화와 더욱 광범위한 사회의 일상 세계까지 잠입해 들어가기 시작한다. 포스트모던 사상은 이제 널리 인정받는 흐름이 되었을 뿐만 아니라 받아들일 수밖에 없는 것이 되었다. 포스트모던의 경향을 따르는 것은 이제 아주 '멋진'(cool) 것으로 인식되기에 이른다. 결과적으로 문화 비평가들은 "포스트모던이 되는 것의 견딜 수 없는 가벼움"[15]에 대하여 말하게 되었다. 포스트모더니즘이 문화의 한 부분으로 받아들여졌을 때 포스트모더니티가 탄생했다.

포스트모더니티 선구자

1960년과 1990년 사이에 포스트모더니즘은 하나의 문화적 현상(cultural phenomenon)으로 부상하게 된다. 왜 그렇게 되었을까? 우리 사회에서 이 사조가 유성처럼 급속하게 부상하고 있음에 대해 우리는 어떻

---

14) Connor, *Postmodernist Culture*, 6.
15) Gary John Percesepe, "The Unbearable Lightness of Being Postmodern," *Christian Scholar's Review* 20 (December 1990): 18.

게 설명할 수 있을까? 여기에 대해 깊이 관찰한 학자들은 그러한 전환을 20세기 후반기 동안에 우리 사회에서 일어난 변화와 연결짓는다. 하지만 어떤 요소도 정보화 시대의 도래보다 더 중요한 요소는 없다. 사실 포스트모더니즘의 확산은 정보 사회로의 전환과 함께 이루어졌으며, 또한 그것에 깊이 의존하였음을 알 수 있다.[16]

많은 역사학자들은 모던 시대를 '산업화 시대'(the industrial age)라고 부른다. 왜냐하면 그 기간이 가장 지배적인 산업이었던 제조업에 의해서 이끌림을 받았기 때문이다. 상품 생산에 초점을 맞추면서 모더니티는 산업화 사회를 양산했고, 그 상징은 공장이었다. 반대로 포스트모던 시대는 정보의 생산(production of information)에 초점을 맞춘다. 우리는 산업화 사회에서 컴퓨터로 상징되는 정보화 사회로의 이행을 목격하고 있다.

직업 통계치는 우리가 산업화 사회에서 정보화 사회로의 이동을 경험하고 있음에 대한 분명한 증거를 제공한다. 모던 시대에는 농업에 종사하지 않는 대다수의 수많은 사람들이 고용 기회를 찾아 제조업 분야에 몰려들기 시작했고 상품 생산에 참여하게 되었다. 하지만 1970년대 후반에는 미국인 노동자들 중 오직 13%만 상품 생산과 관련된 제조업에 종사했고, 60%는 정보의 '생산'에 참여하였다.[17] 점점 생산 라인에 서서 작업에 참여해야 할 노동자들은 줄어들었고, 정보와 관련된 직업 훈련을 받는 사람들-데이터 처리 기사나 컨설턴트-이 거의 대부분을 차지하였다.

정보화 사회는 완전히 새로운 계층을 양산해 내게 되었다. 프롤레타리아 계급은 유식 계급 '코그니타리아트'(Cognitariat)[18]에게 자리를 내주었다. 비즈니스의 관점에서 보면 포스트모던 사회의 출현은 통제 중심의

---

16) 예를 들어 Paolo Portoghesi, "What Is the Postmodern?" in *The Post-Modern Reader*, 211쪽을 보라.
17) Jencks, *What Is Post-Modernism?* 44.

모던 기술에서부터 '네트워킹'의 새로운 모델로의 이동을 의미했다. 이제 수직적인 구조(hierarchical structures)는 의사결정에 있어서 더욱 분산적이고 참여적 형태에 의해 대체되었다.

정보화 시대는 이렇게 우리가 수행하는 직업의 형태를 바꾸었을 뿐만 아니라 전에는 절대로 불가능했던 방식으로 함께하는 세상을 가져다 주었다. 정보화 사회는 온 세계를 연결하는 정비화된 커뮤니케이션 네트워크를 기초로 하여 기능한다. 이 통합된 시스템의 효과는 아주 놀라울 정도이다. 과거에 정보는 인간 존재가 여행할 수 있는 것보다 더 빠르게 전해질 수가 없었다. 하지만 지금은 정보의 전달이 빛의 속도로 지구를 횡단할 수 있다. 상대적으로 빠르고 쉽게 세계를 여행할 수 있는 것에 만족해야 했던 모던 시대의 능력과는 달리 포스트모던 시대는 지구상의 거의 모든 곳으로부터 즉시 정보를 모으는 능력을 갖게 되었다.

온 세계를 잇는 통신 시스템의 결과로 이제 우리는 전 세계에서 일어나는 사건 소식에 단지 손가락 끝으로 접근할 수 있게 되었다. 이러한 점에서 우리는 정말로 지구촌에서 살고 있다.

지구촌의 도래는 겉으로는 자기 모순처럼 보이는 효과를 일으켜 왔다. 정보화 시대의 대중문화와 세계적 경제는 한 재미있는 관찰자가 '맥월드'(McWorld)라고 불렀던[19] 하나의 세상을 창조하고 있다. 하지만 이

---

18) 위의 책.

역주/ 앨빈 토플러가 그의 책, 『권력이동』에서 세계가 산업화 시대에서 정보화 시대로 옮겨가면서 사회를 통제하는 권력의 원천에 대해 설명하면서 유식 계급을 지칭하는 말로 사용한 용어이다. 그는 인류 역사상 인간의 삶을 총체적으로 변화시킨 세 번의 혁명이 있었느데, 첫 번째가 신석기 시대의 농업 혁명이고, 두 번째가 신흥 부르주아지의 파워 엘리트를 탄생시킨 산업 혁명이며, 세 번째가 바로 정보화 시대의 지식과 두뇌에 바탕을 둔 유식 계급 코그니타리아트(Cognitariat)를 탄생시킨 정보 혁명이라고 주장하였다. Elvin Toffler, *Power Shift*, 이규행 역, 『권력이동』(서울: 한국경제신문사, 1990)을 참고하라.

19) Benjamin Barber, "Jihad vs. McWorld," *Atlantic Monthly* (March 1992): 53.

행성은 하나의 수준에서 만나는 동시에 다른 곳으로 뿔뿔이 떨어졌다. 포스트모더니티의 출현은 글로벌 의식을 키워주었을 뿐만 아니라 국가 의식이 동시에 무너져 내리는 결과를 가져왔다.

민족주의는 '재부족화'(retribalization)를 향한 움직임의 깨우침 가운데서 점점 감소하면서 보다 지역적인 상황에 대한 충성심을 증가시켰다. 이 충격은 아프리카의 나라들뿐만 아니라 있음직하지 않은 캐나다와 같은 지역에서도 발견되었다. 그곳은 캐나다 안에서도 불어를 사용하는 퀘벡 주와 서구화된 지방 사이에서 소외감을 경험하면서 계속적으로 분리의 위협에 괴롭힘을 당해 오던 지역에서 이러한 현상들이 강하게 나타나고 있다. 사람들은 점점 더 다음과 같은 새로운 전문가들의 공식 견해(dictum)를 충실하게 따르고 있다. "생각은 세계적으로 하고, 행동은 지역적으로 하라"(Think globally, act locally).

모던 산업 사회에 이어 등장한 탈공업화 정보화 사회(postindustrial information society)의 출현은 포스트모던 사조의 토대를 제공한다.[20] 지구촌에서의 삶은 그곳에 살고 있는 시민들에게 우리 행성의 문화적 다양성에 대한 선명한 인식을 불어넣는다. 그러한 인식은 새로운 다원론적 사고방식(mind-set)을 받아들이도록 우리를 고무하는 것처럼 보인다. 이 새로운 사고방식은 다른 관습(practice)이나 관점에 대해 단지 관용을 보이는 것보다 더한 것을 포용한다. 오히려 다양성의 중요성을 단언하며 그것을 즐긴다. 또한 문화적 다양성에 대해 환영하는 것은 새로운 스타일―절충하는 자세(eclecticism)―인 포스트모더니티의 스타일을 요구한다.

---

[20] 후기 산업 사회 시대의 출현을 주도한 주요 사건들에 대한 논의를 살펴보기 위해서는 Rose, *The Post-Modern and the Post-Industrial*, 21-39쪽을 참고하라.

정보화 사회는 대량 생산에서 분할된 생산으로의 이동을 목격해 왔다. 동일한 제품의 되풀이되는 생산은 많은 다른 제품의 빠르게 바뀌는 생산 시스템에 길을 내주었다. 바뀌는 계절과 함께 단지 몇 스타일을 제시했던 모더니티의 대중문화에서, 거의 끝이 없이 다양한 스타일을 제공하는 파편화된 '기호문화'(taste culture)로 우리는 지금 이동해 가고 있다. 한때 고등학생들은 그들 자신들을 언제나 공부나 해야 하는 시골뜨기나 바보들로 스스로 상대화했지만 이제는 다른 취향과 스타일을 추구하면서 수없이 다른 다양한 범주에서 생각하는 세대가 되었다.

포스트모더니즘 중심이 없는 영역

이러한 특성은 포스트모던 사조는 중심이 없다는 사실을 드러내는 것으로 아주 중요한 관점이 된다. 선명하게 공유된 어떤 중심도 포스트모던 사회의 다양하고 서로 다른 요소를 하나의 전체로 묶을 수 없다. 더 이상 사람들은 무엇을 측정하고, 판단하고, 혹은 어떤 생각이나 의견, 라이프스타일에 가치를 부여하려는 노력을 통해 이것이라고 주장할 수 있는 어떤 공통의 기준은 더 이상 존재하지 않는다. 권위와 합법적으로 널리 받아들여지고 존중될 권력의 공통적인 원천이라고 여겨지던 것은 모두 사라졌다.

> 포스트모던 상황은 …… 권력과 행동의 중심을 증가하면서 그 자신을 나타낸다. 또한 사회 활동과 표현 전체의 복합적인 영역을 다스릴 수 있다고 주장할 수 있는 모든 종류의 통전적인 내러티브를 용해시키면서 그 자체를 드러낸다.
>
> —스티븐 컨노[21]

중심이 사라지면서 우리 사회는 점점 복합적인 사회가 되어가고 있다. 이렇게 보다 작은 사회적 단위는 일반적으로 지리적 가까움과 그렇게 상관이 없게 되었다.

　　포스트모던 철학자 미셸 푸코(Michel Foucault)는 이러한 중심 없는 포스트모던 세계를 이질적 공간을 의미하는 '헤테로토피아'(heterotopia)라고 명명한다.[22] 푸코가 붙인 이러한 명칭은 우리가 목격하고 있는 모더니티로부터의 기념비적인 전환을 하고 있음을 강조해 준다. 불가피하게 진행되는 이러한 과정에서 계몽주의 확신(Enlightenment belief)은 모더니티가 가진 유토피아 비전에 대한 동기를 제공했다. 모더니티를 수립한 사람들은 평화, 정의, 그리고 사랑이 지배하는 완벽한 인간 사회, 즉 유토피아를 구상하고 세우려고 했다. 포스트모던인은 이제 더 이상 유토피아를 꿈꾸지 않는다. 이제 그 자리에 그들은 오직 포스트모던 세계의 이질적 공간인 헤테로토피아를 꿈꾸는데, 그곳은 어떤 것으로도 계측할 수 없는 다양함을 제공할 수 있다. 그곳은 모던 세계가 찾으려고 했던 하나의 세계(universe)를 이제 '다양함의 세계'(multiverse)로 대신한다.

---

21) Steven Connor, *Postmodernist Culture* (Oxford: Basil Blackwell, 1989), 9
22) Foucault, *The Order of Things: An Archaeology of the Human Sciences* (New York: Pantheon Books, 1970), xviii.
　　역주/ 미셸 푸코는 전혀 이질적 공간(other space)을 칭하는 용어로 이것을 사용하는데, 그에게 있어서 헤테로토피아는 위기와 일탈의 공간으로 서로 양립할 수 없는 장소와 시간을 한자리에 모아놓은 유동적인 곳이며, 현대인들이 위안을 받는 낙원과 같은 장소이다.

문화적 현상으로서의 포스트모더니즘

포스트모던 사조에 의해 제시된 중심의 상실(the loss of centeredness)은 우리가 살고 있는 현대적 상황의 주요 특징 중의 하나가 되어왔다. 아마도 이것은 우리 사회의 문화적 생활에서 가장 분명하게 나타나고 있는 현상이다.[23] 우리가 모더니티에서 포스트모더니티로 움직여가는 것과 같이 예술 세계에서도 복합적인 전환(profound transition)이 일어나고 있다.

다양성에 대한 포스트모던 찬사

포스트모던 문화적 표현에 있어서 가장 중심적인 특징은 다원론이다. 이 다원론에 대한 찬사에서 포스트모던 예술가들은 크게 다른 출처로부터 나온 표면상으로는 서로 모순된 스타일을 정교하게 함께 배치한다. 이러한 기교는 다양성을 높게 치면서 약간은 장난스러우면서도 아이러니한 방식으로 합리성의 지배(dominance of rationality)에 대해 미묘한 거부를 표현하는 수단을 제공한다. 포스트모던 문화를 반영하는 작품들은 종종 두 차원의 의미를 제공하는 '이중적 기호체계'(double-coded)를 사용한다. 많은 포스트모던 예술가들은 특히 모더니티의 특정한 측면을 거부하거나 조소하기 위하여 보다 오래된 스타일의 특징들을 사용해 왔다.

폭넓게 사용된 병치 기법 중의 하나는 콜라주 기법이다. 그것은 예술가들에게 원 자료와 양립할 수 없는 자연적인 수단을 제공하는 기법이다.

---

[23] 이것에 대한 보다 상세한 연구를 위해서는 Steven Connor, *Postmodernist Culture* (London: Basil Blackwell, 1989)를 참조하라.

동시에 존재하는 이미지의 분명한 몰수(confiscation), 인용, 혹은 반복을 허용함으로써 콜라주 기법은 단일의 창조적인 작가의 신화(myth)의 포스트모던 비평을 심화한다. 관련된 병치 기법 전략은 '브리콜라주'(bricolage)[24]이다. 이것은 그 당시의 목적을 이루거나 아이러니한 주제를 표현하기 위하여 여러 전통적 대상(예술적인 매체 양식에서의 전형적인 이전의 시기로부터의 요소)의 형태를 재배치하는 것(reconfiguration)이다.

> 포스트모더니즘은 근본적으로 가까운 과거의 전통적인 것과 어떤 전통의 것을 선택적으로 혼합하는 것이다. 그러므로 이것은 모더니즘의 연속(continuation)이면서 또한 그것을 초월하는 것(transcendence)이다. 포스트모더니즘의 최고의 특징은 이중적 기호체계(double-coded)와 아이러니라고 할 수 있다. 이것들은 폭넓은 선택을 가능하게 하며, 다소의 대립은 불가피하고, 전통으로부터의 단절을 그 특징으로 한다. 왜냐하면 이질성은 다원론을 가장 분명하게 사로잡기 때문이다.
>
> – 찰스 젱크스[25]

포스트모던 예술가들의 다양한 스타일의 사용은 포스트모던 작품들이 종종 여러 역사적 시대로부터 나온 절충주의를 반영하고 있다는 사실을 의미한다. 순수 예술가들은 이러한 종류의 병치를 언어도단으로 간주한다. 그것은 현재의 느낌을 만들기 위해 역사적 스타일의 순수성을 더럽히는 것이라고 생각한다. 포스트모더니즘에 대한 이러한 비평은 역사를 넘어서 깊이나 어떤 확장함이 없이 단순히 단조로운 현재(flat present)로

---

24) 역주/ 이것은 손이 닿는 아무것이나 이용하여 만드는 기법을 지칭하는 용어이다.
25) Charles Jencks, *What Is Post-Modernism?* 3rd ed. (New York: St. Martin's Press, 1989), 7.

나아가기 위한 포스트모던 표현의 형태를 비난하고 있다. 예술의 형식과 역사는 이러한 깊이와 확장을 통해서 호환성 있게 순환하기 때문이다.[26] 그들은 포스트모더니즘이 독창성을 결여하고 있으며 매우 어리석게도 스타일을 결여하고 있다고 생각한다.

하지만 포스트모던 문화 표현에는 아주 깊은 원리가 작용하고 있다. 포스트모던 작품들의 취지는 반드시 별다른 취향이 없는 무미건조한 것이 아니다. 오히려 포스트모던인은 종종 어떤 작가의 강력한 초기의 개념에 대해 밑을 파보려고 한다. 그들은 스타일에 있어서 모던 학자들과 예술가들이 가지고 있는 이데올로기와 같이 그들이 목도하는 것을 무너뜨리면서 다양한 양식의 문화로 그것을 대체하려고 한다. 이것을 달성하기 위하여 많은 포스트모던 예술가들은 양식의 다양성으로, 그것이 현장의 목소리와는 조화되지 않는 것처럼 보이는 다양한 목소리로 그의 청중을 향해 선다. 이렇게 본래 역사적 문맥으로부터 스타일과 관련한 요소를 들어올리는 것과 같은 테크닉은 같은 진영의 비평가들이 역사적 내용을 위치 변경시키고 그것을 단조롭게 만들어 버렸다고 비난하는 것이다.[27]

하지만 이러한 비판의 소리에 개의치 않고 포스트모더니즘은 현대 서구 문화에 큰 영향력을 행사하고 있다. 합리성에 대해서 크게 강조를 두지 않고 다양성의 강조와 함께 스타일의 병치(juxtaposition of styles)는 우리 사회의 특징이 되어왔고, 현대 문화 표현의 광범위한 영역에서 분명하게 자리를 잡아가고 있다.

---

26) Fredic Jameson, "Postmodernism and Consumer Society," in *The Anti-Aesthetic: Essays on Postmodern Culture*, ed. Hal Foster (Port Townsend, Wash. : Bay Press, 1983), 114, 115-16, 125.
27) 예를 들어 이러한 비평을 보기 위해서 Jameson, "Postmodernism and Consumer Culture," 116-17쪽을 보라.

포스트모던 건축

문화의 다른 측면인 건축에서 1970년대까지 모더니즘은 가장 우위를 차지했다. 모던 건축가들은 서양 도처에 인터내셔널 스타일(International Style)이라고 알려진 건축 양식을 발전시켰다. 더 광범위한 모던 사조의 표현으로서 이 건축 운동은 인간의 합리성에 대한 신뢰를 바탕으로 인간의 이상향(utopia) 건설에 대한 희망을 가지고 진행되었다.

모던 유토피아적 이상주의(utopianism)에 고취되어 건축가들은 통일성 원리(principle of unity)를 따라 건물들을 세웠다. 프랭크 로이드 라이트(Frank Lloyd Wright)가 현대의 건물은 유기적 실체(organic entity)가 되어야 한다고 주장했을 때, 그의 이러한 주장은 다른 많은 이들을 위한 길라잡이가 되었다. 그는 건물이란 '하나의 위대한 물건'이 되어야 한다고 선언하면서 건물은 많은 '자잘한 것들'이 서로 어울리지 않게 묶여 있는 '불화의 수집물'이 아니라고 주장한다.[28] 각각의 건물들은 하나의 통합된 본질적 의미(one unified, essential meaning)를 표현해야 한다.

통일성 원리에 대한 모던 세계의 헌신은 찰스 젱크스(Charles Jencks)가 '가치의 일면성'(univalence)이라고 부른 것에 의해 특징지어진 건축의 형태를 낳는다. 모던 건축물은 유리와 철재 박스들로 구성되는 거의 보편적 양식에 의해 특징지어진 단순하면서도 본질적인 형태를 나타낸다. 건축가들은 하나의 주제를 건물에 두드러지게 함으로써 형식의 단일성을 얻어낸다. 그렇게 하여 그들은 보통 '반복'(repetition)으로 알려진 방책을 통해 그것을 완성한다. 동시에 기하학적인 완성을 이루려고 하면서 모던 건물들은 우리가 사는 세상과는 전혀 다른 유형(type of other-worldliness)

---

28) Frank Lloyd Wright, "Organic Architecture" (excerpt, 1910), in *Programmes and Manifestoes on Twentieth-Century Archicture*, ed. Ulrich Conrads, trans. Michael Bullock (London: Lund Humphries, 1970), 25.

을 펼쳐나간다.

앞서 언급한 것처럼 모던 건축의 주된 흐름은 범세계적인 움직임이 되었다. 이것은 산업화를 촉진시켰고 지역적으로 다양하게 표현해 가는 특징은 크게 줄어들게 했다. 결과적으로 모던 건축의 확대는 종종 기존의 도시 구조물을 파괴하기도 했다. 이것은 사실 '발전'을 추구해 가는 모던 시대의 추구를 가장 잘 대변해 주는 장비인 불도저가 나아가는 길에 세워져 있는 모든 것을 가시적으로 제거하였다.[29]

몇몇 모던 건축가들은 모더니즘의 비전을 단지 그들 자신의 분야에만 한정하는 것에 만족하지 않았다. 건축은 예술, 과학, 그리고 산업이 통합되어 나타나는 새로운 결합을 가시적으로 이루어가는 표현이 되어야 한다는 확신을 가지고 있었다.

> 미래의 새로운 구조를 우리 모두 함께 바라게 하고, 마음에 품게 하고, 그것을 창조하게 하라. 이것은 하나의 통일성 가운데서 건축, 조각, 그림을 포함하게 될 것이며, 언젠가 수백만 일꾼들의 손을 통해 수정같이 맑은 새로운 믿음의 상징들이 결국에는 하늘로 솟아오를 것이다.
>
> —월터 그로피우스[30]

포스트모던 건축은 모던 건축에서 특정한 경향에 대해 반응하면서 출현한다. 동일한 특징을 갖는 가치의 일면성(univalence)을 이루려는 모던주의 이상 대신에 포스트모던인은 '가치의 다면성'(multivalence)을 즐

---

29) Jenks, "The Post-Modern Agenda," 24.
30) Walter Gropius, "Programme of the Staatliches Bauhaus in Weimar" (1919), in *Programmes and Manifestoes on Twentieth-Century Architecture*, ed. Ulrich Conrads, trans. Michael Bullock (London: Lund Humphries, 1970), 25.

겨 추구한다. 포스트모던 건축가들은 건물은 다른 건물과의 절대적 일치를 반영하여 설계되어야 한다는 모던주의자들의 요구를 아주 엄격히 거절한다. 반면에 그들의 작품은 스타일, 형태, 구성이 서로 그렇게 친화를 이루지 않는 쪽을 일부러 탐구하고 추구해 간다.

모던 건축의 경향을 거부하는 것은 모더니즘에 대한 포스트모던 반응(reaction)의 여러 특성 가운데서 명백한 것이다. 예를 들어 본질적이 아닌 것이나 불필요한 것들에 대해 모던주의자들은 경멸하지만 그와는 반대로 포스트모던 건물에는 장식물을 배치할 공간이 주어진다. 나아가 모던 시대의 건축자들이 설계함에 있어서 이전 시대 유물을 완전히 제거하려고하면서 과거와의 완전한 단절을 시도하지만 포스트모던 건축가들은 역사적 스타일과 기술들을 부활시키고 있다.

모던 건축에 대한 포스트모더니즘의 거부 뒤편에 자리잡고 있는 것은 더욱 심오한 원칙이 있다. 포스트모던인들은 모든 건축은 본질적으로 상징적이라고 주장한다. 모던 구조를 포함하여 모든 건물은 일종의 언어를 가지고 우리에게 말을 한다. 순전한 기능성에 대한 그들의 탐구 속에서 많은 모던 건축가들은 이러한 차원을 떨쳐버리려 했다. 그러나 모던 시대의 날카로운 메스가 실용적인 원칙을 따르지 않은 모든 것들을 잘라낸 후에 이제 남은 것은 건물을 세우는 테크닉이었다고 포스트모던인은 주장한다. 제거된 것은 건축물의 예술적 차원이었는데, 그것은 상상의 세계를 나타내거나 이야기를 전달하는 구조를 허락해 준다. 포스트모던인은 거대한 대성당과 같이 또 하나의 영역을 보여주는 과거의 경이로운 건축물이 모더니즘이 지배하던 시대에는 지어지지 않았다고 불평한다.

> 건물 그 자체는 그것이 잘 지어졌든 그렇지 않든, 혹은 아무것도 말하지 않는 것 같든, 아니면 무언가를 크게 말하는 것이든, 그것이 원하는 곳에 있고, 그것이 말하기를 원하는 것을 말하는 힘을 가지고 있다. 그것은 꼬르뷔제(Corbusian)[31] 방식 안에 놓여 있는 그들의 순수한 존재를 받아들이기보다는 그들이 말하고 있는 것에 귀를 기울이며 건물을 보도록 만들기 시작한다.
>
> —찰스 무어[32]

장식의 추가와 같은 이러한 장치를 통하여 포스트모던은 그들이 건축에 소위 '가공의'(fictional) 요소라고 부르는 것을 복원하려고 시도하고 있다. 그들은 건축에 있어서 전통적으로 속박하여 온 모든 관습으로부터 벗어나 순전히 유용성의 관점을 살려내기를 원하였고, '독창적 장소'(inventive places)를 만드는 역할을 건축학이 해야 하는 것으로 이해하게 되었다.[33]

모던 건축학에 대한 포스트모던 비판은 더욱 광범위한 영역에서 이루어진다. 포스트모던인들은 모더니즘의 보편성(universality)과 범역사적 가치(transhistorical value)에 대한 주장에 대해 반대의 입장을 취한다. 그들은 모던주의자들의 주장에 반대하면서 그들의 건축학적 성취는 이성과 논리의 표현을 적게 하면서 힘의 언어도 적게 표현해야 한다고 주장한다.

---

31) 역주/ 르 꼬르뷔제는 스위스에서 태어나 프랑스에서 디자이너로 활동한 르 꼬르뷔제의 건축 양식을 지칭한다. 그는 20세기 최고의 건축가로, 모던 건축 역사상 가장 위대한 인물로 평가받고 있으나 현대 메마른 도시와 건축을 만들어낸 장본인으로 비판을 받기도 한다. 대표작으로 "사보이 주택," "롱샹 성당" 등이 있다.
32) Charles Moore, *Conversations with Architects*, ed. John Cook and Heinrich Klotz (New York: Praeger, 1973), 243.
33) Heinrich Klotz, "Postmodern Architecture," in *The Post-Modern Reader*, 241-42.

모던 건물은 그 표현 언어를 산업화 시대의 형식(industrial forms)과 모던 시대의 재료, 그들이 활용하고 있는 산업화 시대의 시스템으로부터 이끌어낸다.[34] 이러한 형식과 재료는 과학과 기술이 추구하는 용감한 새로운 세계(the brave new world)를 표현하는 데 좋은 도움을 제공한다.[35]

포스트모던 학자들은 모던 건축가들이 별로 안중에 두지 않았던 것 같이 보였던 이러한 힘의 건축 언어를 버리기를 원했다. 그들은 대량으로 규격화된 형식으로 양산하는 건축 언어를 주장하는 비인간화된 획일성이라고 보았던 것으로부터 벗어나려고 했다. 여기에서 포스트모던인들은 포스트모던이 추구하는 다양성과 다원론의 개념을 혼합하는 새로운 하이브리드 언어를 탐구하려고 했다.

포스트모던 예술

포스트모던 건축학은 20세기 지배적인 모던 건축의 원칙들을 거부하는 것으로부터 생성되었다. 포스트모더니즘은 유사한 방식으로 예술 세계에서 감지되는 분명한 실재를 제시한다.

모던주의자들의 건축은 당시에 선행된 건축 양식의 모든 자취로부터 벗어나려 노력했다. 클레멘트 그린버그(Clement Greenberg)와 같은 예술 이론가들은 유사한 용어로 모던 예술을 규정하였다.[36] 모더니즘은 그것이 벗어나려고 하는 것을 일소하기 위하여 자기 비판의 자세를 가짐으로 이루려고 하는 것을 수행해 간다. 또한 모던 예술가들도 그들이 추구하는

---

34) Paolo Portoghesi, *After Modern Architecture*, trans. Meg Shore (New York: Rizzoli, 1982), 3.
35) Robert Venturi, *Learning from Las Vegas* (Cambridge: M.I.T. Press, 1977), 135-36.
36) 클레멘트 그린버그는 종종 합법성에 대한 가장 영향력 있는 형태로 모던 예술을 제공한 것으로 명성을 얻고 있다. 보다 상세한 내용을 살펴보려면 Connor, *Postmodernist Culture*, 81쪽을 보라.

예술의 '순수성'을 견지하기 위하여 이러한 종류의 자기 비판을 도입한다.[37] 그리하여 예술에서의 모더니즘의 표현은 건축학에서의 그 표현과 같이 가치의 일면성(univalence)을 추구하는 특성을 따른다. 모던 시대 예술의 큰 강점 가운데 하나는 형식에 있어서의 통전성(stylistic integrity)을 추구한다는 점이다.

이와는 반대로 포스트모던주의자들의 예술은 그 자체로 받아들이는 것과 배제하는 것 사이를 연결하는 것이 무엇인지에 대한 인식으로부터 벗어나려는 경향을 가진다. 이러한 이유 때문에 이것은 양식의 다양성, 혹은 '가치의 다면성'을 받아들인다. 이것은 모더니즘이 추구하는 '순수성'(purity)보다는 '혼합성'(impurity)을 선택한다.

많은 포스트모던 예술가들은 다양성을 전형적으로 병렬(juxta-position)이라는 포스트모던 기법과 결합한다. 이미 우리가 앞에서 살펴보았듯이 그들이 예술 세계를 구현하면서 선호하는 양식 중의 하나는 콜라주 기법이다. 사실 "몽타주 기법의 '아리스토텔레스'"라고 불렸던 자크 데리다(Jacques Derrida)는 콜라주 기법을 포스트모던 담론에 있어서 주된 양식으로 간주하였다.[38] 콜라주 기법은 보는 사람을 자연히 그 작품의 의미로 끌어당기고, 그 자체가 갖는 본래의 '이질성'은 그 의미가 이끌어내는 것이 단일의 것도 아니며 고정된 것도 아님을 분명히 한다. 이것은 이

---

37) Clement Greenberg, "Modernist Painting," in *Postmodern Perspectives: Issues in Contemporary Art*, ed. Howard Risatti (Englewood Cliffs, NJ: Prentice-Hall, 1990), 12-19쪽을 보라. 또한 Greenberg, "Towards a Newer Laocoon," in *Pollock and After: The Critical Debate*, ed. Francis Frascina (London: Harper & Row, 1985), 41-42쪽도 참고하라.
38) David Harvey, "The Condition of Postmodernity," in *The Post-Modern Reader*, 308. 그레고리 얼머(Gregory L. Ulmer)는 그의 논문, "The Objects of Post-Criticism," in *The Anti-Aesthetic*, 87쪽에서 데리다를 아리스토텔레스의 합성으로 설명하고 있다.

미지를 병치시켜 놓고 그것을 보는 사람들로 하여금 끊임없이 그 안에 담긴 새로운 의미를 찾아내도록 초대한다.

> 본질적으로 포스트모던 예술은 배제하거나 복원하는 특성을 가지는 것이 아니라 대상 너머에 있는 상황, 경험, 그리고 지식의 모든 영역을 자유롭게 참여시키면서 종합하는 특징을 가진다. 단일의 완성된 경험을 추구하는 것과는 달리 포스트모던 대상(object)은 폭넓은 상태(encyclopedic condition)에 이르려고 노력하며 수없이 많은 액세스 포인트(access points)[39]를 허용하며 해석적 반응(interpretive responses)의 무한성을 허용한다.
> —하워드 팍스[40]

이것이 지니는 한계를 안으면서 예술적 병치(artistic juxtaposition)는 종종 이것저것 모아놓은 혼성화(pastiche)라고 불리기도 한다. 고급 문화와 MTV나 비디오 등과 같은 대중문화 상황 모두를 도입하는 이러한 책략의 목표는 보는 사람들을 일치하지 않는, 심지어는 객관적 의미를 인식하는 데 의문을 갖게 하는 상호 충돌하는 이미지들을 통해 공략하는 것이다. 혼성화의 서로 연결되지 않고, 조화되지 않는 디자인은 화려한 색깔 체계, 일치되지 않는 조판 등과 함께 전위 예술(avant-garde art) 세계를 넘어서 책 표지, 잡지 표지, 그리고 대중 광고 등과 같은 일상의 삶의 영역으로 이제 이동해 간다.

포스트모던 예술가들은 양식의 다양성을 단지 주의를 끌기 위한 수단으로 보지 않는다. 그것이 가지는 매력은 주의를 끌기 위한 것보다 훨

---

39) 역주/ 부가 가치 통신망(VAN)에서 네트워크 측과 이용자 측의 접속점을 지칭하는 용어이다.
40) Howard Fox, "Avant-Garde in the Eighties," in *The Post-Avant-Garde: Painting in the Eighties*, ed. Charles Jencks (London: Academy Editions, 1987), 29-30.

씬 더 깊은 차원에서 주어진다. 그것은 보다 보편적인 포스트모던 자세와 관습과 규범적인 전통에 의존해 온 모더니티가 가진 힘에 도전하려는 욕구의 일부분이다. 포스트모던 예술가들은 모던주의자들이 개별 작품이 지닌 양식의 통전성에 강조점을 둔 것에 대해 도전하고 나선다. 또한 모던주의자들이 개별 예술가들의 '예찬'(cult)에 대해 그들이 본 것을 하찮은 것으로 폄하한다. 그들은 고의로 예술 작품의 단일성을 부정하는 방식을 취한다. 이미 존재하는 이미지에 대한 분명한 몰수, 인용, 발췌, 그리고 반복과 같은 방법을 통하여 그들은 새롭게 무엇인가를 창조하는 주체에 대해 그들의 '창작'(fiction)을 공격한다.[41]

이러한 과격한 포스트모던 비판의 예는 사진작가 세리 레빈(Sherrie Levine)의 작품에서 찾아볼 수 있다. 한 전시회에서 레빈은 워커 에반스(Walker Evans)나 에드워드 웨스톤(Edward Weston)과 같이 잘 알려진 작가들의 사진 예술 작품을 재촬영하여 그것들을 그녀 자신의 것으로 전시하였다. 이렇게 작품을 도용한 그녀의 행위를 우리는 단순한 표절이라고 분류하기는 어렵다는 점은 분명하다. 이러한 작업을 통해 그녀가 하려고 했던 것은 누군가의 작품이 그녀 자신의 것이라고 사람들이 믿도록 속이려는 것이 아니었다. 오히려 '원작'과 그것을 공개적으로 재제작한 작품의 차이가 어떤 것인가를 알아내도록 하려는 데 의도가 있었다.[42]

---

41) Douglas Crimp, "On the Museum's Ruins," in *The Anti-Aesthetic*, 53.
42) 레빈의 이러한 의도에 대한 논의를 더 살펴보기 위해서는 Douglas Crimp, "The Photographic Activity of Postmodernism," in *The Anti-Aestetic, October* 15(Winter 1980):91-100쪽을 보라.

포스트모던 연극

어떤 점에서 아마도 포스트모더니즘의 모더니즘에 대한 거부가 가장 적절하게 표현된 발원지와 같은 예술의 영역이 연극일 것이다. 모던주의 운동은 예술 작품을 시대를 초월하는 영원한 이상의 표현으로 보았다. 반면 포스트모던 사조는 일시적인 것(transience)을 중요하게 생각한다. 일시적인 것은 연기에 있어서 본질적인 특징이 된다.[43] 포스트모던인들은 삶을 무대에서 들려지는 이야기와 같이, 교차하는 이야기(intersecting narratives)의 모음 정도로 이해한다. 그것은 하나의 사례가 되면서 본질적으로 이러한 두 가지 특징에 의존하는 문화적 매체를 통해서보다는 일시적인 것과 연기를 묘사하는 가장 좋은 방법으로 대두되었다.

이러한 밀접한 관련성에도 불구하고 분명한 것은 모든 연극 작품이 포스트모던 사조를 표현하고 있는 것은 아니라는 점이다. 많은 학자들은 포스트모던의 연극이 급증하게 된 것은 1960년대부터로 이해한다.[44] 하지만 그 뿌리는 훨씬 이전으로 돌아가는데, 1930년대 프랑스 작가 앙토냉 아르토(Antonin Artaud)[45]의 작품에서 찾는다.

아르토는 예술가들, 특히 극작가들에게 그가 고전적 예술을 우상시하면서 맹신하는 것을 먼저 무너뜨리는 항의자(protesters)가 될 것을 요청한다. 그는 전통적인 무대와 연극의 걸작을 '잔혹극' (theater of cruelty)[46]으로 대체하라고 주장한다. 그는 대본 위주의 양식과 빛, 색깔, 움직임, 몸

---

43) Michel Benamou, "Presence at Play," in *Performance in Postmodern Culture*, ed. Michel Benamou and Charles Caramello (Milwaukee: Center for Twentieth Century Studies, 1977), 3.
44) 예를 들어 이것에 대한 보다 구체적인 설명을 위해서는 Steven Connor, *Postmodernist Culture* (London: Basil Blackwell, 1989), 134쪽을 보라.
45) 역주/ 앙토냉 아르토(1896-1948)는 프랑스의 연극 이론가이자 시인이며 배우로, '잔혹극 이론가'로 유명하다.

짓, 그리고 공간을 포함한 작품에 내재하는 언어를 탐구하는 것을 포기하라고 요구한다.[47] 거기에 더하여 아르토는 연기자와 관객 사이를 구별짓는 것을 넘어서야 하며, 청중을 연극의 세계를 직접 경험할 수 있도록 연극 안으로 끌어들이라고 주장한다. 모든 사회적 관습 너머에 자리잡고 있는 삶의 주요 실재를 관객들로 하여금 직접 직면하도록 만드는 것이 아르토의 관심사였다.[48]

1960년대로 들어서면서 아르토가 꿈꾸었던 측면들이 현실로 나타나기 시작했다. 이론가들이 연극의 표현의 본질에 대해 재고하면서 그들은 그동안 추종해 온 것으로부터 전통적인 권위가 지니고 있는 억압하는 힘으로 인식하는 것에 대해 자유로운 공연을 주장한다.

일부 새로운 이론가들은 이러한 억제하는 힘은 그 근원을 이루는 대본과 극본에 의하여 발휘되어 왔다고 결론지었다.[49] 이 문제를 풀기 위하

---

46) 역주/ 앙토냉 아르토가 제안한 실험적 연극을 위한 시도로 20세기 전위 연극에 중요한 영향을 미쳤다. 상징주의와 초현실주의의 영향을 받은 아르토는 극장을 창설하여 작품을 상연하기도 했고, 발표한 평론들을 통해 '잔혹극'이라 이름붙인 이론들을 체계화했다. 그의 이론은 그의 저서 『연극과 그 이중성』(Le Théâtre et son double)에 잘 나타나는데, 그는 문명이 인간을 병들고 억압된 존재로 만들었다고 믿었으며, 또한 연극의 진정한 기능은 인간에게 이러한 억압을 제거하여 본능적인 에너지를 해방시키는 것이라고 확신했다. 연극에 있어서 원초적 특성을 살려 무대와 관객의 정서를 공유하려는 것이 그의 주된 목적이었다. 그는 연기자와 관객 사이에 가로놓인 무대라는 장벽을 제거하고 주문과 신음, 비명소리, 고동치는 듯한 조명 효과, 지나치게 크게 만든 무대 위의 인형과 소품 등을 이용한 가공의 경관들을 만들 것을 제안했다. 이 이론에 따라 아르토가 무대에 올린 작품은 "상시가의 사람들"(Les Cenci)이라는 작품 한 편이지만 그의 견해는 무대 연극에 많은 영향을 끼쳤다. 이것은 원시적 생명력의 충일함을 무대에 재생하려는 데 목적이 있었으며 단순한 폭력성, 신체적 잔인함을 묘사하려는 것은 아니었다.
47) 위의 책, 135.
48) Walter Truett Anderson, *Reality Isn't What It Used to Be: Theatrical Politics, Ready-to-Wear Religion, Global Myths, Primitive Chic, and Other Wonders of the Postmodern World* (San Francisco: Harper & Row, 1990), 49.
49) 예를 들어 그러한 이론가로 앙토냉 아르토를 들 수 있다. 그의 논문, "The Theatre of Cruelty: Second Manifesto," in *The Theatre and Its Double*, trans. Victor Corti (London: Calder & Boyers, 1970), 81-87쪽을 참조하라.

여 그들은 대본을 아예 없애려고 했으며 각각의 공연을 즉각적이고 매회가 독특한 것으로 만들었다. 한 번 공연이 끝나면 각 작품은 영원히 다시 될 수 없는 것이 되게 했다.[50]

다른 연극 이론가들은 억제하는 힘을 연출가의 탓으로 돌렸다.[51] 즉석 연기(improvisation)와 연극의 섹션 및 그룹별로 연기자들이 직접 극작가가 되어 연극을 주도해 가는 특성(group authorship)을 강조함으로써 그러한 문제를 풀어가고자 했다. 그리고 모든 전통적인 관습에서 벗어나 그들은 이러한 것들이 함께 통합되어 이루어진 작품으로 이해하게 되면서 결과적으로 상실하게 된 연극 작품의 기본 개념을 중요한 요소로 여기게 되었다.

포스트모던 연극 공연은 이러한 초기 경험 위에 세워졌다. 이것은 음향, 조명, 음악, 언어, 무대장치, 그리고 내용 전개(movement)와 같은 공연의 여러 구성 요소들을 서로 대립시키면서 그러한 토대 위에 세워졌다. 이러한 방식으로 포스트모던 연극은 특별한 공연 이론을 제시하는데, 과거의 '존재의 미학'(aesthetics of presence)과 반대되는 개념인 '부재의 미학'(aesthetics of absence)이 그것이다.[52] 부재의 미학은 공연이 근원적인, 불변의 진리를 전하는 것이 되어야 한다는 주장을 거부한다. 이것은 공연이 불러일으켜야 하는 존재 의식(sense of presence)은 '텅 빈 실재'(empty presence) 이상이 될 수 없다고 주장한다. 일반적으로 포스트모던 사조를 견지하면서 공연이 가지는 의미는 그것이 이루어지는 환경이나 상황에 의존하며, 오직 무상한 것이 될 수 있다.

---

50) Patrice Pavis, "The Classical Heritage of Modern Drama: The Case of Postmodern Theatre," trans. Loren Kruger, *Modern Drama*, 29 (1986): 16.
51) Bernard Dort, "The Liberated Performance," trans. Barbara Kerslake, *Modern Drama*, 25 (1982): 62.
52) Henry Sayre, "The Object of Performance: Aesthetics in the Seventies," *Georgia Review*, 37 (1983): 174.

> 무대는 더 이상 '현재'의 반복으로 작용하지 않으며 어느 곳에나 존재하고 앞서 존재했던 '현재'를 더 이상 다시 드러내지도 않는다. 현재가 가지는 풍부함은 그것보다 오래된 것도 아니며 그것으로부터 결여된 것도 아니다. 그러면서도 그것이 없이는 온전하게 드러낼 수도 없다. 그것은 절대적인 로고스, 즉 살아 계신 하나님의 실재를 드러냄으로 가능해진다.
>
> —자크 데리다[53]

포스트모던 소설

문학에 미친 포스트모던 사조의 영향을 가늠한다는 것은 특히 어렵다. 문학 비평은 포스트모던 소설을 이전 형태와 구별하려고 하는데 그것이 정확히 무엇을 의미하는지에 대해 꾸준히 논쟁을 벌이고 있다. 그럼에도 불구하고 이 글쓰기의 양식은 우리가 둘러보았던 다른 예술의 형식의 중요 특징들을 반영하고 있다.[54]

일반적인 포스트모더니즘의 양식을 따라 포스트모던 소설은 병치하는 전략(the tactic of juxtaposing)을 도입한다. 몇몇 포스트모던 작가들은 오랫동안 계속되어 온 주제를 반어적으로 다루기 위하여 나타내는 방식 안에 전통적인 형식을 함께 사용하기도 한다.[55] 어떤 이들은 현실과 허구적인 것을 병치하는 방식을 사용하기도 한다.

---

53) Jacques Derrida, *Writing and Difference*, trans. Alan Bass (Chicago: University of Chicago Press, 1978), 237.
54) 초기 포스트모던 문학 사상가들이 픽션에 대해 논의한 내용을 보다 구체적으로 살펴보기 위해서는 Ihab Hassan, *The Dismemberment of Orpheus: Towards a Postmodern Literature* (New York: Oxford University Press, 1971)를 보라.
55) John Barth, "The Literature of Replenishment, Postmodernist Fiction," *Atlantic Monthly* (January 1980): 65-71; Umberto Eco, "Postmodernism, Irony, the Enjoyable," in *Postscript to "The Name of the Rose"* (New York: Harcourt Brace Jovanovich, 1984), 65-72.

이러한 병치 구조는 등장인물에 대해서도 나타난다. 어떤 포스트모던 작가는 다른 시대 역사에 있었던 등장인물과 오늘의 시대의 인물을 함께 등장시키고 그들의 행동을 함께 소개하는 허구의 방식에 주의를 기울이기도 하는데, 그렇게 하여 어떤 역사에 함께 참여하게 만들면서 전통적 사실주의 소설에 의해 야기된 동일한 도덕적 혹은 감성적 반응을 독자로부터 이끌어낸다.

어떤 포스트모던 작가들은 그들 자신을 작품 속에 개입시킴으로 현실과 허구를 병치하기도 한다. 그들은 이야기의 구성 가운데 나오는 행위에 포함된 문제점과 그 해결 과정을 논의하기도 한다. 이러한 역설적인 장치를 통해 작가들은 현실과 허구 사이의 차이를 흐리게 만든다. 이러한 방법은 또한 작가와 허구적인 작품 사이의 밀접한 관계를 강조하기도 한다. 소설이 그 작가가 통하여 말하고자 하는 바를 전달하는 도구인 한은 작가의 목소리는 더 이상 허구적 이야기(fictional story)에서 분리해 낼 수는 없다.

포스트모던 소설은 되풀이하여 두서너 가지, 혹은 그 이상의 순전하고 자주적인 세계를 병치시킨다. 이렇게 될 때 문학 속에 등장하는 등장인물들은 종종 그들이 살고 있는 세계와 불확실한 세계와 혼동하게 되며, 이러한 '근접 만남'(close encounter)에서 그들이 어떻게 행동해야만 하는지에 대하여 혼란스러워 한다.

다른 장르에서 이러한 포스트모던 기법을 사용할 경우에 병치 구조는 특별한 목적과 모더니즘의 경향에 반대하는 목적과 함께 문학에서 사용되고는 한다. 모던 작가들의 목적은 복합적이면서도 단일의 실재의 의미에 대한 실마리를 찾는 데 있었다. 이와는 대조적으로 포스트모던 작가들은 근본적으로 다른 실재가 어떻게 서로 공존할 수 있고, 서로에게 영향을 주며 스며들 수 있는가에 대한 질문을 제기한다.

다른 포스트모던 문화 표현과 같이 포스트모던 문학 작품도 일시적이지 않고 영원한 진리의 모던 시대의 이상을 함축적으로 부정하면서 우연성과 일시성에 초점을 맞춘다.[56] 포스트모던 소설은 일시성에 초점을 두는 것을 강조하는데, 이는 독자들로 하여금 자기 것이 아닌 자신을 늘 그 밖에 서 있는 유리한 관점으로 세상을 보려고 하는 자세에 머물지 않도록 하기 위해서이다. 포스트모던 작가들은 독자들로 하여금 시간의 흐름이나 일시적 상황의 우연성에 영향을 받지 않는 영원한 본질(eternal essences)을 벗어나서 이 세상에 있는 그대로 서 있게 하기를 원한다.[57]

> 그러한 텍스트 가운데 작가 자신을 적나라하게 드러낼수록 그것은 더욱 불가피해진다고, 그리고 역설적으로 어떤 세계를 들려주는 하나의 목소리인 작가는 단지 특별한 권위를 가진 자로서가 아니라 해석의 대상(object of interpretation)으로 자기 자신의 픽션의 기능을 하며, 수사적 구조의 기능을 하는 것이라고 말할 필요가 있는가?
>
> —데이빗 랏즈[58]

포스트모던 작가들은 때때로 닫힌 생각의 구조를 깨뜨려주는 직조된 언어를 통해 같은 효과를 거두는데, 어떤 담화가 궁극적으로 실재에 대한

---

56) Connor, *Postmodernist Culture*, 118.
57) William V. Spanos, "Heidegger, Kierkegaard and the Hermeneutic Circle: Towards a Postmodern Theory of Interpretation as Discourse," in *Martin Heidegger and the Question of Literature: Toward a Postmodern Literary Hermeneutics*, ed. William V. Spanos (Bloomington, IN: Indiana University Press, 1979), 135.
58) David Lodge, "Mimesis and Diegesis in Modern Fiction," in *The Post-Modern Reader*, ed. Chales Jencks (New York: St. Martin's Press, 1992), 194-95.

설명을 제시할 수 있다는 사실을 거부하는 수단으로 이성의 표준적인 규범에 대해 의문을 제기하는 언어를 사용한다.[59]

아마도 모던 소설의 가장 대표적인 장르는 탐정소설일 것이다. 셜록 홈즈의 모험과 같은 픽션 작품은 독자들로 하여금 표면적으로 당혹감을 느끼게 하는 어떤 실재 아래 놓여 있는 숨겨져 있는 진실을 어떻게 하면 드러낼 수 있을지 의문을 갖게 한다. 아무리 불충분한 단서가 주어지더라도 결국 주인공 탐정은 항상 그 미스터리를 풀어낸다. 그들은 늘 생색을 내면서 독자들에게 인간의 이성과 관찰의 힘이 적용될 때 어떻게 그 문제가 해결되어 반드시 마지막 결론에 이르게 되는지를 보여준다(특히 셜록 홈즈의 미스터리 소설에서 왓슨 박사와 같은 인물이 얼마나 놀라운 관찰력을 가지고 문제를 풀어가는지를 대표적으로 보여준다). 이러한 방식으로 얼핏 보기에는 서로 연결되지 않은 것처럼 보이는 이야기들이 통합된 전체를 이루어간다.

전형적인 포스트모던 소설 형식 중의 하나가 스파이 소설이다.[60] 이 이야기 안에 설정된 현실이 오늘날의 '실제' 세계를 배경으로 하고 있을지라도 사실 이러한 소설의 내러티브에는 서로 다른 두 세계가 들어 있다. 가장 분명한 것은 외형적으로 드러나는 영역이다. 그곳은 현실을 반영하고 있는 것처럼 보이나 결국에 그곳은 환상의 세계로 드러나게 된다. 외형적으로 드러나는 영역의 배후에는 두 번째 영역이 담겨 있는데, 그곳은 '실제' 세계보다 악하지만 그곳이 일반적으로는 진정한 세계이다.

이러한 두 영역을 병치시킴으로써 이야기는 독자들을 계속적인 불확실성의 상태 속에 잡아둔다. 누가 그중에서 진정으로 존재하는 사람인가?

---

59) 에디쓰 위쇼그로드(Edith Wyschogrod)는 '차이성'(differentiality)이라는 용어를 사용하여 이러한 테크닉과 연결하고 있다. Edith Wyschogrod, *Saints and Postmodernism: Revisioning Moral Philosophy* (Chicago: University of Chicago Press, 1990), xvi.
60) Anderson, *Reality Isn't What It Used to Be*, 101-2.

무엇이 실제로 진짜이고 진실이며, 무엇이 가짜이며 위험한 것인가?

스파이 소설은 우리 자신의 세계에 대해 똑같은 질문을 갖도록 우리를 이끌어간다. 우리도 이렇게 병치된 두 영역 사이에서 살아가고 있는 것은 아닌가? 우리 주위의 사람들과 일어나는 사건들은 정말로 보이는 그대로일까?

과학 소설(science fiction)은 보다 예민한 포스트모던 장르이다.[61] 이것은 모더니즘의 탐구를 더욱 분명하게 거부하는 형식으로 나타낸다. 전형적으로 과학 소설은 타자성(otherness)를 탐구하기보다는 드러난 영원한 진리를 발견하는 데에는 크게 관심을 갖지 않는다. 그것은 내재하는 상이함을 강조하기 위하여 대립되는 서로 다른 세계나 다른 실재를 끌어온다.

과학 소설은 우리가 살고 있는 세계에 대해 중요한 철학적 질문을 던지도록 이끌어간다. 도대체 현실이란 무엇인가? 가능한 것은 무엇인가? 실제로 어떤 힘이 우리 가운데 작용하고 있는가?

대중문화 현상으로서의 포스트모더니즘

우리들 대부분은 과학 소설과 스파이 이야기를 통하여 포스트모더니즘과 가장 직접적인 접촉을 가진 것처럼 보인다. 왜냐하면 이것이 오늘날 우리 시대의 대중문화 속에 깊숙이 스며들어 있기 때문이다. 그러나 우리가 사는 세상에 깊이 삼입해 들어감을 통해 직접적으로 혹은 무의식적으

---

61) Brian McHale, *Postmodernist Fiction* (New York: Methuen, 1987), 59-60.

로 포스트모던 사조에 노출되게 된다. 아니 그것에 폭격을 맞은 것처럼 그것에 사로잡혀 살 수도 있다.

어떤 점에서 대중문화를 통해 포스트모던 사조에 노출되는 것 그 자체가 포스트모던적이다. '대중' 문화보다 우위에 있는 것이 '고급' 문화라고 생각하는 것을 거부하는 것이 포스트모더니티의 특징을 잘 드러내는 것이 된다.[62] 포스트모더니즘은 아방가르드 운동 가운데서 가장 독특하다. 사실 아방가르드 운동은 예술적 엘리트층에게가 아니라 일상생활의 활동 속에서 대중문화와 대중매체를 통하여 영향을 받으며 살아가는 모든 사람들에게 더 적절하게 맞아떨어진다.

결국 포스트모던 작품들은 종종 이중으로 암호화하는 다른 형태를 보인다. 그들은 언어를 말하고 전문 예술인이나 건축가뿐만 아니라 비전문가도 이용할 수 있는 요소를 사용한다. 이러한 식으로 포스트모던 문화 표현들은 전문적이면서도 대중적 영역을 함께 아우르면서 제시된다.[63]

포스트모던 문화의 토대로서의 영화 산업

특정 과학 기술의 발달은 대중문화의 가장 영향력 있는 부분에 포스트모더니즘의 침투를 촉진시켰다. 그중에 가장 중요한 부분 중의 하나가 영화 산업의 발전이다.

영화제작 기술은 포스트모던 사조에 잘 맞아떨어졌는데 영화 산업의 생산품인 영화는 존재하지 않는 세계에 대한 환상을 심어주었다. 영화는 연기자라는 특정한 그룹에 의하여 표현되는 통합된 내러티브로 나타나지

---

62) Andreas Huyssen, "Mapping the Postmodern," in The Post-Modern Reader, 66. 역시 Jameson, "Postmodernism and Consumer Society," 112쪽도 참고하라.
63) Jim Collins, "Post-modernism as Culmination: The Aesthetic Politics of Decentred Culture," in The Post-Modern Reader, 105.

만 사실 이것은 필름 그 자체로는 분명하지 않은 여러 자료들과 기술의 영역에서 다양한 영역의 전문가에 의해 조합된 기술적으로 만들어진 인공물이다. 이러한 점에서 완성된 각 영화는 사실 대부분이 현실로 존재하지 않는 환영의 세계를 담고 있다.

예를 들면, 영화는 여러 연기자들에 의해 한번 공연되면 거의 기록으로 남지 않는 연극 작품과는 다르다. 관객들이 연속적인 통합된 공연으로 보는 것은 사실 시간과 공간 모두가 해체된 사건을 담은 필름의 연속에서 나온 일종의 결과물, 즉 필름을 조합하여 만들었다.

사실 영화의 장면들은 일종의 '속임수'을 통해 이루어진다. 영화의 시작부터 끝까지 계속되는 이야기의 움직임은 사실 여러 차례, 그리고 여러 장소에서 촬영된 사건들의 편집물이다. 영화 속에 나타나는 장면들의 연속은 좀처럼 촬영된 순서를 따라 된 것이 아니라 편집에 의해서 이루어진다. 영화가 어떤 통일성을 갖는 것은 감독에 의해서 편집된 것이며, 감독은 최종 완성본을 만들기 위해 연속된 장면수를 조립한다.

영화에서는 동일한 배우가 그 영화에 나오는 등장인물의 역을 다 수행하는 것은 아니다. 예를 들어 영화 제작자는 위험한 장면의 촬영에서는 스턴트맨과 같은 대역을 사용한다. 그리고 새로운 과학 기술은 배우의 이미지를 복사해서 넣기도 하고, 옛날 영화 필름의 내용을 새 작품에 넣을 수도 있게 되었고, 완전 컴퓨터에서 합성한 이미지도 넣는 것과 같은 영상들에 대한 각각의 프레임을 편집할 수 있게 되었다.

결국 우리가 보는 영화는 현대 테크놀로지의 산물이다. 여러 다양한 팀들은 관객들이 완전한 작품을 감상할 수 있도록 하기 위하여 감독이 원하는 작품을 만들어내기 위해 여러 자료들을 보으기도 하고 편집하기도 하면서 다양한 방법과 사진들을 사용한다. 물론 여기에서 환영(illusion)을 보존하기 위하여 필요하면 다른 테크닉 기법도 도입한다. 하지만 연극 작품과는 반대로 영화는 그것이 가지는 통일성을 이루기 위해 인간 배우의 기여보다는 기술을 더 많이 활용한다.[64]

영화의 통일성이 이야기 자체에 따라 결정된다기보다는 영화 제작 과정의 기술에 놓여 있기 때문에 영화 제작자는 여러 면에서 이야기를 조종하거나 조작할 수 있는 상당한 자유를 가지고 있다. 예를 들어 그들은 전체적 통일성을 절충함이 없이 공간적으로 촬영된 장면이나 혹은 임시적으로 분리된 장소에서 묘사된 조화되지 않는 주제나 테마들을 묘사하는 장면들을 병치시킬 수 있다.

포스트모던 영화 제작자들은 항구적인 지금 바로 여기(eternal here-and-now)의 시간과 공간을 무너뜨리는 것을 즐긴다. 이러한 관점에서 이러한 노력은 여러 방법으로 새 장면을 증대시키기 위해 앞서 제작된 영화의 중요한 장면을 더하면서도 촉진된다. 그러므로 우리는 "마지막 액션 히어로"(The Last Action Hero)의 장면에서 험프리 버가르트(Humphrey Bogart)를, 다이어트 펩시 광고에서 그로우초 맥스(Groucho Marx)를 볼 수 있다. 새로운 테크놀로지는 박스 오피스를 차지했던 영화 "누가 로저 래빗을 모함했나?"(Who Framed Roger Rabbit?)에서의 만화와 특정 인물을 병치시키면서 다른 실재와 '실제 세계'를 이접적 합병(disjunctive mergers)이 가능하도록 만들어준다.

관객들이 통일된 전체를 볼 수 있도록 다양한 장면을 병치시키는 능력은 영화 제작자에게 '사실'과 '허구', '실재'와 '판타지' 사이의 구분을 모호하게 만드는 독특한 기회를 제공한다. 포스트모던 영화 제작자들은 포스트모던 사조를 표현하기 위하여 이러한 특성을 잘 개발해 왔다.

---

64) Walter Benjamin, "The Work of Art in the Age of Mechanical Reproduction," in *Illuminations*, trans. Harry Zohn (London: Fontana, 1970), 219-54.

예를 들면, 포스트모던 영화들은 순수하게 가상의 것과 공상적인 것을 현실적인 것과 진지함을 가지고 다룬다. 이런 영화의 예를 들면 "사랑의 블랙홀"(Groundhog Day)을 들 수 있다. 그들은 또한 다큐멘터리와 순전히 픽션 스토리를 함께 엮어낸다. 이런 영화의 예를 들면 "부시맨"(The Gods Must Be Crazy)을 들 수 있다. 그들은 또한 역사적 기록의 단면들을 추측들과 함께 섞기도 하고, 역사적 정확성이라는 측면에서 전체를 던져 버리기도 한다. 예를 들면, "JFK"와 같은 영화를 이런 부류로 분류할 수 있다. 그리고 그들은 실제로 존재하는 것과 불확실한 등장인물, 이렇게 전적으로 일치하지 않는 세계를 병치하는 영화 제작 기법을 사용하기도 한다. 예를 들면, "블루 벨벳"(Blue Velvet)과 같은 영화를 그 대표로 들 수 있다.[65]

포스트모던 사회에서 산다는 것은 진실과 허구가 융합된 영역인 영화 같은 세상에서 사는 것을 의미한다. 우리는 영화를 보는 것과 같은 시선으로 세상을 바라보며 우리 주변에서 우리가 보는 것들이 사실은 환영(幻影)일지도 모른다고 의심을 하기도 한다. 그러나 영화 내용이 현실과는 괴리가 있음에도 불구하고 관객들은 적어도 영화 내용이 담고 있는 내용과 사고방식대로 생각하고 확신을 갖게 된다. 영화 제작자들은 종종 영화

---

65) 포스트모던 영화로서 "블루 벨벳"(Blue Velvet)에 대한 논의를 보기 위해서는 Norman K. Denzin, "Blue Velvet: Postmodern Contradictions," in *The Post-Modern Reader*, 225-33쪽을 보라.
역주/ 미국의 영화감독 데이빗 린치(David Lynch)가 감독한 영화로 미스터리 스릴러물이다. 평화로운 미국의 소도시에서 범죄 사건을 다룬 영화로 포스트모던 영화의 특징인 르느와르적 특성을 잘 보여주는 영화이다. 이 영화는 전체적으로 은유적 코드를 사용하여 영상화하고 있는 개방극의 일종이다. 영화는 언제나 경계선 이쪽저쪽을 오가면서 진행되고, 일상적인 세계와 기괴하게 비틀린 세계가 중복되어 나타난다. 이 두 세계는 모두 이미지가 실재를 넘어서 버린 공간이다. 아버지가 없는 사이 아직 철이 덜 든 청년이 겪게 되는 끔찍한 혼란과 그 극복에 관한 내용을 중심으로 하고 있다.

가 만들어내는 한 번도 경험한 적이 없는 세계를 제공한다. 반면 그러한 세상을 바라보면서 포스트모던인들은 더 이상 그 배후에 놓여 있는 어떤 정신에 대해서 더 이상 신뢰하지 않는다.

텔레비전과 포스트모던 문화의 보급

영화 제작 기술은 포스트모던 대중문화에 중요한 토대를 제공해 왔을지 몰라도 텔레비전은 오늘의 사회에 포스트모던 사조를 보급하는 데 실로 효과적인 매체로 대두된다.

하나의 관점에서 보면 텔레비전은 다만 제작자로부터 시청자들에게 제작된 '영상'의 내용을 전달하는 데 있어서는 가장 효과적인 수단임에 틀림없다. 텔레비전의 많은 프로그램들은 짧은 광고에서부터 미니시리즈에 이르기까지 많은 제작자들이 양산한 프로그램들로 구성된다. 텔레비전은 수백만 명 사람들의 매일의 삶에 깊은 영향을 주는 매체이며, 이러한 관점에서 단적으로 말해 이것은 영화 산업의 확장으로 이해할 수도 있다.

그러나 영화와의 이러한 관계를 넘어서 텔레비전은 그것 자체가 가지는 독특한 특성을 드러낸다. 텔레비전은 영화보다 더 융통성이 있다. 영화는 고정된 완성품이다. 텔레비전은 이것을 넘어서 생방송을 제공할 수 있다. 텔레비전 카메라는 시청자들에게 세상 어디에서나 일어나고 있을 법한 일들을 보여줄 수 있다.

텔레비전이 시청자에게 어떤 사건에 대한 생생한 영상을 제공할 수 있는 그런 능력은 많은 사람들로 하여금 텔레비전은 실제 사건들을 해석, 편집, 혹은 논평 없이 그대로 보여준다고 믿도록 만들어준다. 이러한 이유로 텔레비전은 빠르게 포스트모던 문화의 '실제 세계'(real world)가 되었고 텔레비전 보도 내용은 실제적인 것이 되는 것에 대한 새로운 수단으로 나타난다. 오늘날 많은 시청자들은 CNN이나 "식스티 미니츠"(Sixty Minutes), TV 미니시리즈에 나온 것이 아니면 그것은 정말로 중요한 것이 아니라고 생각한다. 텔레비전에 방송되어 그것이 필요하다는 '존재론적 테스트'(ontological test)를 한 것이 아니라면 그것은 현대 사회에서 살아가는 데 중요한 것이 아니라 주변부의 일로 격하시킨다.[66]

텔레비전은 우리가 살아가는 세상에서 일어나고 있는 '진상'(fact)에 대해 생생하게 알려주는 생방송 기능을 가지고 있으며, 영화 제작자들의 창조성을 통해서 제시되는 것들을 널리 전달하고 확산시키는 능력을 가지고 있다. 이러한 이중의 능력을 가진 텔레비전에게 현대 사회는 독특한 힘을 부여해 준다. 이것은 대중이 그것을 실제적인 사건으로 인식하는 것인 '진실'(truth)과 '실제' 세상에서는 결코 일어날 수 없는 '허구'에 해당하는 내용을 텔레비전은 병치할 수 있는 능력을 가지고 있는데, 영화는 결코 그리할 수 없는 사항이다. 실제로 현대 텔레비전은 끊임없이 이러한 묘기를 부리고 있다. 예를 들어 텔레비전 생방송은 '우리 스폰서의 의견' 때문에 방해받는 일이 늘 일어나고 있다.

다른 면에서의 포스트모던 사조를 인식하는 데 있어서의 텔레비전의 역량은 영화의 그것보다 크다. 진행의 관점에서 보면 텔레비전 광고 방송은 시청자들에게 서로 조화되지 않는 이미지들의 계속적인 다양성을 제시한다. 예를 들면, 전형적인 저녁 뉴스 방송은 시청자들에게 빠르고 연속적으로 서로 관계가 없는 연속물들, 즉 먼 나라에서의 전쟁, 집 근처에서의 살인, 정치인들 연설의 핵심 내용, 최근의 섹스 스캔들, 새로운 과학적 발견, 스포츠 경기에서의 하이라이트 등을 퍼붓듯이 내보낸다. 이러한 콜라

---

66) Arthur Kroker and David Cook, *The Postmodern Scene: Excremental Culture and Hyper-Aesthetics* (New York: St. Martin's Press, 1986), 268.

주는 더 좋은 건전지, 비누, 곡류, 휴가에 대한 산재된 광고와 함께 엮어진다. 뉴스 내용과 상업 광고와 함께 전송되는 이러한 여러 가지의 이미지에 거의 동등한 대우를 하면서 내보내기 때문에 방송은 그것들 모두가 거의 동일한 중요성을 갖고 있다는 인상을 시청자들에게 심어준다.[67]

뉴스 방송은 액션, 스캔들, 폭행, 섹스 등에 초점을 맞춤으로 시청자들의 흥미를 끌고 그들을 잡아두길 원하는 골든아워 프로그램을 과잉이라고 할 만큼 많이 편성하면서 프로그램을 진행한다. 저녁 시트콤과 드라마는 이전의 뉴스와 동등한 비중을 부여받은 것처럼 보인다. 이러한 식으로 텔레비전은 진실과 허구의 사이의 경계, 극히 중대한 것과 별것 아닌 것들의 경계를 흐리게 만드는 역할을 한다.

단일 채널에서 방영되는 프로그램이 시청자들에게 충분히 모든 것을 제공하지 않기 때문에 현대 텔레비전은 수십 개의, 머지않아 수백 개가 되겠지만 서로 다른 채널들을 제공한다. 케이블 방송과 위성 방송은 리모컨으로 선택할 수 있는 실로 다양한 텔레비전 프로그램의 선택권을 제공하고 시청자들은 재미있는 무언가를 찾아 끊임없이 황무지를 배회하게 만든다. 즉, 최신 뉴스, 복싱 경기, 금융 소식, 오래된 영화, 일기 예보, 혼자서 풀어가는 코미디 프로그램, 다큐멘터리, 특정 정보를 알려주는 광고, 혹은 광활한 바다를 건너온 다른 나라의 시트콤, 경찰 관련 프로그램, 서부극, 해피엔딩으로 끝나는 드라마, 의학 드라마, 그리고 60여 개가 넘는 연계 케이블 업체에서 내보내는 재방송 프로그램 등의 불모 지역을 배회한다.

---

67) 이러한 상황에 대한 논의를 보기 위해서 Neil Postman, *Amusing Ourselves to Death: Public Discourse in the Age of Show Business* (New York: Viking Press, 1985); 그리고 *Technopoly: The Surrender of Culture to Technology* (New York: Vintage Books, 1993), 73-82쪽을 참고하라.

이러한 영상들의 콜라주를 제공함으로 텔레비전은 무심코 서로 모순되는 것들을 병치한다. 부가적으로 이것은 공간과 시간의 구분을 지워버린다. 과거와 현재, 먼 곳과 가까운 곳, 이 모든 것을 영속하는 바로 지금 여기에로, 즉 '현재' 에로 이 모든 것을 통합한다. 이러한 방식으로 몇몇 비평가들이 포스트모더니즘의 두 가지 주요 특징을 텔레비전은 이렇게 잘 보여준다고 말한다. 즉, 과거와 현재의 경계를 지우고 시청자들을 영속하는 현재 속에 가두어두는 것이 그것이다.[68]

사회를 연구하는 많은 연구가들은 텔레비전이 현대 사회가 가지고 있는 포스트모더니즘의 심리적, 문화적 차원을 잘 보여주고 있다고 주장한다. 텔레비전은 수많은 영상 이미지를 보여주는데, 참고할 만한 것으로부터 삶의 실재를 보여주는 것까지, 끊임없이 흘러나오고 어떤 중심점도 없는 단순한 흐름 가운데서 계속 순환하고 서로 영향을 끼치는 영상들을 보여준다.[69]

영화와 텔레비전은 마치 개인 컴퓨터와 같이 더욱 새롭고 보다 대중적인 정보를 흘려 보내는 수도관과 같은 역할을 하였다.

'스크린'의 출현은 그것이 영화이든, 텔레비전이든, 혹은 개인 컴퓨터의 스크린이든 간에 주관적인 자아와 객관적인 세상 사이에 전통적으로 인식되어 온 차이를 모호하게 만들어 버리는 포스트모던 특성의 전형을 보여준다. 스크린은 단지 우리가 보는 외형적인 어떤 대상이 아니다. 스크린에서 일어나고 있는 것은 단지 '그곳'(스크린에서만)에서만의 일도 아니고, 전적으로 우리 안에서 일어나는 일도 아니다. 오히려 그것은 그 둘 사이의 어떤 공간에서 일어나는 듯 보인다.[70] 스크린은 그것이 담고 있는

---

68) Jameson, "Post-Modernism and Consumer Society," 111-25.
69) Lawrence Grossberg, "The In-Difference of Television," *Screen*, 28 (1987): 28-45.
70) Jean Baudrillard, "The Ecstasy of Communication," in *The Anti-Aesthetic*, 126-34.

세상으로 우리를 데리고 들어가고, 또한 우리 안으로 그 세계가 들어오기도 한다. 스크린에서 일어나는 것이 우리 자신의 확장이 되어가듯이, 우리는 이제 그것의 연장이 된다. 이와 같이 스크린은 우리의 정신 세계의 구체화된 형태가 되어간다.

> 사라지고 있는 자아(ego)는 포스트모더니즘의 승리의 표시이다. ······ 그 자아는 초기술적 문화가 아니라 소진된 것의 텅 빈 스크린으로 변형되었다.
> —아더 크로커 외[71]

포스트모던 시대를 산다는 것은 다양한 이미지들의 병렬에 의해서 만들어진 세상에서 산다는 것을 의미한다. 스크린의 세계는 획일적인 이미지들을 파편화된 현재로 이끌어가면서 흐리게 만들고, 이 세계와 일체가 되어 살아가고 있는 포스트모던인들은 이것이 이미지의 흐려짐 이상의 것이 있다는 사실을 확신하지 못한 채 살아간다.

대중문화에서의 포스트모더니즘에 대한 그 밖의 표현

영화는 포스트모던 대중문화를 가능하게 만들었고, 텔레비전은 그 문화를 퍼뜨렸다고 할 수 있다. 반면 록 뮤직은 아마도 포스트모던 대중문화를 가장 잘 나타내고 있는 것일 것이다.[72] 많은 록 뮤직의 가사는 포스트모던 주제들을 반영하지만 록 뮤직과 포스트모던 대중문화 사이의

---

71) Arthur Kroker, Marilouise Kroker, and David Cook, "Panic Alphabet," in *Panic Encyclopedia: The Definitive Guide to the Postmodern Scene* (Montreal: New World Perspectives, 1989), 16.
72) Connor, *Postmodernist Culture*, 186.

연계성은 훨씬 더 깊다. 록 뮤직은 포스트모더니티의 중심적 특징을 구현해 가는데, 세계적인 것과 지역적인 것에 대한 이중의 초점이 그것이다.

현대 록 뮤직은 이제 세계를 하나로 묶는 능력을 가지고 전 세계 청중을 사로잡고 있다. 대중 록 뮤직 가수들로 큰 부를 축적할 수 있는 '전 세계를 투어' 하는 일에 종사하도록 하면서 국제적 팬을 갖게 되었다. 동시에 록 뮤직은 지역적 취향을 유지하기도 한다. 대스타들과 소도시의 밴드들의 작품에서 록 뮤직은 지역적이고 민족 특유의 음악적 양식으로부터 빌려온 스타일의 다원성을 반영한다.

포스트모던 사조의 구현과 동일하게 중요한 것은 록 뮤직이 전자 산업과 연계된 것인데, 텔레비전이나 영화 산업과 긴밀하게 연결되어 작품을 공유한다는 것이다. 록 뮤직 문화의 결정적 특징은 가장 대중적인 스타들의 라이브 공연이다. 하지만 오늘날 '라이브' 경험은 더 이상 청중과 직접 호흡을 맞추고자 하였던 공연자들의 개인적 체험에 근거한 콘서트와 같은 전통적인 형식을 취하지 않는다. 더 나아가서 이것은 종종 몇몇 관찰자들이 "제작된 거대한 접근성"(manufactured mass closeness)이라고 부르는 것들로 구성된다.[73]

오늘날 록 콘서트는 수만 명이 넘는 청중을 동원하는 전형적인 거대 이벤트이다. 그곳에 참여한 대부분의 팬들은 그들이 앉은 자리에서는 무대 위에서 공연하는 사람들을 확실하게 볼 수 없다. 그럼에도 불구하고 그들은 여전히 그 공연을 '경험' 하기를 원한다. 그 공연은 관객들이 멀리에서도 볼 수 있도록 공연자들의 클로즈업한 모습을 공연 내내 중계하는 거대한 비디오 스크린을 사용하여 공연을 그들 가까이로 끌어간다. 이러한 기술은 공연자와 청중 사이의 간격을 없애는 동시에 다시 그 간격을 강

---

73) 위의 책, 151.

조한다. 기쁨이 넘치는 팬들은 그들의 영웅과 아주 가까이 있다고 느끼게 된다. 비록 스크린에 비춰진 공연자의 존재는 실재 존재라기보다는 스크린 기술에 의해 인공적으로 만들어졌다는 사실에도 불구하고 그렇게 느낀다. 과학 기술은 '라이브 공연'의 친밀감을 만들면서 엄청난 숫자의 팬들을 동원하게 되며, 특수 효과를 통해 '생중계' 되는 비디오를 함께 보면서 팬들은 열광하게 된다.

과학 기술은 또한 오리지널 공연과 그것을 편집하여 만든 것 사이에 존재하는 구분을 모호하게 만들어 버린다. 이것은 음악적 경험(musical experience)에 있어서 '라이브'의 차원과 편집하여 만든 차원 사이에 존재하는 차이를 무너뜨린다. 사실 공연은 그것이 실행되고 있는 특정 상황 뒤에 놓여 있는 분리된 현실이 더 이상 아니다. 오히려 그것은 공연자의 행위와 그것을 기술적으로 편집한 것의 혼합물이다. 공연은 이제 청중에게 그것을 전달해 주는 매체인 테크놀로지가 아니면 아무것도 할 수 없을 만큼 완전히 그것에 사로잡히게 되었다.

어쩌면 포스트모더니즘과 록 뮤직 사이에 존재하는 상호 작용보다 더 민감한 사안은 현대 의류 패션 스타일 안에 존재하는 포스트모던 사조이다. 포스트모던 패션은 다른 대중문화적 표현에서 발견되는 것과 동일한 경향을 나타낸다. 우리는 의류 패션의 대중성에서 그것을 보게 되는데, 그것은 무엇보다도 상표와 제품 라벨을 선명하게 보여준다. 이러한 특징은 패션과 광고 사이에는 차이가 있기 마련인데 그 구별을 모호하게 만든다.

무엇보다도 포스트모던의 관점은 소위 '브리콜라주'(bricolage)[74]라고 칭하는 것을 통해서 잘 드러난다. 통일성 있는 외형으로 개개 의류를 조정하려는 전통적인 시도를 무시하면서 포스트모던 스타일은 의도적으로 육십여 년 전에 사용되었던 스타일의 옷과 장신구와 같이 오늘에는 크게 조화가 되지 않고 이질적으로 보이는 요소들을 고의적으로 병치한다.

    포스트모더니즘의 다른 표현들과 같이 전통적으로 조화되지 않는 패션 요소들의 병치는 단지 무작위로 된 것이 아니다. 여기에는 아이러니한 효과를 만들어내기 위하여, 혹은 모던 패션이나 모던 의류 산업 모두를 패러디하기 위한 계산이 깔려 있다.[75]

    우리 시대의 대중문화는 포스트모더니티의 중심 없는 다원론을 반영하고 있으며, 포스트모더니즘의 반이성주의에 대해 표출한다. 우리가 입고 있는 옷과 우리가 듣고 있는 음악에서 그것이 분명하게 드러나듯이 포스트모던인들은 더 이상 그들이 살고 있는 세상이 모든 것의 중심(center)이라고 믿지 않으며, 인간의 이성은 지구 밖의 우주에 대해서 논리적인 구조로 모든 것을 인지할 수 있고 설명할 수 있다고 믿지 않는다. 그들은 진실과 허구 사이의 거리가 사라지고 없는 세상에서 살아가고 있다. 결과적으로 그들은 경험의 수집가(collectors of experiences)가 되었다. 그러한 경험은 포스트모던 사회에서 각 지역마다의 다양한 형태의 매체에 의해 생산되고 촉진되는 일시적이고 떠다니는 이미지에 의해서 형성되었다.

---

74) 역주/ 브리콜라주는 미술에서 "손에 닿는 대로 아무것이나 이용하는 일, 또는 그렇게 해서 만든 작품"을 지칭하는 뜻으로, 프랑스의 인류학자 클라우드 레비-스트라우스가 그의 책, 『야생의 사고』에서 이 용어를 "부족사회의 신화와 의식으로 대표되는 지적 활동이 어떤 종류의 것인가를 나타내는 말"로 사용하였다. 본래 이 말은 프랑스어로 '여러 가지 일에 손대기' 또는 '수리'라는 사전적 의미를 가지고 있다. 레비-스트라우스는 "문화 체계를 이루는 요소의 구조적 관계에 초점을 맞추어 문화 체계를 분석함으로써 문화 연구의 새로운 방법을 제시"하는데, "이전에 산출한 물건들의 잉여분을 가지고 변통하는 법을 배우게 되며, 그 결과 종전의 목적이 이제는 수단의 역할"을 하게 된다. 이것은 문화 연구에서 재전유(reapropriation)나 재의미 작용(resigni-fication)과 동의어로 쓰이는데, 한 기호가 놓여 있는 맥락을 변경함으로써 그 기호를 다른 기호로 작용하게 하거나 혹은 다른 의미를 갖게 하는 행위를 수반한다.

75) Connor, *Postmodernist Culture*, 191.

> 록 뮤직에서부터 관광 사업, 텔레비전, 심지어는 교육에 이르기까지 광고 규칙(advertising imperatives)과 소비자 요구는 더 이상 상품을 위한 것이 아니라 이제는 경험을 위한 것이 되었다.
>
> —스티븐 컨노[76]

　포스트모더니즘은 다양한 형태들을 취한다. 이것은 현대 사회 안에서의 사람들의 거대한 다양성의 일상생활을 만지는 특정한 태도나 표현 안에서 구체화된다. 이러한 표현은 패션에서부터 텔레비전에까지 이르고 음악과 영화와 같은 대중문화의 보급되는 면들을 포함한다. 포스트모더니즘은 또한 건축, 예술, 그리고 문화를 포함한 문화적 표현의 다양성 안에서 구체화된다. 하지만 무엇보다도 포스트모더니즘은 지적인 견해이다.

　포스트모더니즘은 계몽주의에서 탄생한 고립된 학자의 사상을 거부한다. 포스트모던인은 그들이 마치 모든 인류를 위하여, 혹은 모든 인류에게 말할 수 있다고 오만하게 생각하는 초월적인 유리한 관점으로 세계를 보아야 한다고 주장하는 이들의 허위를 거부한다. 포스트모던인은 모든 사람이 진리라고, 혹은 궁극적인 진리 그 자체라고 하는 것도 각 사회마다 다르다는 확신으로 이러한 계몽주의 이상을 대체해 왔다.

---

76) 위의 책, 154.

# 3

포스트모던 세계관이 아니라 관점
The Postmodern World View

    포스트모더니티는 1972년 7월 어느 날 오후, 세인트루이스에서 탄생했을지는 모르지만 포스트모더니즘이 지적 영역에 하나의 정착물이 된 것은 그로부터 7년이 지난 후의 일이었다.

    1979년 캐나다 퀘벡 주의 '대학 위원회'(Conseil des Universities)에서는 "선진 사회에서의 지식"이라는 제목의 보고서를 요청하였다. 이 과제를 수행하기 위해서 프랑스 방센느(Vincennes)의 파리대학(Universite de Paris)의 철학부 교수이자 철학자인 장–프랑수아 리요타르(Jean-Francois Lyotard)에게 의뢰하기로 했다. 그에 대한 리요타르의 응납은 『포스트모던 조건: 지식에 관한 보고서』(The Postmodern Condition: A Report on Knowledge)라는 평범한 제목의 짧은 특별판으로 제시된다.

바로 그의 책, 『포스트모던 상황』의 출판으로 포스트모더니즘은 지적 세계의 지도 위에 위치할 수 있게 되었다.[1] 그 책은 이것에 대한 논의를 처음으로 시작했다기보다는 서구 세계에서 일어나고 있는 문화적 현상과 포스트모던 관점에 대한 이론적, 철학적 기초를 이루고 있는 혁명에 대해 예측 가능한 방법으로 기술했다.[2]

그러나 서양 문화와 사회에서 새로운 분위기를 뒷받침하고 있는 지적 전망은 무엇인가? 지적 의제(intellectual agenda)의 관점에서 보면, 포스트모더니즘은 현실을 바라보는 새로운 방식으로 이해할 수 있다. 이것은 우리가 지식에 관한 이해와 과학에 대한 관점에 있어서 하나의 혁명인 셈이다.

포스트모더니즘과 지식

우리가 이미 살펴본 것처럼 포스트모더니즘은 결정적인 설명

---

1) 리요타르는 포스트모던이라는 용어를 새로 사용하면서도 거기에 대해 어떤 허세도 부리지 않는다. 그는 사실 알랭 투렌(Alain Touraine), 다니엘 벨(Daniel Bell), 이합 하산(Ihab Hassan)과 같은 학자들이 이 용어를 먼저 사용한 것을 인용하였다. Jean-Francois Lyotard, The Postmodern Condition: A Report on Knowledge, trans. Geoff Bennington and Brian Massumi (Minneapolis: University of Minnesota Press, 1984), 85n.1.
2) 수잔 루빈 슐라이만(Susan Rubin Suleiman)이 설명하고 있는 것처럼 "그 책에서 가장 주목할 만한 것은 프랑스 후기 구조주의 철학과 포스트모던 문화의 실행 사이의 연결에 대해 설명하고 있다(여기에서 '문화'는 예술뿐만 아니라 과학과 매일의 일상의 삶을 포함하는 것으로 이해할 수 있다). 그렇게 하여 후자는 적어도 리요타르가 그리고 있는 사상을 바탕으로 하면 전자를 실증해 보이는 것으로 볼 수 있게 되었다. Susan Rubin Suleiman, "Feminism and Postmodernism: A Question of Politics," in The Post-Modern Reader, ed. Charles Jencks (New York: St. Martin's Press, 1992), 318.

(definitive description)에 도전한다. 그러나 그것이 무엇이든지 간에 이것은 모더니즘의 지적 전망에 대한 과격한 거부이다. 그것은 지식에 있어서 하나의 혁명이다. 보다 구체적으로 말하면 포스트모던 시대는 모든 것을 아우르는 세계관(all-encompassing worldview)인 '삼라만상을 아우르는 지식'(universe)이라는 말에 종말을 고한다.

어떤 의미에서 포스트모던인들은 모든 것을 아우르는 세계관을 가지고 있지 않다고 할 수 있다. 우리들의 인식 대상으로 통일된 세계의 실재를 거부하는 것은 포스트모더니즘의 핵심에 해당하는 사안이다. 포스트모던인들은 단일한 바른 세계관을 만드는 것을 거부하고 다양한 관점, 더 나아가 다양한 세계에 대해서 말하는 것에 만족한다.

단일의 것을 추구하는 모던 세계관을 다양한 관점과 다양한 세계로 대치함으로써 포스트모던 시대는 사실상 지식(knowledge)을 해석(interpretation)으로 바꾸어 버렸다.

'세계'의 종말로서의 포스트모더니즘

모던 세계관의 상실은 계몽주의 프로젝트가 추구해 온 객관적 세계(objective world)에 종말을 고하는 것이다. 우리 주변의 세계는 객관적으로 관찰할 수 있다는 가정은 모던 세계관의 기초를 이룬다. 모던 세계관은 실재는 질서를 가지고 있으며, 인간 이성은 이 질서가 자연의 법칙에 분명하게 나타날 때 이것을 분별할 수 있는 능력을 가지고 있다고 추정한다. 계몽주의 프로젝트는 인간의 실현은 이 법칙들을 발견하고 사용하여 인류의 유익을 위하는 길이라는 가정에 기초한다.

포스트모더니즘은 계몽주의 프로젝트와 모더니즘에 기초를 두고 있는 세계에 대한 우리의 지식이 가지는 이해를 거부한다. 특별히 포스트모던 시대는 이러한 객관적 세계 이해를 벗어 버리려고 했다.

이런 객관적 세계의 개념에 대한 거부는 지식과 진리를 이해하는 데 있어서 실재론자의 입장을 거부하는 것인데 이는 비실재론자 이해(nonrealist understanding)를 선호하기 때문이다.[3] 다시 말하면 우리는 객관주의자(objectivist) 관점에서 구성주의자(constructionist) 관점으로 이동한 것이다.[4]

매일 이어지는 일상생활 대부분에서 우리는 세계, 지식, 진리에 대해서 객관주의자 이해를 통해 살아간다. 사실상 우리는 이런 '상식'적인 세계관을 자명한 것으로 받아들인다. 우리는 세계가 객관적으로 실재한다고 추정하며 인간 행위와는 독립적으로 본래의 질서를 따라 움직여간다고 생각한다. 우리들 대부분은 인간의 지성이 이런 외적, 비인간적인 실재(nonhuman reality)를 다소간 정확하게 볼 수 있다고 가정한다. 또한 우리들 대부분은 인간 지성의 산물인 언어는 세계가 무엇과 같은지 우리 자신들에게 뿐 아니라 다른 사람들에게도 알려줄 수 있는 적절한 의미를 제공한다고 가정한다.

이런 객관주의자의 가정을 만들면서 우리는 진리에 대한 대응이론(correspondence theory of truth)이라고 부르는 것에 따라 움직인다. 이 이론에 의하면 어떤 주장은 사실일 수도 있고 틀린 것일 수도 있다. 우리는 이것을 우리가 사는 세계와 비교함으로써 사실인지 아닌지를 가릴 수 있다. 만약 당신이 "냉장고 안에 애플파이가 있어요."라고 말한다면 이것이 사실인지를 알아보기 위해서는 냉장고를 열어보기만 하면 된다. 객관주

---

3) Hilary Lawson's Introduction to "Stories about Truth," in *Dismantling Truth: Reality in the Post-Modern World*, ed. Hilary Lawson and Lisa Appignanesi (New York: St. Martin's Press, 1989), 4쪽 참고.
4) Walter Truett Anderson, *Reality Isn't What It Used to Be: Theatrical Politics, Ready-to-Wear Religion, Global Myths, Primitive Chic, and Other Wonders of the Postmodern World* (San Francisco: Harper & Row, 1990), x-xi, 8.

의자의 가정이 사실인지 작동하게 하려면 실재론자는 우리들의 주장과 그것이 만들어진 객관적인 세계 사이에 조화가 되는 것을 진리라고 정의 내린다.

이런 객관주의자의 이해는 일반적으로 일상생활에서 잘 적용된다. 그러나 계몽주의 실재론자들은 여기에서 멈추지 않는다. 이런 접근을 진리의 일반 이론(general theory of truth)으로 보편화시킨다. 적어도 이론적으로 인간 지성은 실재를 전체로서 파악할 수 있으며, 세계가 실제로 존재하는 방식에 대해 완전하게 설명할 수 있다고 그들은 주장한다. 이런 이론을 주장하는 사람들은 '실재'의 한계를 확장하여 우리 주변의 일상적인 대상뿐 아니라 자연 과학을 통해 탐구되고 있는 자연의 전체 영역까지 이해할 수 있다고 믿는다. 역사를 포함하여 인간을 우주의 중심으로 놓고 그 존재를 연구하는 것으로 규정하는 인간 연구의 모든 영역에서 분명한 지식을 얻을 수 있다고 주장한다.

포스트모던 사상가들은 더 이상 이런 거대한 실재론자의 이상을 계속해서 지지할 수 있는 것으로 생각하지 않는다.[5] 그들은 그것이 기초하고 있는 근본적인 가정(fundamental assumption)을 거부한다. 즉, 우리가 사는 이 세계는 자신들의 고유한 특성으로 쉽게 구별할 수 있는 물리적 객체(physical objects)로 구성되어 있다는 가정이 그것이다. 그들은 '저 밖에' 있는 세계를 우리가 만날 수 있을 뿐만 아니라 우리가 그것을 설명하기 위해 가져오는 개념을 사용하여 우리가 사는 세계를 세워나갈 수 있다고 주장한다. 우리는 우리 자신이 세계를 세워가는 구조 너머에 고정되어 있는 유리한 지점(vantage point)은 없다는 것에 동의한다. 어떤 실재가 되

---

5) 실재론에 대한 보다 정확한 비평을 위해서는 Hugh Tomlinson, "After Truth: Post-Modernism and the Rhetoric of Science," in *Dismantling Truth*, 46-48쪽을 참고하라.

었든지 순수하게 객관적인 관점을 얻는 것은 저 밖에 있다고 이해하는 지점이다.

계몽주의 실재론자의 관점은 세계를 설명하기 위해 사용하는 언어의 조각들과 우리가 찾으려고 하는 세계의 조각 사이에는 단순히 일대일의 관계성이 존재한다고 가정한다. 20세기 언어학자들은 이러한 가정은 틀린 것이라고 주장한다. 그들은 주장하기를 우리는 단순하게 언어의 조각들을 세계의 조각들에 일치시킬 수 없으며 어떤 언어도 세계에 대해 묘사할 수 있는 정확한 '지도'(map)를 제공하지 못한다고 주장한다. 언어는 인간의 사회적 관습(human social conventions)인데, 그것은 우리가 처해 있는 상황에 따라서 다양한 방법으로 세계를 알려준다.

루드비그 비트겐슈타인(Ludwig Wittgenstein)은 '언어적 의미를 보여주는 것'(linguistic signifiers)인 모든 단어(언어적 의미소)는 '언어 게임'(language games)에 깊이 사로잡혀 있다고 말했다. 모든 언어적 '게임'은 그 상황에서 단어가 사용된 방식을 지배하는 규칙의 체계에 의해서 규정된다. 이런 점에서 언어는 체스 게임과 유사하다고 주장하는데, 그 게임에는 게임 조각들이 어떻게 움직일 수 있는지를 결정하는 일정한 규칙을 가지고 있다.[6] 이러한 관점이 가지고 있는 중요한 함의는 우리의 다양한 언어 게임이 우리가 세계를 경험하는 방식을 채색하기도 하고 변경하기도 한다는 데 있다.

이러한 사실에 대한 고려는 포스트모던 사상가들을 비실재론주의자들의 관점이나 구조주의자들의 관점으로 인도해 간다. 구조주의자들은

---

6) 우리는 다음 5장에서 비트겐슈타인의 주장들에 대해서 좀 더 길게 논의하게 될 것이다. 이 간략한 서론적인 소개는 리요타르의 기술을 바탕으로 정리하였다. Lyotard, *The Postmodern Condition*, 10.

세계에 대해 접근성을 제시하면서 언어의 역할을 강조한다. 우리가 '실재 세계'라고 부르는 것은 사실은 계속해서 바뀌는 사회적 창조물(ever-changing social creation)이라고 주장한다. 우리가 사는 세계는 '상징적' 세계이며 우리의 일상적 언어를 통해서 사회적 실재를 구성한다. 우리가 눈은 희며, 하늘은 파랗고, 잔디는 녹색이라고 말하는 이유가 우리가 이런 방식으로 범주를 정하는 것을 선택했기 때문이라고 말한다. 그러나 우리의 사회적 상황은 늘 바뀌기 때문에 의미도 계속적으로 바뀐다. 그 의미는 우리가 언어를 통하여 세상을 바라보는 결과물이다.

객관주의자의 이해를 버리도록 기여한 또 다른 요소가 있다. 계몽주의자의 자세는 서구에 사는 사람들이 그들의 문화가 세상에서 가장 진보되고 문명화된 것이라고 가정했을 확신을 존속시킨다. 모던인들은 온 인류가 서구인들의 이상으로부터 얻은 유익을 추구하고 기꺼이 그것을 받아들일 것이라고 단순하게 생각했다. 그러나 포스트모던 시대에서는 이 꿈은 더 이상 신뢰받지 못한다. 이것은 많은 관찰자들이 '세계화'라고 불리는 현상의 희생자로 전락한다.[7] 오늘날 서구에 사는 사람들은 다양한 문화에 직면하고 있다. 그 각 문화는 자신들의 신념과 세계관을 소중히 여기고 있다.

---

[7] 앤더슨은 이것에 대해 다음과 같이 주장한다. "20세기 내내 우리가 고수해 왔던 신뢰는 무너졌는데, 이것은 세계화 정책(globalism)과 함께 주어졌다. 포스트모던 상황은 단순히 예술적 운동이나 문화적 일시 유행이 아니었다. 이것은 지적 이론이 아니다. 비록 그것이 이러한 모든 것을 유발했고, 그것들에 의해서 포스트모더니즘이 설명됨에도 불구하고 그것들로 규정할 수는 없다. 그것은 사람들이 많은 믿음이 있고, 믿음에도 많은 종류가 있으며, 믿는 데에도 많은 방식이 있다는 것을 보기 시작하면서 불가피하게 생겨났다. 포스트모더니즘은 바로 세계화 정책이다. 그것은 우리의 모든 차이를 능가하는 하나의 개체의 절반만 발견된 형태이다." Anderson, *Reality Isn't What It Used to Be*, 231.

우리의 세계화되고 다원화된 상황은 계몽주의 이상을 전복시켰다. 우리는 더 이상 하나의 보편적 상징적 세계를 발견할 수 있는 전망을 이성적으로 견지할 수 없다는 것에 동의한다. 그 세계는 우리들의 분명한 차이를 보다 깊은 단계로 인류를 통합하는 세계이다. 대신에 우리는 '다양한 실재'로 구성되어 있는 지구에 살고 있다는 인식을 가져야 한다고 말한다. 다양한 그룹의 사람들은 자신들이 대면하는 세계에 대한 다양한 '이야기'를 구성한다. 이런 다양한 언어들은 또한 인생을 다양한 방식으로 경험할 수 있도록 해준다. 결과적으로 사람들은 다른 정치적 견해와 종교적 신념들을 지지할 뿐만 아니라 그들은 실제로 개인적 정체성, 시간, 공간에 대한 기본적 문제에 대한 존중감을 서로 다른 세계에서 살고 있다.

따라서 지식에 대한 포스트모던 이해는 두 가지의 기본적인 가정에 의해 세워진다. (1) 포스트모던인들은 실재에 대한 모든 설명을 객관적으로 받아들일 진리로가 아닌 유용한 구성(constructions)으로 바라본다. (2) 포스트모던인들은 실재에 대한 우리의 구성 밖으로 나갈 수 있는 능력을 가지고 있다는 사실을 부인한다.[8]

결과적으로 포스트모던 관점은 이성이라는 이름으로 실재론(realism)에 대한 공격을 만들어간다. 왜냐하면 우리가 세계를 바라보기 위해 가져가는 구조를 떠나서는 그것을 바라볼 수 없기 때문에 우리의 이론과 전제들은 객관적이고 외적인 세계와 비교하는 데 있어서 도구가 될 수 없다는 논의로 이어진다.[9] 반대로 우리가 만들어낸 이론들은 우리가 거주하는 다

---

8) 위의 책, 255.
9) Thomas S. Kuhn, *The Structure of Scientific Revolutions*, 2nd ed. (Chicago: University of Chicago Press, 1970), 206.

른 세상을 만든다.[10]

　이러한 논의의 강점에서 보면 포스트모더니즘은 모던 세계 전체를 뒷받침하고 있었던 근거 없이 주장된 이론이 무너지면서 일어났다.[11] 포스트모던인들은 지식에 대한 다원주의적 관점을 도입하였다. 단일 객관적 세계만 있는 것처럼 주장하는 것을 거부하고 사고와 지식의 타당성을 판단하는 데 있어서 단일의 기초를 거부하면서[12] 그들은 각 국면에서 존재하기 위하여 경쟁적이며 대립적인 구조를 허용하려는 의도를 보여주었다.[13] 그들에게서의 쟁점은 "그 이론이나 전제가 옳은가?"가 아니라 "그것이 어떻게 작용하는가?"[14] 혹은 "그것의 성과는 무엇인가?"이다.

　어떤 포스트모던 학자들은 자신들을 실재주의를 폐기한 선구자로 생각한다. 그들은 자신들의 과제가 사람들이 가지고 있는 상식이나 보편적인 것이라고 생각했던 개념들이 사실은 문화적 구성(cultural constructions)이라는 사실을 깨닫게 하는 것이라고 말한다. 만약 언어가 의미를 구성하지 않는다면(세상에 이미 존재하는 객관적 의미를 드러내는 것에 반대하면서), 학자들이

---

10) 힐러리 로우슨(Hilary Lawson)은 다음과 같이 설명한다. 언어, 이론, 그리고 텍스트를 통해 세상을 향해 열려 있는 개방성을 닫고 있다. 우리가 만드는 폐쇄성이 세상에 제공되고…… 우리는 같은 '알'에 대한 다른 설명을 가지고 있지 않다. 그러나 다른 폐쇄성과 다른 일들을 가지고 있다. Hilary Lawson, *Reflexivity: The Post-Modern Predicament* (London: Hutchinson, 1985), 128-29.
11) Hilary Putnam, *Reason, Truth, and History* (Cambridge: Cambridge University Press, 1981), 74.
12) 이를 위해서는 로버트 샬레만(Robert P. Scharlemann)이 쓴 다음 책의 서론 부분을 참고하라. Robert P. Scharlemann, ed., *Theology at the End of the Century: A Dialogue on the Postmodern* (Charlottesville: University Press of Virginia, 1990), 6.
13) 앤더슨은 다음과 같은 전형적인 포스트모던 결론을 제시한다. "절대성의 결핍과 함께 우리는 다른 정보와 다른 스토리, 다른 비전을 가진 사람들과 대면해야만 할 것이다. 그리하여 얻게 되는 성과를 신뢰하여야 할 것이다." Anderson, *Reality Isn't What It Used to Be*, 183.
14) Tomlinson, "After Truth," 55.

감당해야 할 과제는 이런 의미 구성 과정(meaning-constructing process)으로부터 벗어나는 것, 즉 그것을 해체시키는 것이 된다. 영향력 있는 개념들을 해체함으로써 아마도 우리는 그것들이 우리의 사고와 행동을 제어하는 것을 끊을 수 있을 것이다.[15]

이런 포스트모던 관점은 '탈교육학적 교실'(post-pedagogical classroom)을 요구한다. 가르치는 것은 이제 더 이상 앞서 가진 교육적 경험을 통해 얻어진 훈련이나 지식을 단순히 전달해 주는 것이 아니다. 오히려 교육은 의미의 능동적 생산성(의미의 해체성도 함께)을 포함해야 할 것이다.[16]

'절대담론'의 종말로서의 포스트모더니즘

계몽주의 프로젝트의 핵심에는 세계(인간성을 포함해서)를 탐구하려는 열망이 있는데, 그것은 마치 기본적으로 인간의 탐구 활동과 동떨어져 존재하는 것과 같이 여기면서 그리한다. 모던 탐구자는 세계를 설명할 때 행동을 지배하는 보편적 '법칙'이나 원리를 가지고 설명하는데, 이런 법칙들을 모음으로써 세상의 지식을 만들어낸다고 가정하면서 그리한다.

모던 시대의 건축가들은 단지 보편적 이성(universal rationality)의 기초 위에 새로운 사회를 건설했다고 믿었다. 그들의 목표는 전쟁과 갈등을 넘어서는 것이었는데, 그들은 그것들이 모던 시대 이전의 사람들이 가졌던 신화와 종교적 교리의 피할 수 없는 결과물이라고 믿었다. 모던 시대의 조망(modern outlook)은 계몽주의 과제인 발견(discovery)이 순수하게 객관적이며, 세계를 설명하기 위하여 신화와 이야기에 의존하였던 모던

---

15) Charlene Spretnak, *States of Grace: The Recovery of Meaning in the Postmodern Age* (San Francisco: HarperCollins, 1991), 4.
16) Greg Ulmer, *Applied Grammatology: Post(e)-Pedagogy from Jacques Derrida to Joseph Beuys* (Baltimore: The Johns Hopkins University Press, 1985).

이전의 특성으로부터 자유롭게 되어야 한다고 확신하였다. 모던인들은 그들이 세계를 있는 그대로 볼 수 있다고 믿었다. 그러나 포스트모더니즘은 이것이 환상(illusion)이라고 말한다.

이런 계몽주의 편견에 대한 포스트모던 시대의 거부는 다양한 영역에서 변화하는 인식들로 인해서 발달하게 되었다. 20세기가 시작되면서 인류학자들은 인간 사회에서 신화가 가지는 근본적인 중요성을 점점 인식하게 되었다. 어떤 학자들은 주장하기를 신화는 원시적인 문화가 말하는 단순한 이야기보다 더한 어떤 것이라고 했다. 사실 신화는 한 문화의 가치와 신념이 가지는 핵심적인 내용을 구체적으로 표현한다. 그러한 점에서 신화는 근본적으로 종교적이다.[17] 이들의 연구는 각 사회는 어떤 신화에 의해서 묶여 있으며, 이런 신화들은 그 사회 내에서 그 사회와의 사회적 관계를 유지해 주고, 그 사회의 합법성을 주장하는 근거를 형성한다는 결론에 이르게 했다.[18]

포스트모던 사상가들은 이런 체계를 합법화하는 신화(myths)를 '내러티브'(또는 '메타내러티브')라고 부른다. 그들은 내러티브는 논쟁하고 증명하는 것을 떠나서 그 힘을 나타낸다고 주장한다.[19] 사실 이것은 각 공동체가 자신을 규정하고 합법화하는 데 있어 중요한 수단을 제공한다.

모던 사고방식은 신화를 이성적 가설로 바꾸어야 한다고 주장한다.

---

[17] 프레드릭 페리(Frederick Ferré)는 '종교적 세계 모델'(religious world model)에 대해 언급하는데, 그것은 만물이 어떻게 사유될 수 있는가를 제시해 주는 어떤 이미지라고 그는 정의한다. 그것은 역사 복합적인 가치 응답을 표현하거나 불러오는 것이라고 주장한다. Frederick Ferré, *Hellfire and Lightning Rods: Liberating Science, Technology, and Religion* (Maryknoll, NY:Orbis Books, 1993), 75.
[18] 이러한 예로는 R. M. MacIver, *The Web of Government* (New York: Macmillan, 1947), 4쪽을 참고하라.
[19] 예를 들어 Lyotard, *The Postmodern Condition*, 27쪽을 참고하라.

그러나 포스트모던 사상가들은 계몽주의 프로젝트는 내러티브와 통하는 것에 깊은 관심을 기울인다. 모던 세계를 탄생시킨 과학적 방법은 기독교 내러티브에 대한 해석으로부터 탄생하게 되는데, 우주를 창조하시고 주관하시는 하나님에 대해 이성적으로 설명하려고 하였다. 모던 시대는 그 스스로 진보의 내러티브(narrative of progress)를 구현해 가는 것으로 이해하는데, 이것은 인류를 위해 보다 나은 세계를 창조하기 위한 수단으로 기술 발명과 경제 발전을 당연히 필요한 것으로 합법화한다. 한동안 이러한 이야기는 한 변수에 의해서 도전을 받는데, 국제적 사회주의(international socialism) 유토피안 건설을 위해 혁명이 불가피하다고 생각했던 막스주의자들의 내러티브가 그것이다. 그러나 포스트모던인들이 말하기를 모던인들은 진정으로 신화가 이끄는 힘으로부터 벗어날 수 있는 지점이 없었다.

리요타르와 같은 포스트모던인에 따르면 모더니티의 퇴락은 기력이 쇠했다거나 또는 신화가 아닌 이성적인 가설들을 신봉하는 것을 유지하지 못했기 때문이 아니었다. 오히려 모던 사회를 합법화한 거대 담론(grand narrative)이 힘을 잃었기 때문이었다.[20] 이 상황은 거의 독특하지 않다. 사실 역사는 한 신화에서 다른 신화로 옮겨가는 과정으로 볼 수 있다. 오랜 내러티브는 불가피하게 약해지며 새로운 것으로 대치된다.

우리의 상황을 '포스트모던' 상황으로 만드는 것은 사람들이 더 이상 모던 신화를 따르지 않기 때문이 아니다. 포스트모던 관점은 합법적으로 옳다고 생각되어 온 어떤 중심 신화에 대해 의존하는 것을 거부함으로 그것의 종말을 고한다. 주요 지배적인 내러티브는 그 신뢰성을 잃었을 뿐 아니라 거대 내러티브의 주장들도 그 자체가 이제 더 이상 신뢰할 수 없게

---

20) Lyotard, *The Postmodern Condition*, 37.

되었다. 우리는 합법화된 이야기가 서로 대립하는 다원성을 인식할 뿐만 아니라 거대 담론의 종언의 시대로 나아가고 있다.[21] 포스트모던 시대는 모든 것이 '비합법화되는'(delegitimized) 시대이다. 결과적으로 포스트모던 관점은 보편성을 주장하는 그 어떤 것에 대해서 공격적이다—사실 이것은 '전체성에 대한 선전 포고'(war on totality)를 요구한다.[22]

거대 담론의 종언은 우리가 인간 존재를 단일의 존재, 또는 전 세계를 하나의 세계로 연합시킬 수 있다고 생각하는 하나의 신화 체계를 더 이상 추구하지 않는다는 것을 의미한다. 비록 그들이 그 어떤 거대 담론 자체를 내려놓았다 할지라도 포스트모던인들은 지역적 담론(local narrative)을 여전히 가지고 있다. 우리들 각자는 우리가 살고 있는 사회의 상황 안에서 세상을 경험한다. 그리고 포스트모던인들은 계속해서 그런 상황에서 자신들의 경험을 반영하기 위하여 모델(models), 또는 '패러다임'을 만든다. 그들은 인생 자체를 드라마나 내러티브로 인식하기 때문에 그들의 주요 관심은 개인 정체성이 무엇인지 규정해 줄 수 있고, 사회적 존재에 목적과 모양(shape)을 줄 수 있는 이야기를 만들어내는 과정을 중심으로 맴돌고 있다.[23] 포스트모던인들은 모던 시대 사람들의 환영(illusion)을 계속해서 거부한다. 그들은 모던주의자들의 모델이 어떤 실재를 드러낼 수

---

21) 앤더슨은 포스트모던 세계에서 여섯 가지 스토리들이 계속적으로 서로 경쟁적으로 대립하고 있다고 주장한다. 1) 서구 발전 신화, 2) 혁명과 국제적 사회주의를 추구하는 막스주의자 이야기, 3) 기독교 가치관과 성경적 신앙이 지배하는 사회에로 회귀를 추구하는 기독교 근본주의자들의 이야기, 4) 이슬람 가치관과 코란을 바탕으로 한 신앙이 지배하는 사회에로의 회귀를 추구하는 이슬람 근본주의자들의 이야기, 5) 발전 신화를 거부하고 생태주의적 가치관이 지배하는 사회를 추구하는 녹색당의 스토리, 6) 세계와 존재를 이해함에 있어서 새로운 방식을 향한 급작스런 도약을 추구하는 '새로운 패러다임' 이야기 등이 그것이다. Anderson, *Reality Isn't What It Used to Be*, 243-44.
22) Lyotard, *Postmodern Condition*, 82.
23) Anderson, *Reality Isn't What It Used to Be*, 108.

있다는 사실을 부인한다. 그러나 실제적인 문제로서 이러한 모델들이 매일의 삶에서 '유용한 가공의 이야기'(useful fictions)로 작용한다고 여기고 있다.

> 나는 '모던'이라는 용어를 어떤 거대 내러티브에 명백히 적용되는 이런 종류의 거대 담론(metadiscourse)과 관련하여 합법화하는 어떤 학문적 사고를 의미하는 것으로 사용하겠다. 예를 들어 거대 내러티브라 함은 영에 대한 변증(dialectics of Spirit), 의미의 해석학, 이성적 혹은 작용하는 주제의 해방, 또는 부의 창출 등이 그것이다. 예를 들면, 진리에 대한 가치관(truth-value)을 가지고 어떤 진술을 하는 송신자와 화자 사이의 합의의 규칙은 만약 이성적 사고 사이에 만장일치의 가능성이 주어진다면 그것은 수용할 만한 것으로 간주된다. 그러한 이성적 사고는 계몽주의 내러티브인데, 그 안에서 지식의 영웅은 선한 도덕적, 정치적 목적(a good ethico-political end), 즉 우주적인 평화를 위해 일하는 사람들이다. …… 극단적으로 축약해서 말하면 나는 포스트모던을 메타내러티브에 대한 불신으로 정의한다.
> ─장-프랑수아 리요타르[24]

과학의 종말로서의 포스트모더니즘

리요타르는 거대 내러티브의 종말을 포스트모던 조건으로 규정한다. 우리가 앞서 살펴보았듯이 그의 관찰은 인간 사회의 모든 측면과 지식에 관한 우리의 이해에 있어서 중요한 함축된 의미를 제시해 준다. 그러나 리요타르의 주된 관심은 모던 시대에 있어서 다른 어떤 것보다 가장 중요

---

24) Jean-Francois Lyotard, *The Postmodern Condition: A Report on Knowledge*, trans. Geoff Bennington and Brian Massumi (Minneapolis: University of Minnesota Press, 1984), xxiii-iv.

하게 규범적 영향을 끼친 차원에 있는데, 그것은 과학적 모험심(scientific enterprise)이다. 포스트모더니즘은 과학에 있어서 종말을 고하고 있다고 주장한다.

모던 시대의 과학은 지식의 영역에서 '모던과학 이전'의 원시적인 사람들이 자신들의 세계에 대해 이해하면서 가졌던 신념, 신화, 그리고 이야기를 일소하기 위한 바램에서 일어났다. 과학적 방법의 중심에는 지식을 합법화하기 위해 그러한 내러티브에 의존하는 것을 내려놓으려는 자세가 포함되어 있다. 포스트모더니즘은 이런 시도에 종지부를 찍는다.

포스트모던 평가에 의하면 과학은 지식의 영역에서 신화를 추출하려는 목표를 달성할 수 없다. 사실 과학은 필연적으로 그것이 추구하는 모험심을 합법화하기 위해 타파하려고 했던 모든 노력으로 돌이켜야 하는데, 그것은 내러티브이다.[25]

리요타르는 1700년대 이래 두 개의 주요 내러티브가 이 합법화하는 목적을 달성하기 위해서 사용되었다고 주장한다. 이 두 내러티브는 모두 어떤 목표를 향해 발전의 생각을 구현하며, 과학이라는 '항목' 아래서 서로 다른 분야들을 하나로 모이게 하는 통일된 기초를 각각 제공하고 있다.

첫째 내러티브는 정치적 신화로서 이것은 자유에 호소함으로써 과학을 합법화한다. 모든 사람들은 과학적 지식에 대해 권리를 가지고 있다고 신화는 주장한다. 그러나 이것은 성직자(priest)와 독재자에 의해서 방해를 받고 있다. 과학을 통해서 인간성은 무지와 억압의 성채를 공격함으로써 스스로를 해방시키기 위해 자유와 존엄성 가운데 세워진다.

두 번째 내러티브는 철학적인 내용을 담고 있다. 여기에서 지식을 향

---

[25] 위의 책, 29.

한 탐구의 주제는 인간성이 아니라 지식 혹은 '영'(the spirit), 또는 '인생'(life) 그 자체이다. 이 내러티브는 과학적 엔터프라이즈가 지식의 성장을 촉진하기 때문에 정당한 것이 된다고 주장한다. 그것은 또한 다양한 과학 분야는 지식의 점진적 진보에 기여한다는 것을 확인한다.[26]

'과학의 진보'에 대한 이러한 합법적인 내러티브는 다른 '지역'(local) 내러티브를 조직화하는 골격을 제공한다. 모던 해석자들은 새로운 과학적 발견이나 이런 전통의 영웅들의 자서전을 메타내러티브 주위를 향하게 한다. 지역 내러티브들은 과학적 진보에 대한 거대 내러티브를 나타내고 확인하는 방식으로부터 의미를 제공받게 된다. 과학의 진보는 이러한 작고, 다양한 이야기를 단일의 통일된 역사(a single unified history)로 통합한다.

그러나 리요타르의 분석에 의하면 통일된 연구(unified inquiry)의 시대는 이미 끝이 났다. 2차 세계대전 이후 과학적 진보라는 거대 내러티브는 그 신뢰성을 상실하게 되었다.[27] 결과적으로 조직적이고 통일된 범주인 과학에 대해 의존하는 것은 약화되고 있다. 특히 잘 규정된 병행 연구로 나누어진 단일 과학적 탐구에 대한 의미는 잘 규정되지 않고 계속적으로 변화하는 일련의 연구 영역을 주장하는 것에 의해 대체되고 있다. 이러한 각각의 특성화된 분야들은 자신들만의 '언어 게임'(이것은 연구 방법이기도 하고 때론 연구의 절차이기도 하다.)을 자랑하면서 보편적 과학 '메타언어'에 의지하지 않고 작업을 수행한다. 그러한 '메타언어'는 과학을 서로 연결시키면서 탐구하는 외적 영역을 제공하며 권위 있는 방법론적 원리들을 제공해 준다.[28]

---

26) 위의 책, 31-36.
27) 위의 책, 37.
28) 위의 책, 39-41.

과학을 세분화하는 것은 연구의 목표를 다르게 만들었다. 학자들은 더 이상 과학 지식을 향한 참여에 대한 호소를 정당화하지 않는다. 그들의 목표는 이제 '진리'가 무엇인가에 있지 않고 '수행성'(performativity)에 둔다. 이제 재정 후원자들은 인류를 해방하거나 지식을 확장하기 위해서가 아니라 자신들의 힘을 증대시키기 위해서 후원한다.[29] 질문은 더 이상 "그것이 진실인가?"가 아니라 "무슨 용도에 쓸 수 있지?"이다. 그리고 유용성에 관한 질문은 "팔기에 적합한가?" 또는 힘에 초점을 맞추고 있는 상황에서는 "그것이 효율적인가?"라는 사실을 의미한다.[30]

과학적 메타내러티브의 상실과 관련된 가능한 문제들을 인식하면서 포스트모던 사고를 하는 사람들은 이런 상실이 발생한 것에 대해서 단지 슬퍼하지 않는다. 리요타르는 호환될 수 없는 다중 언어 게임이 서로 번성하는 이런 세계를 환영한다. 그는 우리가 단지 모든 논의는 하나의 공감대를 이루어야 한다고 생각했던 모던 시대의 관심에 의해 우리가 더 이상 지배받지 않는 것을 기뻐한다. 그는 서로 다른 언어 게임들을 화해시키기 위한 노력을 포기했다고 시인했다.[31] 그의 추정에 따르면 다원화된 상황을 대면할 수 있는 능력을 높여주기 때문에 포스트모던 상황은 유익하다고 생각한다. 그것은 서로의 차이와 하나의 전체로 만들어질 수 없는 것들을 관대하게 다루는 우리의 노력에 도움이 된다.[32] 그러나 보다 중요하게는 포스트모던 시대는 위대한 발명의 시대가 될 것이라고 그는 기대한다. 리요타르에 의하면 포스트모던 상황은 발명을 고양시킨다. 왜냐하면 의견의 일치가 아니라 의견의 불일치에서 발명이 이루어지기 때문에

---

29) 위의 책, 46.
30) 위의 책, 51.
31) 위의 책, 81.
32) 위의 책, xxv.

그렇다.[33]

포스트모더니즘의 선구자들은 지속적으로 이러한 리요타르의 주장과 합류하여 모던 시대가 사망하는 영광스러운 사건을 경축한다.

> 포스트모더니즘은 '보편적' 인간 역사에 대한 환상을 굳게 하고 합법화하는 비밀스럽고도 테러적인 기능을 가지고 있는 '메타내러티브'의 죽음을 신호로 알려준다. 우리는 이제 교묘한 이성과 전체성에 대한 미신을 가진 모던의 악몽에서 평온한 포스트모던의 다원주의로 깨어나는 과정에 있다. 여기에는 스스로 전체화하고 합법화하는 향수를 포기하고 다양한 삶의 양식과 언어 게임이 존재한다. 과학과 철학은 거대 형이상학적인 주장을 버리고 서로 겸손하게 또 다른 종류의 내러티브로 바라봐야 한다.
>
> —테리 이글톤[34]

포스트모던 과학 혁명

포스트모던 시대는 단일의 세계 개념인 '우주'(universe)라는 모던 사상의 상실과 함께 태어났다. 포스트모던인들은 더 이상 단일의 통합된 세계에 대한 비전의 유효성을 수용하지 않는다. 이것과 관련하여 보면 포스트모던 지적 에토스는 보편적으로 유효하며 모든 것을 포용할 수 있는 설명(explanations)에 대해 거부한다. 포스트모던인들은 통일성보다는 차

---

33) 위의 책.
34) Terry Eagleton, "Awakening from Modernity," *Times Literary Supplement* (20 February 1987): 194.

이를 더 선호하는 경향이 있으며, 지역적이고 특별한 것을 보편적인 것보다 더 선호한다.[35] 이런 이유로 포스트모던 사상가들은 통일된 엔터프라이즈로서의 과학의 상실에 대해 후회하지 않는다. 포스트모더니즘은 '세계'와 '메타내러티브', 그리고 '과학'의 종언을 야기할 수 있지만 이것은 지식에 있어서는 혁명의 시작이 되게 한다.

포스트모던 관점은 또한 과학과 다른 연결점을 가지고 있다. 어떤 면에서 포스트모던 관점은 20세기 과학에 있어서 어떤 분야의 발전을 가져오는 역할을 수행한다. 최근 발견들은 과학자—특히 물리학자—들이 세상을 바라보는 방식과 과학적 탐구의 본질에 있어서 혁명을 가져온다. 이 모든 발전들은 객관적인 질서와 절대성(absolute)에 대해 알 수 있다는 자신감에 손상을 입히게 했다.[36]

물리적 세계에 대한 새로운 관점

모더니티는 지적 혁명을 통해서 탄생되었다. 특별히 그러한 혁명의 과학적 차원은 갈릴레오(1564-1642)에 의해서 시작되었으며, 뉴턴(1642-1727)에 의해서 그 절정에 이르게 된다.

갈릴레오의 혁신은 세상을 엄격하게 양적인 관점(quantitative point of view)에서 해석하려는 그의 시도를 만들어낸다. 양적 결과를 나타내는 실험 등은 떠오르는 과학 세계의 중심적인 기술이 되었다. 즉, 수치로 표현되기 어려운 질적인 것보다는 수치로 표현될 수 있는 숫자에 더 민감하게

---

35) Charles Jencks, "The Post Modern Agenda," in *The Postmodern Reader*, ed. Charles Jencks (New York: St. Martin's Press, 1992), 11.
36) 예를 들어 Nancey R. Pearcey and Charles B. Thaxton, *The Soul of Science: A Christian Map to the Scientific Landscape* (Wheaton, Ill. : Crossway Books, n.d.), 192-93쪽을 참고하라.

되었다. 수치적 측정에 대해 강조를 두는 것은 과학자들에게 정확하고 모호하지 않은 지식을 생산하는 학문 영역의 실천가들이라는 생각을 스스로 갖게 하였다. 공식을 통해서 조직된 그런 지식은 자연 자체에 법칙과 패턴을 주며 다른 '자연적' 발생을 예측하는 것이 가능하게 했다.

갈릴레오와 뉴턴이 제시한 이런 자극은 모던 사상가들로 하여금 고대 사회의 이해에서 가장 두드러진 특징이었던 세상에 대한 유기적 견해(organic view)를 거부하게 만들었고, 그것을 기계적 이해(mechanistic understanding)로 대체하게 만들었다.

기계론적인 관점은 실재(reality)를 기본적인 요소(elements) 혹은 최소단위를 이루는 기초 분자(elementary particles)와 에너지(예를 들면, 전자기장이나 중력 등)로 축소시켰다. 각각의 기초 분자들은 본래의 특성과 가치를 결정하는 핵심을 구현하며, 각 분자들은 다른 분자로부터 떨어져 있다. 이런 자발적 분자들은 함께 모여 자연적 '조직'(machines)을 형성한다. 결국 기계론적 관점은 이런 요소들이 서로 기계적으로 상호 작용—어떤 면에서 서로 서로 밀어내는 것이지만—을 하게 되지만, 이러한 상호 작용은 분자의 내적 특성에는 영향을 미치지 못한다.[37]

이런 기계론적 모델로 무장하고서 모던 과학자들은 우주의 신비를 풀어 헤치는 일을 목표로 하여 열심히 노력했다. 세상에 대한 난공불락의 관점을 제공하는 듯이 보이는 이런 모델에 기초하여 모던 과학 세계는 새로운 발견을 계속하게 된다. 결과적으로 과학은 모던 사회에서 거의 보편적 존경(near-universal respect)을 받게 되었다. 그리고 모던 시대를 사는

---

37) David Bohm, "Postmodern Science and a Postmodern World," in *The Reenchantment of Science: Postmodern Proposals*, ed. David Ray Griffin (Albany, N.Y.: State University of New York Press, 1988), 60-62.

사람들은 과학이 인생에 대한 해답을 주며 인간 상황의 개발을 향한 안내자로서의 역할을 감당할 것이라고 생각했다.

그러나 과학 기술이 가장 위대한 도구로 여겨지는 분위기 가운데서 모던 과학 세계관이 가지는 분명한 기초가 그 내부에서부터 흔들리기 시작했다. 가장 충격적인 내적 도전은 모던 과학 체계에 가장 견고한 기초를 제공했던 물리학으로부터 나왔다. 20세기 초반에 갖게 된 새로운 발견들은 우주가 내적으로 지속적인 질서를 유지하며 인간의 이성이 이것을 쉽게 이해할 수 있고 그릴 수 있다는 가정에 의문을 제기하기 시작했다. 이전에는 이의를 제기하지 못했던 기계적인 모델이 우주가 사실상 기술할 수 없고 상상할 수조차 없는 사실들이 많이 있다는 증거들이 증가하면서 공격을 받게 되었다.

20세기 초반 맥스 플랭크(Max Planck)는 원자 단위에서 에너지는 고정된 흐름으로 주어진다기보다는 분명한 '묶음'(distinct packet), 즉 양자(quanta)의 형태로 주어진다는 사실을 선언했다. 이어서 앨버트 아인슈타인(Albert Einstein)은 빛이 파동이 아니라 개별적인 에너지 묶음들, 즉 빛의 에너지인 광양자(photon)가 쏟아지는 것이라고 주장한다. 니엘즈 보어(Niels Bohr)는 이런 현상들을 전자의 움직임(behavior of electrons)과 연관시켰다. 전자는 원자 핵(atomic nuclei) 주변을 임의로 거리를 두고 도는 것은 아니라고 주장한다. 오히려 그것은 무수히 많은 기초 양자 에너지(fundamental quantum of energy)로 구성된 특정한 궤도에 위치한다. 부가적으로 에너지가 원자에 작용하게 되면 그들은 한 궤도에서 다른 궤도로 '점프'를 하게 된다. 그래서 루이스 드 브로글리(Louis de Broglie)는 전자를 포함하여 모든 물질은 분자(particle)와 파동의 특성을 모두 가시고 있다는 사실을 입증한다. 여기에서 양자 이론(quantum theory)이 태어났으며 그 이후 세계를 바라보는 관점은 완전히 달라졌다.[38]

양자 이론의 발전과 필적할 만한 또 다른 중요한 발견은 소위 우리가 '상대성 이론'(relativity theory)이라고 부르는 것이다. '특수 상대성 이론'을 따라 아인슈타인은 시간과 공간이 절대적이라고 받아들여졌던 일반 상식을 무너뜨린다.[39] 그는 수세기 동안 길이와 시간이 절대적 기준에 의해서 측정될 수 있다는 신념을 깨뜨려 버린다. 고속으로 날아가는 로켓은 지구에 있는 대응물에 비해서 길이가 약간 줄어들며 로켓에 설치된 시계는 보다 느리게 간다는 것이다.[40] 또한 그의 이론은 물질과 에너지가 독립된 상수가 아니라 상호 관련이 있다는 것을 의미한다. 그의 유명한 공식, $E=mc^2$에 의하면 한쪽은 다른 쪽으로 변환될 수 있다.

아인슈타인의 '일반 상대성 이론'은 일반 사회에는 잘 알려져 있지 않지만 그 영역은 널리 퍼져 있다. 이 이론은 중력이 근본적으로 시공간 연속체에서 곡선을 그린다는 것을 가정하는 난해한 개념이다.[41]

상대성 이론과 같이 양자 물리학은 우주의 놀라운 특성들을 보여주는데, 이것은 세계에 대한 모던 시대의 기계론적 모델과 과학을 신뢰하는 모던 시대의 가정(modern assumption)을 모두 흔들어놓는다. 예를 들어 물질과 에너지가 가지는 이중적 특성―우리가 측정하는 방식에 따라 어떤 경우에는 파동으로, 어떤 경우에는 입자와 같이 작용한다는 사실―을 조화시킬 수 있도록 해주는 상식적 모델은 없다. 마찬가지로 태양 주위를 도는 행성과 같이 전자가 원자의 핵 주위를 도는 친숙한 이미지는 원자 세

---

38) 양자 물리학의 발전에 대한 보다 상세한 설명을 살펴보기 위해서는 Robert Matthews, *Unravelling the Mind of God* (London: Virgin Books, 1992), 119-52쪽을 보라.
39) 예를 들어 James B. Miller, "The Emerging Postmodern World," in *Postmodern Theology: Christian Faith in a Pluralist World* (San Francisco: Harper & Row, 1989), 9쪽을 참고하라.
40) Matthews, *Unraveling the Mind of God*, 158-59.
41) 위의 책, 193.

계에서 일어나고 있는 것이 무엇인지를 설명하기에는 충분치 않은 것으로 판명되었다. 이런 환경에서의 물리학은 그렇게 기계론적이지 않으며 한두 가지 사실로 단적으로 설명하기가 어렵다. 여러 논증들은 원자 세계의 분자들이 연속적인 방향으로 반드시 움직이는 것은 아니라는 사실을 증거해 준다. 예를 들면, A지점에서 B지점으로 이동할 때 중간에 있는 지점들을 통과하지 않고도 도달할 수 있다. 베르너 하이젠베르크(Werner Heisenberg)는 그의 유명한 '불확정성 이론'(Uncertainty Principle)[42]에서 우리는 확실하게 소립자의 위치나 운동량을 측정할 수 있지만 우리는 주어진 시간에 어떤 소립자의 특성들을 둘 다 함께 측정할 수는 없다고 주장한다. 확실성은 단순히 소립자 단계에서는 사라지며 우리에게 단순히 가능성과 역설들을 남겨줄 뿐이다.

새로운 이론들은 '실질적인'(substantial) 우주에 대한 개념을 넘어뜨린다. 새로 등장한 물리학자들은 우주는 그 자체로 특정 본질을 가진 독립적 미립자들로 구성되어 있지 않다고 주장한다. 기초 분자들은 기계론적 모델이 기대하는 것과는 달리 주어진 상황―서로에 대한 관계―에 보다 더 크게 의존한다. 사실 가장 기본적인 단계에서는 물리학적 실재(physical reality)는 독립적으로 존재하는 미립자들에 의해서 구성된 것이

---

[42] 역주/ 20세기 독일의 물리학이자 베를린대학의 교수였던 베르너 하이젠베르크의 이론으로 양자 역학에서 입자의 위치와 운동량, 에너지와 시간 따위와 같이 서로 관계가 있는 한 쌍의 물리량에 대하여 그 두 가지를 동시에 관측하여 정확하게 측정, 결정할 수는 없다는 설이다. 20세기 초 과학자들은 광자와 전자 등과 같은 소립자가 어떤 때는 입자(粒子)로 관찰되기도 하고 또 어떤 때는 파동(波動)으로 관찰된다는 사실을 발견했다. 입자와 파동은 하늘과 땅만큼이나 서로 다른 성질을 갖는다. 한순간에는 입자가 되고 또 다른 순간에는 파동이 된다는 사실은 과학자들을 당황하게 하는데, 이 문제를 수학 방정식으로 해결한 사람이 하이젠베르크이다. 그는 불확정성 원리 연구와 양자 역학 창시 업적을 인정받아 1932년에 노벨 물리학상을 받았다.

아니라 역동적인 관계에서 존재한다.[43]

양자 이론(Quantum theory) 역시 우리가 과학 연구의 한계를 인식할 것을 요구한다. 모던 과학 세계는 과학자가 중립적 관찰자로 우주로 다가가야 한다는 가정에 의해서 세워졌다. 세계는 과학자들이 탐구하는 객체이다. 그러나 현대 물리학자들은 이런 이해를 사실상 무너뜨렸다.

과학 공동체에 의해서 수용된 과정들을 고수하는 것은 관찰자에게 '상대적' 객관성(relative objectivity)을 확실하게 하는 것이겠지만 어떤 실험적인 계획도 '순수하게' 객관적이며 비참여적 관찰은 가능하지 않다. 소립자 단계에서 이루어진 관찰에서는 과학자의 행위 자체가 그가 관찰하고자 하는 대상에 영향을 미친다는 사실을 보다 쉽게 볼 수 있다. 왜냐하면 관찰의 기술이 크게 엉성하며 관찰된 현상은 섬세하고 순식간에 일어나는 현상이기 때문이다. 그러나 이 점은 다른 관찰에서도 사실이다. 우리는 관찰되는 객체와 관찰하는 주체를 깔끔하게 나누기가 어렵다.[44] '사실'(facts)은 특정 관찰자와 독립적으로 존재한다는 모던 시대의 가정을 뒤엎는 것이다. 포스트모던인들은 우리는 세계에 접근하는 방관자가 아니라 우리가 알고자 하는 것을 찾는 참여자들이라고 말한다.[45]

최근의 발전은 과학 세계에 또 다른 한계를 만들어놓는다. 모던 과학은 우주가 열려 있으며 완전하게 설명할 수 있고 객관적인 과학적 조사를 통하여 사실들을 얻을 수 있으며 자연의 깊은 비밀에 대한 객관적인 지식을 알아낼 수 있다는 가정 위에 세워졌다.

---

43) Miller, "The Emerging Postmodern World," 9-10.
44) 이렇게 이것에 대한 다소 복잡한 예증으로는 유명한 쉬론딩거의 고양이 패러독스(Paradox of Schrodinger's Cat)를 들 수 있다. 이에 대해서는 Matthews, *Unravelling the Mind of God*, 148-49쪽을 참고하라.
45) Miller, "The Emerging Postmodern World," 10.

그러나 1927년 하이젠베르크가 그의 불확실성 원리를 공식화하면서 관찰의 종류나 양이 극복할 수 없는 모든 현상에 대해서 확정지을 수 없는 필수적 요소가 있다는 점을 수립한다. 이런 점에서 그는 궁극적으로는 세계가 다 이해할 수 없는 신비라는 사실을 이론적으로 수립한다.[46] 데이빗 봄(David Bohm)은 하이젠베르크의 불확실성의 원리에 대한 하나의 흥미로운 대안으로 '양자 포텐셜'(Quantum potential) 원리를 제안한다. 이것은 모든 입자들이 거대한 거미줄처럼 상호 연결되어서 각자가 다른 것이 무엇을 하는지를 즉각적으로 안다는 사실을 주장하는 원리이다.[47] 두 경우 모두 오늘날 물리학의 영역은 더 이상 독립적 입자들이 기계론적 모델에 의해서 묘사되는 단순한 세계가 아니라는 사실을 보여준다.

상대성 이론과 양자 물리학이 등장한 이래 물리학은 놀랄 만한 발전의 발전을 거듭한다. 확인된 소립자의 목록이 증가했다. 또한 블랙홀이 발견되었다. 빅뱅은 매분마다 설명될 수 있을 만큼 정밀하게 구성되었다. 그리고 물리학자들은 팽창하는 우주의 표면에 우리가 살고 있다는 사실을 알려준다.

새로운 발견들은 현대 과학자들에게 우주가 복합성에 대해 인식을 점점 더 깊이 가질 수 있게 해주었다. 사실 어떤 학자들은 새로운 '복잡성의 물리학'(physics of complexity)이라고 특징지어지는 제 3의 과학적 혁명이 도래할 것이라고 말하기도 한다. "복잡성의 폭발은 우리가 우주로부터 모호하지 않은 지식을 얻을 수 있다는 가정을 접게 만든다.[48] 새롭게 출현하는 일치된 의견은 우리가 살고 있는 세계가 상대적이며 참여적이라는 것이다.

---

46) 위의 책.
47) Matthews, *Unraveling the Mind of God*, 144-46쪽을 참고하라.
48) Tito Arecchi, "Chaos and Complexity," in *The Post-Modern Reader*, 351.

새로운 물리학의 복잡한 세계는 갈릴레오나 뉴턴이 제시한 단순하고 정적이며 객관적인 세계와는 크게 다르다. 그것은 창조(creation)라기보다는 계속해서 창조되고 있는(creating) 세계이다.[49] 우주는 역사를 '가진'(has) 존재하는 실체라기보다는 역사 그 자체이다(is).

과학 연구 성격에 대한 새로운 관점

세계에 대한 이해의 변화는 지식이 무엇이며 어떻게 그것을 가질 수 있게 되는지에 대한 우리의 이해에 있어서 변화를 주도해 왔다. 과학은 더 이상 문화적 상대성(cultural relativity)이라는 바다에서 객관성이라는 항구로 여겨지지 않는다. 어떤 과학적 담론도 우리가 이해하려고 찾는 세계에 참여함에 있어서 바깥에 서 있지 않다. 사실 과학은 루드비그 비트겐슈타인(Ludwig Wittgenstein)이 말한 언어 게임의 부가적인 예(additional example)를 구성한다.

모든 인간의 담론처럼 과학적·진취적 정신은 인간의 언어 행위(게임)의 형태로 되어 있다. 이것은 실체의 본질을 발견하기 위한 중립적 수단은 아니다. 대신에 다른 종류의 언어들과 마찬가지로 과학적 담론은 특정 목표의 성취를 지향한다. 단순히 문화적으로 중립적인 사실(culturally neutral facts)은 존재하지 않는다.[50]

그러나 과학의 신화를 노출하는 포스트모더니즘은 한 단계 깊이 들어간다. 모던 시대의 과학의 진취적 정신은 과학이 논리적 방식으로 진보한다는 가정에서 이루어졌다. 과학자는 세계를 관찰하고, 세계가 어떻게 기능하는지에 대한 가설(hypothesis)을 제공하며, 그 가설을 실증하거나

---

49) Miller, "The Emerging Postmodern World," 9.
50) 예를 들어 Miller, "The Emerging Postmodern World," 11쪽을 참고하라.

반증하는 실험을 내놓았다. 그 성과는 다음 단계의 관찰, 가설 형성, 실험의 단계를 위한 기초를 제공한다. 과학 철학자들은 이제 이런 과학 지식의 형성에 있어서 선형적 개념(linear conception)에 대한 이러한 이해에 도전장을 던졌다. 많은 목소리들이 이러한 사항을 발전시키는 데 관련되었지만 그중에서도 가장 중요하면서도 논쟁을 불러일으킨 근본적 논의는 토마스 쿤(Thomas S. Kuhn)의 책, 『과학 혁명의 구조』(The Structure of Scientific Revolutions, 1962)일 것이다.[51]

쿤은 과학이 어떻게 발전해 왔는가에 대해 분석하는 새로운 방식을 처음으로 제시한다. 그는 이론에 있어서 기초적인 전환(shifts)은 과거 지식에 대한 단순한 논리적 변형이나 재해석이 아니라고 주장한다. 과학자들은 기계적인, 그리고 객관적인 방식으로 단순히 한 가지 사실에서 또 다른 것을 첨가하지 않는다고 말한다. 대신에 과학은 역동적인 역사적 현상(dynamic historical phenomenon)이라고 주장한다. 이론에 있어서 변환은 과학자들이 세상을 바라보는 방식에 있어서 급진적인 변형을 가져온다. 과학자들은 때때로 갑작스럽게 앞으로 나아가며 창조적인 발산을 하게 되는데, 쿤은 이것을 '패러다임 전환'(paradigm shifts)이라고 부른다.

쿤에 의하면 '패러다임'은 실재에 대한 사회의 구성(social construction)이다. 이 용어는 "주어진 특정 공동체의 구성원들에 의해서 공유하고 있는 신념, 가치, 기술 등의 배열"(constellation)과 관련된 용어이

---

[51] 포스트모던 관점에서 쿤의 견해를 간결하게 요약한 내용을 보기 위해서는 Anderson, *Reality Isn't What It Used to Be*, 72-73쪽을 참고하라. 전통적인 모던 견해에 대한 초기 비평가로는 칼 포퍼(Karl Popper)를 들 수 있는데, 그는 과학은 이성적, 진취적 탐구일 뿐만 아니라 궁극적으로는 인간의 창조적인 상상력을 실행하는 것에 의존한다고 지적한다. 그러한 상상력은 종종 비이성적인 방식으로 작용한다. 보다 상세한 내용을 위해서는 Miller, "The Emerging Postmodern World," 11-12쪽을 참고하라.

다.[52] 더 구체적으로 말하면 역사 가운데서 주어진 시간에 주어진 특정 과학 공동체에서 우세한 신념 체계(belief system)를 지칭한다. 쿤은 이 용어를 보다 좁은 의미로 주어진 신념의 체계 속에서 과학 공동체가 가지고 있는 문제점(puzzles)을 설명하기에 용이한 어떤 특정하게 중요한 요소로 설명하고 있다.

널리 영향력 있는 해석 능력을 가지고 있는 동안 어떤 신념 체계나 문제점 해결(puzzle-solution)은 모든 자료의 내용을 다 설명할 수는 없다. 연구자들은 그동안 널리 받아들여졌던 우세한 이론이 설명할 수 없는 변칙적인 것과 새로운 발견을 향해 계속해서 발전을 거듭하게 된다. 그러는 동안 기존의 패러다임으로는 설명할 수 없는 변칙적인 것들이 쌓여가게 된다. 그리고 어떤 사람이 변칙적인 것들을 포함하여 그에 대한 보다 성공적인 새로운 설명 체계를 제안하게 되는데, 그것은 결과적으로 이전의 설명 체계를 대체하게 된다. 이렇게 하나의 설명 체계(explanatory system)에서 다른 설명 체계로 전환하는 것은 하나의 과학 혁명을 구성한다.

결과적으로 쿤과 다른 학자들의 연구는 과학적 담론의 기초-그리고 과학적 '진리'-는 궁극적으로 사회적으로 널리 받아들여지게 된다는 인식이 널리 증가하게 되었다. 모던 시대의 관점이 가정한 것처럼 과학은 단순히 특정 자료에 대한 중립적 관찰이 아니다.[53] 과학은 우리의 사고 '저 너머'에 있는 세계를 객관적 실체로 여기면서 그에 대해 규정하는 진술로 우리를 인도하는 것이 아니다. 사실 최근의 이론인 듀앙-콰인 테제(Duheim-Quine thesis)[54]는 실험을 통해서 이론적인 예측을 어떤 방법으로든 구할 수 없다고 말한다. 왜냐하면 실험 그 자체는 그 실험을 지지하는

---

52) Kuhn, *The Structure of Scientific Revolutions*, 175.
53) 위의 책, 126.

다양한 이론의 타당성에 의존하기 때문이다.[55] 궁극적으로 모든 실험은 이론, 견해, 아이디어, 그리고 전통이라는 네트워크 속에 존재하기 때문이다. 다시 말해 그것은 문화나 공동체에서 나타난다.[56]

> 현대 역사 기술(記述)이 가지는 우세한 위치에서 과거의 자료를 조사하면서 과학 역사가들은 패러다임이 변화할 때 세계 자체도 그것과 함께 변화한다는 사실에 대해 외치고 싶은 마음을 갖게 된다. 새로운 패러다임에 이끌리면서 과학자들은 새로운 장치를 도입하고 새로운 장소를 찾기 시작한다. 더 중요한 것은 과학에 그런 혁명이 일어나는 중에 과학자들은 이전에 친숙한 기구들과 장소를 볼 때 그것이 새롭고 다른 모습으로 보이기 시작한다는 것이다. 마치 전문가 공동체가 친숙한 물체들이 전혀 다르게 보이고, 전혀 익숙하지 않은 것처럼 보이는 다른 행성으로 이동된 것과도 같이 느껴진다. 물론 실제로 그렇게 이동한 것은 아니며 지리적인 이동은 없다. 실험실 밖에서는 일상적인 일과들이 이전과 같이 지속된다. 그럼에도 불구하고 패러다임의 변환은 과학자들에게 세상을 전혀 다르게 바라보게 만든다. 그들이 보고하는 것을 의지함에 있어서는 과학 혁명이 일어난 후에는 과학자들은 전혀 다른 세상에 반응하고 있는 것이다.
>
> —토마스 쿤[57]

---

54) 역주/ 이것은 19세기 말에서 20세기 초에 활동한 프랑스의 이론 물리학자이자 화학자인 듀앙(P. Duhem)이 콰인(W.v. Quine)과 함께 제시한 것으로 논제의 형성 과정은 다루지 않지만 둘 다 과학의 이론을 설명이 아니라 언어적 표상(linguistic representation)으로 보았고, 이론과 실험의 관계에서 도구가 과학자의 사고방식을 제한한다는 사실을 무시했다. 듀앙과 콰인의 논제는 논리적 관점에서 결정적 실험 가능성을 부정한다. 주어진 데이터에서 세울 수 있는 가설은 단순히 경쟁하는 몇 개의 가설들이 아니라 셀 수 없이 많다고 주장한다. 하나의 가설 테스트는 무의미할 수밖에 없기 때문에 확증의 논리적 구조는 불가능하다는 것이다.
55) H. M. Collins, "The Meaning of Experiment: Replication and Reasonableness," in *Dismantling Truth*, 88쪽을 보라.
56) Anderson, *Reality Isn't What It Used to Be*, 77.

이러한 새로운 이해에 따르면 과학 지식은 객관적이며 보편적인 진리의 편집물이 아니라 특정한 연구 공동체들로부터 탄생하게 된 연구 전통의 집합이다. 그리고 그 담론-언어 게임-은 대개 그런 공동체의 생생한 실행 밖에서는 대체적으로 이해할 수 없는 것들이다.[58]

그러나 쿤은 여기에 또 다른 중요한 변수를 추가한다. 패러다임은 과학의 진취적 정신 영역뿐만 아니라 과학자들의 세계도 역시 구성한다고 그는 주장한다.[59] 지배적인 패러다임은 과학자들이 세상을 볼 때 그들이 보는 것을 결정한다. 특정 패러다임은 실행하는 실험에서 과학자들이 선택하는 실험 과정과 측정에도 영향을 미친다.[60]

포스트모더니즘은 이런 패러다임 신념 체계(paradigmatic beliefs)의 측면에 대해 신중하게 고려한다. 이것은 세상이 우리가 대면하고, 그것에 관한 지식을 얻을 수 있는 '저 밖에' 주어진 하나의 객체가 아니라는 사실을 확증한다. 반대로 언어를 통해서 우리는 세계를 창조하고, 세계가 만들어내는 언어만큼이나 다른 세계가 존재한다.

이런 다원적인 세계가 포스트모던 관점(세계관이 아님)을 표시한다.

---

57) Thomas S. Kuhn, *The Structure of Scientific Revolutions*, 2nd ed. rev. (Chicago: University of Chicago Press, 1970), 111.
58) Robert N. Bellah, "Christian Faithfulness in a Pluralist World," in *Postmodern Theology*, 76.
59) Kuhn, *The Structure of Scientific Revolutions*, 110.
60) 위의 책, 126.

4

모던 세계의 태동
The Rise of the Modern World

어느 날 이미 중년기로 접어들어 그의 경력이 중진으로 향하고 있던 저명한 독일의 한 철학 교수가 영국의 회의주의자인 데이빗 흄(David Hume)의 책 한 권을 집어들었다. 흄의 논문의 영향력은 잊을 수 없을 만큼 그에게 큰 정신적 충격이었다. 그 책을 읽고 있었던 그 독자는 임마누엘 칸트(Immanuel Kant)였는데, 그는 그때 자신의 '독단주의의 잠'에서 깨어나게 되었다고 말했다. 칸트는 흄이 보여주었던 철학적 막다른 골목으로 자신을 밀어 넣었다. 그의 노력은 열매로 나타났다. 이에 대한 응답으로 칸트는 중세 이래로 가장 불후의 명작이며, 가장 영향력 있는 철학적 저술로 꼽히는 그의 책, 『순수 이성 비판』(1781)을 썼다. 이 책의 출판은 모더니티의 정거장에서 마지막 지지물로 자리를 잡았다.

결국 그것이 무엇이 되었든지 간에 당시 널리 통용되고 있던 모던 세계관과 계몽주의 프로젝트에 대한 반동으로서 포스트모더니즘이 시작되었다. 이러한 이유에서 만약 우리가 포스트모던 항목을 이해하려고 한다면 우리는 현대 사상가들이 그렇게도 맹렬하게 반응하였던 모더니즘의 사고(modern mentality)의 출현에 대해 주목해야 한다.

모더니티에 대한 르네상스의 토대

대부분의 역사가들은 모던 시기는 계몽주의가 전쟁으로 황폐화된 유럽에 새로운 희망을 가지고 왔을 때 시작되었다고 주장한다. 그러나 거대한 문화적 변환을 가져다준 장치는 1648년 웨스트팔리아 평화 조약(the Peace of Westphalia)이 유럽의 '30년 전쟁'의 참상에 종식을 가져오기 훨씬 오래 전 일어난 움직임 속에 내재되어 있었다. 그보다 한 세기 전에 르네상스 사상가들은 과학적 방법에 뿌리를 둔 원리를 제시하고 로마 가톨릭교회의 정치·문화적 지배를 약화시킬 수 있는 힘을 제시하면서 이미 인간을 실재의 중심에 올려놓았다.

'르네상스' 란 '재탄생' (rebirth) 혹은 '부흥' (revival)의 의미를 가진 프랑스어로, 역사적으로 이 이름은 두 가지 의미로 사용되었다. 먼저 이것은 고대 그리스와 로마 문명의 고전적 사조의 '재탄생' 을 포함하며, 또한 소위 '암흑 시대' 라 불리는 시기 이후의 학문에 '부흥' 을 가져온 것을 지칭하는 용어로 사용되었다.

르네상스 사상가들은 고전 작품 속에 나타난 인간의 가치를 신봉하는 인본주의자들이었다. 덧붙여 고전(classics)으로의 회귀는 플라톤주의나 신비주의에 찬성하면서 중세 아리스토텔레스 철학에 대한 거부를 포함하는 것이었다. 그러나 무엇보다도 이러한 지식인들은 그들 주변 세계의 작동에 관심을 재연한 것이고, 그것에 의하여 모던 시대 과학의 진취성의 기초가 세워졌다.

여러 측면에서 볼 때 르네상스 시대 사상가의 최고봉은 영국의 철학자이자 과학자였던 프랜시스 베이컨(Francis Bacon, 1561-1626)을 들 수 있다. 르네상스 시대에 여러 저작들이 있음에도 불구하고 베이컨은 이성시대(the Age of Reason)의 시작 부분에 서 있었던 사람이다. 그러므로 어떤 점에서 그는 르네상스에서 계몽주의 시대로의 전환을 이루었던 사람이다.

베이컨은 그를 이어 등장한 계몽주의 시대의 사상가들이 그랬던 것처럼 수학을 자연과학의 중심에 놓지 않았다.[1] 그럼에도 불구하고 그는 모던 시대의 첫 과학자 중 한 사람으로 높임을 받는다. 그는 새롭게 출현한 과학적 방법을 견지하면서 실험(experimentation)을 강조하였다.

많은 방식에서 베이컨은 모더니티를 특징지을 수 있는 계몽주의 프로젝트를 미리 예견하였다. 과학적 방법은 개인적 발견으로 인도할 뿐만 아니라 과학 그 자체의 상호 관계를 보여주며, 그리하여 그들을 하나의 통합된 전체로 이끌어갈 수 있다고 그는 확신하였다. 결과적으로 베이컨은 그가 '최초의 철학'(first philosophy)이라고 명명한 것을 진리의 본체로 간주하면서 그것을 과학의 토대를 이루는 기초로 설정하였다. 그가 '최초의 철학'이라고 부르는 것은 이성의 법칙과 다양한 과학적 연구 방법들에

---

[1] 이러한 이유 때문에 스튜어트 햄프셔는 베이컨이 "17세기 첫 번째 철학자라기보다는 르네상스의 마지막 철학자였다."고 주장한다. Stuart Hampshire, *The Age of Reason: Seventeenth Century Philosophers* (New York: New American Library of World Literature, 1956), 17, 19-20.

의해 공유된 원리들로 이루어졌다.[2] 사후에 발간된 그의 책, *The New Atlantis*(새로운 아틀란티스)에서 베이컨은 이상적인 사회에 대하여 기술한다. 무엇보다도 이러한 이상적 사회에서 사는 사람들은 과학을 행복을 위한 열쇠를 제공해 주는 것으로 바라본다.

그러나 베이컨이 미성숙한 상태였던 과학적 진취적 기상을 바라보았던 것이 우주를 이해하는 유일한 방식은 아니었다. 그는 그것이 자연을 지배하는 수단을 제공할 것이라는 약속을 붙잡고 있다고 믿었다. 그는 진리와 유용성을 동전의 양면과 같은 것으로 보았고, 과학의 목적은 인간에게 힘을 부여하는 것이 되어야 한다고 주장하였다. 이것은 그의 유명한 명제인 "아는 것이 힘이다."를 잘 설명해 준다. 지식은 우리 상황에 영향을 주는 힘들을 중재한다고 그는 주장한다. 이것은 우리의 욕구를 형성하는 환경을 바꿀 수 있는 능력을 제공한다. 배움은 행동을 위한 것이고, 행동은 지식을 위한 정당성(justification)을 형성한다고 베이컨은 주장한다.[3]

이러한 이해는 베이컨으로 하여금 인간은 자연을 뛰어넘는 힘을 행사하기 위하여 자연에 감춰진 것을 발견하려 한다고 생각하게 만들었다. 그래서 그는 우리의 이익을 위하여 우리의 환경을 바꾸는 수단으로 과학적 방법을 이용하는 적극성을 예견하였다.

베이컨의 비전은 모던 과학기술 사회를 위한 토대를 제공하였다. 하지만 서구 과학 기술은 베이컨이 상상한 것보다 훨씬 더 놀랍게 확장되었다. 그가 지식의 추구란 그 결과의 유용성에 의하여 결정된다고 주장하였

---

2) W. L. Reese, *Dictionary of Philosophy and Religion* (Atlantic Highlands, NJ: Humanities Press, 1983), 48.
3) Nicholas Wolterstorff, *Reason within the Bounds of Religion*, 2d ed. (Grand Rapids: William B. Eerdmans, 1984), 123-24.

을 때 그는 우리의 '물리적'(physical) 상황을 바꾸어줄 힘(power)을 마음 가운데 그리고 있었다. 그는 우리가 '기술적' 지식(technical knowledge) 이라고 부르는 것을 추구해야 한다고 주장하였다. 하지만 베이컨을 이은 모던 계승자들은 '인간' 행위와 행동에 적합한 제도적 법칙을 찾으려고 했다. 그렇게 하면서 그들은 '행위적' 지식(behavioral knowledge)을 추구하였는데, 이것은 우리의 목표에 따라서 인간의 행동을 바꾸는 힘을 약속한다. 베이컨은 탐구자와 '자연을 개발하는 기술자'(technologist of nature) 사이의 동맹(alliance)의 문을 열었지만 그의 계승자들은 탐구자와 '사회를 탐구하는 기술자' 사이의 동맹의 문을 열었다.[4]

베이컨과 다른 이들의 연구 결과로부터 나온 모던 프로그램은 포스트모던 사상가들의 날카로운 응시 아래 나타나고 있다. 예를 들어 미셸 푸코(Michel Foucault)는 베이컨이 가졌던 견해의 어두운 단면에 대하여 우리에게 경고한다. 그는 탐구자들이 사회를 탐구하는 기술자들과 동맹하여 행동할 때 지식은 다른 사람들에 대한 폭력의 형태로 그들을 억압하는 힘을 행사할 수 있다고 주장한다. 푸코는 베이컨의 아는 것이 힘이라는 주장에는 동의하지만 그 힘은 폭력의 힘이 될 수 있다고 주장한다.

모더니티와 계몽주의

르네상스는 모던 지성의 기초를 마련하지만 이것이 모더니티의 상부구조를 세운 것은 아니었다. 르네상스의 우주론은 인간을 우주의 중심에

---

[4] 위의 책, 124-25.

올려놓았지만 이것은 세상의 자기 결정의 중심(self-determining center)으로 개인의 자아를 세워놓지는 못한다. 르네상스 이론가들은 과학적 방법을 개척하였지만 그들이 과학적 시각에 따른 지식의 추구를 재구성해 낸 것은 아니었다. 르네상스의 정신은 교회의 권위를 약화시켰지만 그렇다고 이성의 권위를 세운 것도 아니었다.

모더니티는 오랜 잉태의 기간이 지난 후에 태어났다. 아마도 르네상스는 모더니티의 할머니였으며 계몽주의가 진짜 엄마라고 말할 수 있을 것이다.

계몽주의 시기

대략 1650년부터 1800년 정도까지 이르는 서구 지적 역사에서 가장 폭발적인 시기로 이때를 흔히 계몽주의 시대 혹은 이성의 시기라고 일컫는다. 이러한 지적 발달의 시기가 언제 시작되고, 언제까지 이어졌느냐에 대해서는 학자마다 다양한 의견을 가지고 있기 때문에 일치된 의견을 확보하는 것은 어렵다. 여전히 많은 역사학자들은 계몽주의의 시작을 유럽의 30년 전쟁을 끝나게 했던 1648년 웨스트팔리아 평화 조약과 1781년 칸트의 『순수 이성 비판』의 출간과 연관을 시키고 있다. 전자는 인간 사회에서 이성의 역할이 높아지고 종교에 대해서는 그 역할이 크게 약화되게 했던 당시의 정치·사회적 정황들을 보여준다. 후자는 '이성의 시대'를 전제하는 많은 특성(presuppositions characteristic)의 극점에 도달하게 했으며, 그에 대한 효과적 도전을 보여주었다. 특별히 중요한 것은 그것이 인간의 이성이 가지는 능력에 초점을 맞추고 있으며, 감각적 경험(sense experience)에 대한 강조를 하고 있다는 점이었다.

계몽주의는 거의 2세기 동안 지속되었다. 하지만 상대적으로 짧은 그 기간 동안 새로운 우주론이 대두되는데, 그것은 어거스틴 시대 이후 서구 문명에서 지배적이었던 우주론을 대체하게 되었다. '이성의 시대'는 이제는 비록 황혼의 무대에 서 있는 것처럼 보이는 모더니티라는 새로운 시대의 막을 열었다.

어거스틴으로부터 종교개혁에 이르기까지 서구 문명의 지적 측면은 신학자들과 신학적인 고려에 의해 지배되었다. 세부사항에서의 의견을 달리함에도 불구하고 모든 기독교 신학자들은 '실재는 조직화된 전체'(ordered whole)라는 사실에 동의했다. 하나님은 그 정점에 서 계셨고 천사의 무리가 그 뒤를 따랐다. 사람들은 "저를 천사보다 조금 못하게 하시고"(시 8:5)라는 성구에서 그들의 위치를 발견하지만 인간은 나머지 창조물들을 다스리도록 지어졌음 또한 발견하였다. 주권을 가진 창조자 하나님에 의해 특정 사람들-선택받은 사람들-은 구원을 위해 예정되었다. 반복적이고 때때로-하지만 예수 그리스도 안에서 최종적으로-이러한 구원을 이루시기 위하여 세상 위 높은 곳에 계신 하나님께서 인간의 영역에 간섭하고 들어오신다. 중세 신학자들은 하나님은 인간의 삶에, 역사의 흐름에 직접적으로, 그리고 더욱 두드러지게, 교회를 통하여, 특히 교회 조직 활동과 관련된 어떤 긍휼의 활동 등을 통해 계속해서 영향을 끼치고 계신다고 주장하였다. 중세 도시와 마을에서 가장 높은 곳에 세워졌던 중세 대성당들은 서구 사회에서 기독교 신학이 중심적 역할을 했음을 목격한 증인이었다.

계몽주의는 영구히, 그리고 철저히 중세 시대에 창조된 신학적 세계관을 붕괴시키고 종교개혁에 의하여 연마되었다. 새로운 우주론은 현실의 오래된 위계 조직의 배열을 대신하였고, 새로운 모험적인 기획들이 진실의 결정자로서의 신학적 기능을 바꾸어놓았다.

계몽주의 인류학

계몽주의는 모던 서구 문화의 발전에 깊게, 그리고 계속되는 영향을 끼치고 있었다. 르네상스 사상 위에 세워진 계몽주의는 중세 지성에 대한 최후의 분열을 나타내고, 모던 시대에로의 대로를 닦으면서 새로운 조망을 제시함으로써 근본적 변화를 가져오게 된다.[5] 이러한 변화된 조망에 있어서 중심을 이루었던 것은 인간 존재에 대한 역설적 이해가 진전을 보였다.

'이성의 시대'는 인간 지위를 고양시켰으며, 인간 능력에 대한 평가를 높였다. 이것은 역사의 중심무대에서 하나님 대신에 인간을 올려놓았다. 중세와 종교개혁 시대의 신학은 하나님의 역사하심에 대한 이야기를 역사에 적용함에 있어서 인간 존재를 아주 중요한 존재로 간주했다. 계몽주의 시대 사상가들은 사람들의 이야기의 가치에 따라서 신의 중요성을 동일하게 놓거나 평가하면서 지금까지와는 반대의 입장을 취했다.[6] 이러한 식으로 '이성의 시대'는 하나님을 중세 대성당이 지정한 하늘의 높은 자리에서 제거하여 인간 세계로 내려오게 만들었다.

이렇게 우주 가운데서 인간의 지위를 고양시킨 것 외에도 계몽주의 사상가들은 인간이 가진 잠재력에 대해 더욱 중요성을 부여하는 인간 이해를 형성한다. 그들은 인간이 아주 지적이고 도덕적인 능력을 갖춘 것으로 생각하는데, 천주교 출신이든 개신교 출신이든 모던 시대 이전의 신학자들보다 이 점에 훨씬 더 강조점을 둔다.

우리는 인간의 가능성에 대해 계몽주의의 평가를 읽을 수 있는데, 알

---

5) 예를 들어 Hampshire, *The Age of Reason*, 11쪽을 참고하라.
6) William C. Placher, *A History of Christian Theology* (Philadelphia: Westminster Press, 1983), 237-38.

아감의 과정에서 이간 이성의 역할이 중심적 역할을 한다는 사실을 인정한다. 모던 시대 이전에는 신의 계시가 진리의 최종적 결정 요인으로 기능하였다. 그러나 이제 인간 이성의 임무는 계시를 통해 주어진 진리를 이해하는 것이었다. 일반적으로 안셀름이 한 이야기로 알려진 격언이 지식에 대한 탐구를 지배한다. "나는 이해하기 위해서 믿는다." 이러한 원칙을 견지하면서 이성은 드러난 진실의 올바름을 설명하고 경험을 기독교적 신앙이 제시한 우주적 드라마(cosmic drama)에 대한 이해와 경험을 일치시키려고 노력한다.[7]

계몽주의 사상가들은 진리의 최종적 결정자로서의 외부에서 부여된 계시보다는 인간의 이성에 더 강조를 두기 시작했다. 사실 그들은 계시를 구성하고 있는 것이 무엇인가를 결정하기 위하여 이성에 강조점을 두었다. 우리는 앞서 언급한 안셀름의 논제를 다음과 같이 바꾸어 말함으로써 그로 인해 비롯된 사고방식이 가지는 특징을 설명할 수 있다. "나는 내가 이해할 수 있는 것을 믿는다." '이성의 시대'의 지지자들은 사람들이 더 이상 성경이나 교회와 같은 외부 권위가 제안하는 '미신'을 맹목적으로 받아들여서는 안 된다고 주장한다. 대신 그들은 감각적인 경험이 제시하는 자료를 조직화하기 위하여 냉정하게 이성을 조직화해야 하며, 이성이 이끄는 곳으로 따라갈 수 있어야 한다.[8]

이성 시대의 사상가들은 동일하게 인간의 도덕적 능력에 대한 높은

---

[7] Carl L. Becker, *The Heavenly City of the Eighteenth-Century Philosophers* (New Haven: Yale University Press, 1932), 7.
[8] 이러한 변화의 뿌리는 르네상스 시대에서부터 자리잡기 시작했다. 기오르기오 드 산틸라나(Giorgio de Santillana)는 중세에서 모던 시대로 이성주의의 의미를 전환시킨 학자 가운데 한 사람으로 에라스무스를 든다. Giorgio de Santillana, *The Age of Adventure* (New York: New American Library of World Literature, 1956), 27쪽을 보라.

평가를 내린다. 계몽주의는 교리보다는 도덕을 더 강조하였고, 계몽주의 시대의 지성인들은 인간 이성의 힘은 각각의 마음속에 하나님께서 새겨 넣으신 선천적 도덕 법칙에 대한 준거를 발견하고 촉진할 수 있다고 주장하였다.

이렇게 우주에서 인간의 지위를 높이고 인간 잠재력에 대해 고양된 인식을 드러내는 것 외에도 계몽주의는 인간 존재에 대해 중세 신학과는 다르게 제시한다. 르네상스 시대에 놓인 생각에 기초를 둔 계몽주의는 환경의 변화를 열망하고 창조적이고 적절하게 불만족을 가진 존재로 인간을 이해하면서 정적이고 관조적 영혼을 가진 존재로 이해하였던 중세의 인간 이해를 거부하였다. 계몽주의 사상가들은 인간을 끝없는 모험에 참여한 쉼 없는 방랑자로 보았다. 그들은 시간을 중세의 우주론이 보았던 것과 같은 천상의 존재를 향한 영원한 순환의 관점에서 이해하지 않고 오히려 돌진하며 전방으로 움직이는 흐름으로 보았다.[9]

하지만 계몽주의를 통한 인간 존재에 대한 지위의 상승은 큰 대가를 치렀다. 사실 새로운 조망은 인간을 고귀한 존재로 상승시키는 동시에 강등시켰다. 중세와 종교개혁 시대의 우주론과는 달리 계몽주의는 더 이상 이 세상을 인간이 특별한 지위를 누리는 우주로 보지 않았다. 오히려 '이성의 시대'에 있어서 새로운 과학은 우주를 거대한 기계로 이해하는데, 인간은 그 기계의 하나의 작은 부품에 지나지 않는 존재로 이해한다. 인간 존재는 그들 자신을 하나님께 종속되는 하나의 피조물로 이해하는 것을 멈추었다. 그렇게 함으로 그들은 창조 세계를 다스리도록 세움 받은 청지기로서의 권위를 부여받으면서 피조물들 가운데 가장 최고의 자리에 세움받은 자신의 자리에서 스스로를 몰아내었다.

---

9) De Santillana, *The Age of Adventure*, 46.

계몽주의 전망의 기초

계몽주의 시대 동안에 일어났던 전망(outlook)에 있어서 기념비적인 변환은 진공 상태에서 일어나지 않았다. 오히려 이것은 인간 역사에 있어서 충격적인 시대 동안에 일어난 다양한 사회적, 정치적, 지적인 요소들의 파생물로 주어진다.

일반적으로 유럽의 30년 전쟁이라 불리는 일련의 군사적 충돌은 17세기 초반 유럽을 황폐화시켰다. 많은 지성인들의 눈에는 교리 논쟁을 통해 경쟁적으로 서로 다른 신앙고백의 영역으로 기독교를 분리하였던 것을 대륙을 황폐하게 했던 전쟁의 알력 다음에 위치시킨다. 신앙고백이 달라 갈라진 종교적 분쟁을 혐오하는 이러한 사상가들로 하여금 교리(doctrine) 그 자체의 타당성에 대한 의문을 갖게 만들었다. 교리에 지나치게 집착하는 것은 사람들을 분리시킬 뿐이라고 그들은 주장한다.

당시 종교적 분쟁과 함께 지적 경로는 상호 관련된 두 가지의 혁명과 연결하여 시대적 비판 정신이 열려지게 된다. 하나는 철학에서, 다른 하나는 과학에서 발생하였다.

1) 철학에 있어서의 혁명

무엇보다도 계몽주의는 철학적 혁명의 산물이었다. 비록 그것은 중세 신학자들의 초기 논쟁에 그 뿌리를 두고 있을지라도 그 혁명은 르네 데카르트(René Descartes, 1596-1650)에 의하여 막이 열리게 되는데, 그는 종

---

10) 이러한 견해를 지지하는 학자로 로렌스 라플러(Laurence J. Lafleur)를 들 수 있다. 그는 데카르트의 *Discourse on Method*(방법서설), *Meditations*(명상) 등의 책을 번역 소개한 사람이기도 하다. *Descartes, Discourse on Method* (Indianapolis: Bobbs Merrill, 1960), vii;*Meditations* (Indianapolis: Bobbs Merrill, 1960), xvii. 역시 Hampshire, *The Age of Reason*, 12쪽을 참조하라.

종 모던 철학의 아버지라고 불리는 사람이다.[10]

데카르트의 의도는 절대적으로 명백한 진리들의 발견을 용이하게 할 수 있는 조사 방법을 고안해 내는 것이었다. 그는 당시 증가하는 수학의 중요성과 함께 주어진 결과에 의해 강하게 영향을 받았다. 르네상스 시대에 수학적 모델이 우세한 것은 실재에 대한 질적인 차원에서보다는 양적인 차원에 대해 새롭게 강조한 것의 일부였다. 그러한 차원은 요하네스 케플러(Johannes Kepler, 1571-1630)와 갈릴레오(1564-1642)와 같은 학자들의 연구에서 보다 선명하게 나타난다.

데카르트는 새롭게 출현하는 이성 시대를 대표하는 사람이다. 당시 대부분의 대사상가들과 같이 그는 수학적 논증의 엄격함을 모든 지식 영역에 도입하려고 했다.[11] 그의 수학적 지식을 고양시키려고 했던 것은 그냥 우연히 임의적으로 주어진 것이 아니었다. 그는 수학의 진실들은 이성 그 자체의 본질에서부터 나왔기 때문에 그것들은 경험적 관찰에서부터 이끌어낸 불완전한 지식보다는 언제나 훨씬 더 확실하다고 믿었다.

그는 어떤 지식을 추구함에 있어서 데카르트는 의심으로부터 시작하였다. 다음 세기의 몇몇 경험주의자들과는 달리 데카르트는 회의론에 빠지지 않으려고 노력하였다. 그는 모든 것에 대해 의심해 볼 것을 제의하였고, 그는 적어도 생각하지 않는 주체는 의심할 수 없다는 하나의 결론에 도달하였다. 소위 주체 자신의 존재에 대해 의심해 보아야 한다고 했다. 이러한 결론은 데카르트 철학의 잘 알려진 격언(실제로는 아우구스티누스로부터 빌려온)인 "나는 생각한다. 고로 존재한다."(*Cogito ergo sum*)에서 잘 표현된다. 의심에 대한 철저한 헌신은 데카르트로 하여금 분명한 확실성에 만족하게 했고, 이것은 탄탄한 이성적 구조를 세우는 기초가 되게 했다.

---

11) Hampshire, *The Age of Reason*, 17.

나는 때때로 여러 가지 견해가 분명하지만 불확실한 것일 수도 있다는 것을 따라야 할 필요가 있다는 것을 오랫동안 알고 있었다.……; 그러나 나는 진리를 탐구함에 있어 나의 전부를 드려 온전히 헌신할 의도가 있으므로 정확히 반대의 과정을 거쳐야 하며, 전적으로 확실한 것이라고 불릴 수 있는 과정의 뒤에 남겨진 것들이 어떤 것인지를 확인하기 위하여 최소한 의심할 수 있는 것은 절대적으로 거짓된 것은 거부한다. 그러한 절차를 통해서 전적으로 확신한 것이라고 생각되는 것이 결국에는 남게 되는지 아닌지를 보기 위해서는 그런 절차가 절대적으로 필요하다. 이와 같이 우리의 감각이 우리를 속이는 것처럼 그 어떤 것도 우리의 감각을 대표할 만한 것이 없다고 상상할 준비가 되어 있었다. 기하학에서 아주 간단한 문제를 풀면서 늘 실수하여 제대로 문제를 풀지 못하는 사람과 같이 어떤 잘못에 대해서는 내게 책임이 있다고 판단했다. 또한 전에 유효한 논증(valid demonstration)으로 받아들였던 합리적인 것이 잘못으로 판정되면 거부할 책임이 있다고 생각했다. 우리가 깨어 있을 때 가지고 있던 인식이 그것이 사실이 아니고 우리가 잠들어 있을 때 주어지는 것처럼 우리에게 다가올 수 있다. 그때 나는 나의 마음속에 들어온 어떤 것도 내가 꿈속에서 보았던 환영(illusion)보다 더 실제적일 수는 없다는 사실을 인정해야 한다. 그러나 나는 또 모든 것이 거짓이라고 생각하고자 할 때 그것이 반드시 사실일 수 있으며 그렇게 생각했던 나 자신도 오류를 가진 무엇일 수 있다는 사실을 인정했다. 그래서 "나는 생각한다. 고로 존재한다."는 명제는 명백하며 확고한 것이다. 그래서 회의론의 가장 엉뚱한 전제(extravagant suppositions)라 할지라도 그것을 흔들어놓을 수 없을 것이다. 나는 그동안 추구해 온 철학의 첫 번째 원칙으로 그것을 무사히 받아들일 수 있었다.

―르네 데카르트[12]

---

12) René Descartes, *Discourse on the Method*, part 4, trans. Laurence J. Lafleur (Indianapolis: Bobbs-Merrill, 1960), 24.

데카르트의 철학적 방법은 인간 존재에 대한 새로운 개념으로 나아가도록 만들어준다. 데카르트 자신은 인간을 생각하는 주체로 규정하고 인간의 인격을 자율적 이성적 주체로 규정한다.

어거스틴이 데카르트에게 "나는 생각한다. 고로 존재한다."를 제공하였다는 사실은 한편으로는 데카르트가 주관성(subjectivity)을 발견하지 못하였다는 사실을 입증한다. 그가 기여한 내용은 아주 크지만 그중에서도 가장 중요한 것은 개인적 경험과 지식, 특히 개개인의 독특한 관점에서부터 나오는 지식에 강조점을 두었다는 데 있다.

이러한 방식으로 인간 정신의 중심성을 세워가면서 데카르트는 그후 300년 동안의 철학의 중심 명제(agenda)를 수립하였다.[13] 모던 철학자들은 의심으로 시작해 모든 믿음은 그것이 진실로 증명되기 전까지는 거짓으로 보아야 한다고 주장하는 데카르트 학파의 방법을 받아들인다. 그리고 확실한 '자아중심 범주'(egocentric predicament)—우리는 어떻게 우리 경험 '밖의' 세상에 대하여 알게 되는가? 우리가 알고 있다는 것을 우리는 어떻게 알 수 있는가?—와 같은 문제를 푸는 데 혼신의 힘을 쏟아 부었다.[14]

데카르트는 그후 따라오는 거의 모든 사상에 거대한 영향력을 행사한다.[15] 모던 시대 전반을 통해 많은 학문 영역에서 지식인들은 지식과 숙고(reflection)의 시작점으로 신의 계시보다는 이성적인 주체로 돌아섰다.

---

13) Robert C. Solomon, *Continental Philosophy since 1750: The Rise and Fall of the Self* (Oxford: Oxford University Press, 1988), 5.
14) Solomon, *Continental Philosophy since 1750*, 5-6.
15) 데카르트의 지속적인 중요성에 대한 간략한 요약을 보기 위해서는 데카르트의 책의 번역자인 라플러의 "서문"을 참고하라. Lafleur, "Introduction," in "Discourse on Method" and "Meditations", viii-xiv.

심지어는 모던 시대의 신학자들은 이성주의 철학의 기초 위에 그들의 신학을 세우는 것이 부득이한 것으로 여겼다. 그들도 데카르트에 의해 주장되었던 이성의 탁월성을 받아들였다. 사실 계몽주의 사조에서는 이성 그 자체에 대한 부정을 수반하는 합리주의에 대한 유일한 대안은 영원한 실재에 대한 지식을 산출해 내는 것이었다.[16] 하지만 그러한 부정을 만들기 위하여 누군가는 위로부터 오는 하나님의 소리보다도 이성의 소리에 강조점을 두는 서구 사회를 삼켜 버렸던 새로운 지적 홍수에 대항하여 서야만 했다. 결국 모던 신학자들은 '이성의 시대'에 의하여 생겨난 파도에 거슬러 헤엄치기보다는 데카르트의 인도를 따르는 것으로 결론을 내렸다.

2) 과학적 혁명

계몽주의는 혁명의 산물이었다. 철학에서뿐만 아니라 과학에서도 추가적인 혁명으로 이끌어가는 주도적인 힘이었다. 그것의 도래는 중세 시대의 세계관으로부터 급격한 이탈을 초래하였다. 새로운 사상의 중심을 이루는 것은 지구가 우주의 중심이 아니라고 한 코페르니쿠스의 주장에 의해 선도된 우주론의 변화였다. 이것과 그 이후의 발견들은 중세의 우주 모델을 차츰 침식해 들어갔는데, 중세 우주관은 천국은 지구 위에, 지옥은 그 밑에 존재한다는 3중 구조로 이해했다.

계몽주의 시대에서 시작된 과학적 혁명의 기초를 이루었던 것은 아마도 물리적 세계에 대해 생각하고 말하는 우세한 방식에 있어서의 변화였다. 이러한 변화는 질적인 면에서 양적인 용어로의 변화로 특징지어진다. 아리스토텔레스의 주장을 따르면서 중세 과학은 '자연 법칙'에 초점

---

[16] Justo L. Gonzales, *A History of Christian Thought*, vol. 3 (Nashville: Abingdon Press, 1975), 297.

을 맞추었다. 모든 대상은 그들의 내적 목적을 성취하기 위하여 '자연적' 경향을 따른다고 믿어졌다. 하지만 이성 시대의 사상가들은 단순히 형이상학적 성찰로서의 '자연적 경향'과 '내적 목적'에 대한 중세의 담론을 염두에 두지 않고 사라지게 했다.

계몽주의 시대에 최종 원인-목적인(telos), 혹은 대상의 목적-에 대한 강조는 한 세기 이전의 갈릴레오에 의해 주도된 과학적·진취적 기상에 대한 수학적이고 양적인 관점에 길을 내주었다. 자연 현상에 대한 새로운 연구는 셀 수 있는 결과들을 산출해 내는 분석적 기술을 제공하는 데에 초점을 맞추었다. 연구의 새로운 수단은 측량의 정밀한 방법과 수학적 논리에 의존하게 되었다. 이러한 방법에로 전환하면서 계몽주의 탐구자들은 그들의 흥미에 대한 관점-그때부터 실제로 취급하기 시작함-을 측량 가능한 우주의 양상에 초점을 맞추어 행하였다.[17]

시간이 지날수록 계몽주의 사상가들은 모든 지식의 훈련에 있어서 이러한 새로운 방법을 적용하기 시작했다. 자연 과학뿐만 아니라 인문 과학-정치, 윤리, 우주철학, 그리고 철학과 신학-에서도 이러한 과학적 방법이 사용되었다. 이러한 방식으로 인간적 노력에 관한 모든 분야는 자연 과학을 기초로 하게 되었다.

과학에 있어 이러한 혁명의 최고점은 아이작 뉴턴(Isaac Newton, 1642-1727)의 업적을 통해서 나타나게 된다. 뉴턴에게 있어서 우주는 거대하고 질서 정연한 하나의 기계였다. 그것의 움직임은 관찰 가능한 법칙을 따르기 때문에 알 수 있는 것이었다. 뉴턴 자신의 목적은 우주가 어떻게 움직이는지를 설명하는 것이었다. 그는 모든 입자의 특성과 움직임은 적

---

17) Hampshire, *The Age of Reason*, pp. 12-13; and Isaiah Berlin, *The Age of Enlightenment* (New York: Mentor Books, 1956), 16-17.

어도 어떤 원리 안에서, 상대적으로 그렇게 많지 않은 본질적인 어떤 법칙에 의해 결정될 수 있다는 것을 보여주려고 했다.

> 자연과 자연의 법칙은 어두움에 감추어져 있었다:
> 하나님께서 말씀하시길
> 뉴턴아, 그곳에 있으라!
> 그러자 온 세상은 빛을 보게 되었다.
> -알렉산더 포프, " 아이작 뉴턴을 위한 비문" 중에서

우주를 설명하려고 했던 뉴턴의 목적은 단순히 학문적인 것이 아니었다. 그는 우주의 규칙을 정립함으로써 과학은 하나님의 위대하심에 대한 우리의 생각을 강화해 줄 수 있다고 믿었다. 그리스도인이었던 뉴턴은 "하늘은 하나님의 영광을 선포한다."고 주장하였다. 그러나 그는 그것이 어떻게 그리하는지를 발견하기를 원했다. 따라서 뉴턴의 과학적·진취적 기상은 신학적 목적(theological end)을 뒷받침한다.

데카르트와 뉴턴 모두는 신학적 의제를 강화하기 위하여 이성의 힘을 사용하려고 하였다. 그러나 그들이 일으킨 철학과 과학에 있어서 혁명은 세상과 우리가 거하는 처소를 바라보는 데 있어서 새로운 관점을 낳았는데, 그러한 처소는 기독교 신앙에 항상 호의적이지만은 않았던 곳이었다. 모던 세계는 데카르트의 자주적이고 이성적인 실체(autonomous, rational substance)에 의해서 널리 공유되게 되었던 뉴턴의 기계적인 우주의 세계로 성장하였다. 이러한 세계에서 신학은 자연 과학에게 그 자리를 내어주게 되었고 신학자에 의해 행해졌던 이전의 중심적인 역할은 자연 과학자의 특권이 되었다.

계몽주의 원칙들

철학과 과학에 있어서 혁명은 이성적으로 이해하기 어려운 사항들인 '미신적 요소'로 간주되는 것 위에 이성을 올려놓으려고 하였다. 결과적으로 중요한 사건이 '이성의 시대'에 적절하게 나타났다. 이성은 진리의 중재인으로서의 계시를 대신하였다. 이것은 계몽주의 사고방식의 중심에 통합체(a unified whole)를 생성하며 다른 몇몇의 원칙들과 무대를 공유하게 되었다. 이러한 원칙들 가운데 "자율, 자연, 조화, 그리고 진보" 등이 중요한 요소이다.[18] 하지만 이러한 요소들 중에 이성이 계몽주의의 첫 번째 원칙으로 남아 있었다.

'이성의 시대'는 인간의 이성 능력에 큰 강조점을 두었지만 계몽주의는 '이성'을 단순한 인간 능력 이상을 의미하는 것으로 이해하였다. 그 개념은 모든 실체 안에 놓여 있는 근본적인 질서와 구조는 인간 정신의 활동 안에서 입증된다고 생각했던 고대 그리스 로마의 스토익 학파의 주장을 상기시킨다. 계몽주의 이론가들은 세상의 구조와 인간 정신의 구조 사이의 상응(correspondence)은 정신이 외부 세계의 본질적인 구조를 식별할 수 있게 한다고 생각하였다.

그러므로 이성에 대한 계몽주의 원칙은 인간의 능력은 전 우주의 기초적인 질서를 인지할 수 있다고 주장한다. 그것은 우주에 대한 객관적 이성에 대한 신뢰였는데, 신뢰는 '이성의 시대' 지성인들에게 자연의 법칙은 지성에 의해 알 수 있고 세상은 인간 활동에 의해 변화하고 정복될 수 있다는 자신감을 주었다. 이것은 계몽주의 사상가들에게 있어 너

---

18) 신학의 역사에 대한 그의 유용한 연구에서 폴 틸리히는 이러한 원리들 중에 첫 번째 4가지 요소들을 사용하면서 계몽주의 사고방식을 특성화한다. Paul Tillich, *A History of Christian Thought* (New York: Simon & Schuster, 1968), 320-41쪽을 보라.

무나 중요했던 비판적 이성(critical reason)의 실행을 가능하게 했던 이성적 세계의 조화와 인간 정신의 활동에 대한 그들의 헌신을 보여주는 것이었다.

'이성의 시대'의 대표자에게 있어서 이성의 원칙과 밀접한 관련이 있는 것은 '자연'의 원칙이었다. 계몽주의 지성인들은 '어떤 일의 바로 그 본질'로부터 일어날 뿐만 아니라 그것에 근거하고 있는 것에 대해 강조하였다. 그들은 우주란 자연의 법칙에 의해 지배되는 규칙이 있는 영역이라고 주장하였다. '자연'과 '자연의 법칙'은 '이성의 시대' 동안 지적 탐구에 있어서 슬로건이 되었다.

계몽주의 사상가들은 그들의 우주론 가운데 중심 영역을 하나님께 두었다. 그들은 자연의 숭고한 창조자의 업적은 '만물의 본질 안에서' 발견되는 질서와 관련이 있다고 주장한다. 이러한 믿음을 가지고서 그들은 모든 이들이 읽을 수 있었던 '자연의 책'을 연구하면서 하나님의 법을 이해하고자 하였다. 이러한 '자연 법칙'(natural laws)의 보편적인 유용성은 자연을 항소하는 대법원으로, 다툼의 중재자로 전환하게 만들었다. 그리고 인간의 모든 삶을 이성에 의해 발견된 자연의 법칙에 부합시키고자 하는 것이 지적 탐구의 목적이 되었다.

이성과 자연의 원칙을 이렇게 높게 격상시킨 것은 계몽주의 사고방식의 세 번째 원칙인 '자율성'(autonomy)을 높이는 결과를 가져왔다. '이성의 시대' 동안에 자율적인 인간 이성은 중세와 종교개혁 시기의 특징이었던 진실의 중재자로서의 외적 권위에 대한 존경을 몰아내었다. 사람들은 점점 단지 고대 권위의 명령에 의지하는 것에 거부감을 느끼게 되었다. 많은 경우에 단순히 성경 말씀, 교회의 가르치는 직제, 혹은 기독교 교리 등에 어필하는 것은 믿음이나 행동에 있어서 순종하도록 만드는 데 더 이상 충분치 않게 되었다. 개개인들은 권위에 대한 모든 외적 요구를 고려하는 데 있어서 점점 대담해졌다.

그렇다고 해서 자율의 원칙이 무법 상태(lawlessness)가 되게 하는 데 어떤 면책권을 주는 것은 아니었다. 그와는 반대로 자율의 원칙은 모든 인간이 이성의 힘을 통하여 알 수 있는 보편적인 자연의 법칙을 통해 움직이는 세계 안의 실재(presence)를 전제로 한다. 자율성은 무법 상태를 향해 문을 열어준다기보다는 각자가 보편적인 자연의 법칙을 발견하고 그 것을 따를 것을 요구한다. 개인적으로 이성적으로 사고하고 행동하도록 하는 것은 자율을 강조하는 계몽주의의 핵심에 놓여 있다. 각 사람은 이성과 양심이라는 개인적인 능력을 이용하여 자연법칙의 발견을 향한 길을 따른다고 가정되었고, 그렇게 함으로써 질서 잡힌 생활이 이루어진다고 주장되었다.

'이성의 시대'의 네 번째 원칙은 '조화'(harmony)이다. 계몽주의 사상가들은 우주는 무엇보다 지배적인 질서를 가지고 있으며 본래적으로 합리적이고 질서정연한 것이라고 주장하였다. 일부 사상가들은 이러한 고유의 질서는 각 개인들이나 우주 안의 생물들은 이기적이고 독립적인 행동을 함에도 불구하고 모든 것은 가장 적합하게 나타난다고 생각하였다. 또 어떤 이들은 세상은 본래적으로 조화를 이룬다고 믿는 확신을 가지고 모든 진리는 하나의 조화로운 전체의 일부분이라고 추론하였다. 이러한 사상가들은 진리를 발견하는 수단으로서의 철학적 방법에 초점을 맞추었다. 그들은 하나의 진실한 방법을 겉으로는 모순되어 보이는 인간 지성의 훈련 영역에 적용하는 것은 그들의 비이성적인 요소로부터 깨끗케 하고 하나의 진실되고 통합된 지식의 몸체로 이끌어준다고 믿었다.

여기에서 다시 계몽주의 사상가들은 도덕률 폐기론자들의 자극을 피하고자 하였다. 그들은 조화를 단지 자연의 영역에 포함되는 특성이 아니라 인간의 행위를 지배하여야 하는 도덕상의 원칙의 한 유형으로 보았다.

그들은 인간은 모든 실재와 지배적으로 조화(overarching harmony of the whole of reality)를 이루는 방식으로 행동하여야만 한다고 믿었다.

> 보호 감독은 다른 이들의 지시가 없이는 무엇을 이해할 수 없는 인간의 무능을 말한다. 스스로 이것을 초래하는 것(Self-incurred)은 그 원인이 이성의 부족 때문이 아니라 다른 이들의 지시 없이는 그것을 사용하려는 용기나 해결 능력이 부족함에서 나타날 때 보호 감독이 필요하게 된다.…… "네 자신의 이성을 사용할 용기를 가져라."–이것이 계몽주의의 모토이다.
> –임마누엘 칸트[19]

계몽주의 인류학은 우주의 조화 속으로 인류를 솜씨 있게 통합시키려고 했다. 이러한 작업을 통해서 개인의 타고난 잠재 능력은 강조하고 전통적 기독교에서 강조하는 인간의 타락에 대해서는 강조점을 크게 두지 않으려고 하면서 그렇게 하였다. 계몽주의 윤리학자들은 모든 인류는 죄를 가지고 태어나 악으로 향한다는 기독교 신앙으로부터 거리를 두려고 했다. 대신에 그들은 인간 정신은 아무것도 기록되어 있지 않은 석판과 같다고 주장하였던 존 로크(1632-1704)의 입장을 받아들였다. 처음부터 유연한 정신은 신에 의해 창조된 본성에 의해 조성된다는 주장과 함께 시작하면서 그들은 이성의 도입은 인간 삶을 보편적 자연 질서와 함께 조화를 이룰 수 있도록 이끌어간다고 결론을 내렸다.[20]

---

19) Immanuel Kant, "What is Enlightenment?" in *Foundations of the Metaphysics of Morals* (New York: Liberal Arts Press, 1959), 85.
20) Becker, *The Heavenly City of the Eighteenth-Century Philosophers*, 65.

결국 계몽주의는 진보에 대해 깊은 신뢰감을 가졌던 시기였다. 데카르트와 다른 이들의 주장 위에 세워가면서 '이성의 시대' 사상가들은 우주는 질서정연하고 인식할 수 있기 때문에 적절한 방법을 사용하는 것은 그들을 참된 지식으로 이끌어줄 수 있다고 확신하였다. 이러한 믿음을 가지고서 철학자, 신학자, 과학자들은 동시에 진실을 추산할 수 있는 시스템을 구축하려고 했다.

하지만 지식에의 도달은 단지 그 자체로 끝이 아니었다. 계몽주의 사고방식에 따르면 자연의 법칙에 대한 지식은 실질적인 중요성을 가진다. 이러한 법칙의 발견과 적용은 인간을 행복하고 이성적이며 자유롭게 만들어준다는 약속을 제공한다. 그 과학적인 방법은 자연의 법칙을 개인적이고 사회적인 삶의 문제에 적용하는 방법을 제공함으로써 세상을 변화시킬 수 있다. 계몽주의 사상가들은 그러한 변화는 단지 주변에 해당하는 일부에 지나지 않는다는 확신을 가지고 있었다.

진보에 대한 확신은 역사를 계몽주의 방식으로 읽는 것에서 비롯되었다. '이성의 시대' 역사가들은 중세를 미신과 야만의 시대로 묘사했다. 하지만 이제 인류는 그런 시대로부터 벗어나 있다고 그들은 확신했다. 그들의 시대에서 그들이 말하는 그러한 진보는 계몽주의 사상가들을 미래에 대한 낙관주의로 이끈다. 역사의 흥망성쇠에도 불구하고 그들은 보다 큰 관점에서 보면 세상의 역사적 진보는 위로, 앞으로 향하여 나아간다고 확신했다. 그들은 희망을 가지고 미래를 보았고 그들은 새롭고 영광스러운 '약속의 땅'의 입구에 서 있다고 확신하였다.[21] 만약 인간이 자연 법칙의 빛 가운데서 살아갈 수 있는 방법을 배운다면 유토피아는 서서히 나타나기 시작할 것이라고 계몽주의 사상가들은 자신 있게 주장하였다. '이성

---

21) 위의 책, 118.

의 시대'는 인류 역사상 가장 희망이 넘치는 시대였다.[22]

> 18세기는 아마도 서구 유럽 역사상 인간의 능력으로 무엇이든 할 수 있다고 생각하면서 어떤 목표를 반드시 쟁취할 수 있다고 생각했던 마지막 시기일 것이다.
>
> —아이자이아 베르린[23]

계몽주의 시대의 종교

계몽주의 시대는 전통적 관점에 도전하고 서구 사회 전역에서 종교적 신앙을 포함하여 제반 사상들을 재형성하였던 시기였다. '이성의 시대'는 서구 문화에서 교회의 지배에 종말을 고하였던 시대였다. 기독교 신앙과 신학에 예상되는 결과는 실로 거대한 것이었다.

그 시대의 새로운 과학적 사고방식은 변화된 종교의 본질에 대한 변화된 이해를 갖게 되었다. 점차 과학자들과 신학자들은 종교를 두 유형 - 자연 종교(natural religion)와 계시 종교(revealed religion) - 로 구분짓기 시작하였다.[24] 자연 종교는 일련의 기초적 진리를 포함하는데, 이것은 신의 존재와 보편적으로 인식되는 도덕법을 포함하여 믿는 것이다. 모든 인간 존재는 이성을 사용하여 그러한 진리에 도달할 수 있다고 추정하는 것이다. 반면 계시 종교는 성경으로부터 파생되어 나왔으며, 오랜 시간 형성된

---

22) Isaiah Berlin, *The Age of Enlightenment* (New York: Mentor Books, 1956), 29.
23) 위의 책, 14.
24) 역주/ 여기에서 저자는 계몽주의의 영향을 받아 인간의 이성으로 설명될 수 있는 영역만 믿으려고 하는 경향을 '자연 종교'로, 성경의 내용을 바탕으로 한 기존의 기독교 교리를 믿으려고 하는 경향을 '계시 종교'라는 용어로 구분하여 설명하고 있다.

교회의 가르침을 통해 얻게 된 특별한 기독교의 일련의 교리를 포함한다.

'이성의 시대'가 열렸을 때 계시 종교는 점차 공격을 받았고, 자연 종교는 그것이 마치 진정한 종교인 것처럼 그 지위를 확보하게 되었다. 결국에는 계몽주의 지성인들 사이에 자연 종교 혹은 '이성의 종교'가 중세와 개혁의 시기에 특징을 이어왔던 교의나 교리를 대신하였다.

영국의 경험주의자 존 로크는 자연 종교가 계시 종교보다 우위를 점하도록 하는 데 길을 열어놓았다. 그는 한때 교리적 짐을 벗기면서 기독교는 종교에 있어 가장 논리적인 형태라는 혁명적인 논제를 진술하기도 했다. 로크의 연구를 기초로 하여 계몽주의 사상가들은 정통주의에 대한 반향으로 신학적 대안을 수립하는데, 그것은 흔히 '이신론'(deism)이라고 알려졌다. 이신론 신학자들은 종교를 그것의 가장 기본적인 요소 정도로 제안하려고 하였는데, 보편적으로 받아들일 수 있는 내용만을 믿으려고 했고, 그러므로 그것은 극히 이성적인 내용만 받아들이려고 했다.[25]

자연 종교가 극히 합리적이기 때문에 기독교가 포함하고 있는 초자연적인 것에 대한 믿음에 의해 여전히 강요되어 왔던 종교의 어떤 표현보다도 그것은 진실한 것이라고 이신론자들은 더하였다.[26] 그들은 교회가 전통적으로 종교적 진리의 기준으로 사용하기에는 적당치 않은 것으로 여겨졌던 계시의 다양한 교리들을 깨끗이 잊어버렸다. 그들은 종교의 이성적 기준을 사용하여 그러한 모든 교리를 평가하였다. 결과는 대부분의 이신론자들이 가지고 있었던 신의 존재(최초의 존재, 우주의 창시자), 영혼의 영원성, 그리고 미덕을 장려하고 죄에 대한 일종의 사후 심판 등과 같은 교

---

25) 예를 들면, 매튜 틴데일(1655-1733)은 그의 논문, *Christianity as Old as Creation*에서 기독교의 복음은 보편적 자연법이 모든 종교의 기초로 놓여 있다는 것을 보여주는 것을 의미한다는 대표적 논증을 제시한다.
26) 예를 들어 John Toland(1670-1722), *Christianity Not Mysterious*를 참고하라.

리를 적나라하게 축소하였다.[27]

교리의 축소는 종교의 본질에 대한 이신론자들의 이해와 일치하였다. 그들은 종교를 믿음의 체계가 아니라 도덕적인 행동을 세우는 체계로 보았다. 그들은 종교의 가장 중요한 역할은 도덕을 위한 신성한 구속력을 제공하는 것이라고 주장하였다.[28]

이신론자들이 그들의 초점을 교리에서부터 다른 곳으로 옮기고 있을 때, 계몽주의 이론가들은 종교적 진리에 이르기 위해 인간의 능력을 높이 평가하는 일에 두었다. 그들의 노력으로 새롭게 대두되고 있던 새 조망은 계시 종교의 필요성을 감소-심지어는 제거-시키기에 이른다. 그들은 자연이라는 위대한 책에 중요한 종교적 진리를 기록하여 그것을 모두가 읽을 수 있도록 열어 둔 인정 많은 창조자로 생각하는 정도로 만족하게 되었다.

일부 계몽주의 시대 자연 종교의 지지자들은 이성 종교의 붕괴가 바로 전통적 기독교 때문이라고 주장하면서 전통적 기독교에 대해 거센 비판을 가하였다.[29] 몇몇은 당대 기독교 변증이었던 성취된 예언과[30] 기적에 대한[31] 호소와 같은 중심적인 기둥을 공격하였다. 또 다른 일부는 교회

---

27) *Gonzales, A History of Christian Thought*, 3:307. 자연 종교의 주요한 믿음의 초기 목록은 헐버트 체버리 경(Lord Herbert of Cherbury)이 그의 책, *De Relgione Gentilium* (1663)에서 제시하였다. 이것에 대한 보다 상세한 내용을 보기 위해서는 Arthur Cushman McGiffert, *Protestant Thought before Kant* (London: Duckworth, 1911), 212쪽과 Placher, *A History of Christian Theology*, 242쪽을 참고하라.
28) 이러한 견해는 17세기 영국 성공회 대주교였던 잔 틸롯슨(John Tillotson)에 의해 주장되었다. 그러나 이것은 틴데일에 의해서 더욱 발전되었다. McGiffert, *Protestant Thought before Kant*, 195, 214쪽을 참고하라.
29) 예를 들어 Tindal, *Christianity as Old as the Creation*; and Thomas Chubb, *The True Gospel of Jesus Christ Asserted* (1738) 등을 참고하라.
30) 예를 들어 Anthony Collins, *A Discourse on the Grounds and Reasons of the Christian Religion* (1724)를 보라.
31) 예를 들어 토마스 울스톤(Thomas Woolston, 1727)의 저작과 특히 데이빗 흄(David Hume)의 *Essay on Miracles* (1748) 등을 참고하라.

제도의 권위를 무지와 미신의 하수인으로 폄하하면서 특징짓기도 했다.

'이성의 시대'에 또 다른 이들은 이 두 가지 믿음의 체계를 단순하게 동등화시키기도 했다. 그들은 가장 순수한 형태의 기독교는 이성에 의해 알려진 자연 종교의 진리를 재진술한 것이라고 주장하였다.

물론 전통적인 기독교 지지자들은 그들의 입장을 견고하게 하기 위한 노력을 견지하였다. 어떤 사람들은 계시 종교가 이성의 종교를 보충하는 데 필요한 것이라고 논함으로써 계몽주의 사상을 수용하기도 하였다.[32] 다른 이들은 기독교가 미래에 완전하고 보편적인 종교로 등극하기 위해 계속되는 과정에 주어지는 하나의 역사적 발판이라고 주장한다.

그러나 계몽주의 사상가들이 기독교를 어떻게 보느냐와 상관없이 그들 모두는 이성 종교에 표준적인 지위(canonical status)를 부여하였고, '자연'과 '자연의 신'(nature's God)에 대해 강조하였다. 자연의 신(God of nature)에게 초점을 맞추면서 계몽주의 사고방식은 신성을 자연과 인간 이성과 긴밀하게 결합시켰다. 이러한 관계는 너무나 밀접하여 초자연적인 것이 자연적인 것에 잠겨들게 되었다. 이러한 움직임은 모던 시대 이후에 현대인들이 하나님을 버리고 떠나는 길을 닦았다.

모더니티와 칸트 학파의 혁명

1700년대가 근접하게 나아간 것처럼 계몽주의는 기존의 흐름에서

---

32) 이러한 경향을 취하면서 변증적 입장을 취한 학자로는 잔 틸롯슨(John Tillotson), 잔 로크(John Locke), 새뮤얼 클락(Samuel Clarke) 등을 들 수 있다. 보다 상세한 내용을 위해서는 McGiffert, *Protestant Thought before Kant*, 195-210쪽을 보라.

벗어나 달리는 것으로 나타났는데, 특히 영국에서 그러한 현상이 강하게 나타났다. 한때 나뉘었던 기독교를 위한 대체물로서 환영받았던 이성의 종교는 회의론과 종교적 상대론을 지지하는 사람들을 잃고 있었다.[33] 이전의 지지자들은 단지 이성을 통해서 신, 도덕, 삶의 의미에 대한 기본적인 질문에 해답을 제시할 수 없다고 생각했다.

이러한 경향은 철학의 부분에서 또한 명백하게 나타났다. 예를 들어 데이빗 흄(David Hume, 1711-1776)은 두드러지게 회의론을 받아들였던 사람이며, 다른 철학자들도 과학적 수학 모델에 초점을 맞춘 계몽주의가 요구하였던 경험적 방법은 진실이나 특정한 지식으로 이끌어줄 수 없다는 결론에 이르게 되었다. 결국 깨달음을 가진 개인의 정신은 현대 회의론적 이성주의 이상의 것을 생성하지 못하였다.

계몽주의 자체가 종말에 이르게 되었음에도 불구하고 서구 사회는 그 흔적을 계속해서 간직하고 있었다. 그후의 어떠한 지성적인 경향도 서구 역사상 그 시대의 발전과 관련성 없이 떨어진 상태로는 서 있을 수 없었다. 유럽의 지적 해안을 쓸어 버린 경이적인 그 변화를 헤치고 앞서 나가는 사고방식으로 나아가려고 하지 않았다. 그러나 과연 그것을 앞서 나가는 길이 있겠는가? 아니면 계몽주의 프로젝트 자체가 회의론의 함정에 내던져졌는가?

흄과 다른 이들이 '이성의 시대'에 묻혀 버릴 때까지 서구적 사고의 유산이 독일로 옮겨졌다. 흄의 저서들은 모더니티의 가장 위대한 철학자가 된 임마누엘 칸트(1724-1804)의 창조적인 재능을 일깨웠다.

---

33) 데이빗 흄이 깨어난 회의론의 본보기였다. 이러한 발전에 대한 논의를 살펴보기 위해서 McGiffert, *Protestant Thought before Kant*, 230-51쪽을 보라. 고트홀드 레싱(Gotthold Lessing)은 대표적 상대주의를 표방하는 사람이었다. 그가 주장한 내용의 요약을 보기 위해서는 Placher, *A History of Christian Theology*, 249-50쪽을 보라.

칸트의 삶은 표면상으로는 별다른 특이점이 없는 삶이었다. 그는 동(東) 프로이센의 항구도시 쾨니히스베르크(Königsberg)에서 태어나 그 도시를 떠나지 않고 같은 도시에서 공부하고, 사색하고, 죽음을 맞이하였다. 그는 결혼을 하지 않았고, 별로 여행도 하지 않았다. 그의 일정은 항상 일정하여서 같은 마을에 사는 여성이 칸트의 매일 오후 산책이 너무 정확하여 거기에 따라 그들의 시계를 맞추었다고 말할 정도였다.

57세가 되기 전에 칸트는 그의 주요 저서를 완성했다. 책이 출판되기도 전에 그의 책, 『순수 이성 비판』은 철학 세계에 커다란 동요를 불러일으켰다. 이것은 아직도 느껴지는 하나의 커다란 지적인 파도를 일으켰다.

연대기적으로, 그리고 지적으로 칸트는 '이성의 시대'의 끝자락에 서 있었다. '이성의 시대' 이상(ideal)에 대한 그의 날카로운 재공식화는 계몽주의 프로젝트에 새로운 생명력을 불어넣었고 모던 시기를 나타내는 형태(shape)를 가져다주었다.

칸트의 철학

칸트는 그가 철학에서 '코페르니쿠스 혁명'이라고 보았던 것을 행동으로 옮겨놓기 시작했다. 위대한 폴란드의 천문학자 니콜라스 코페르니쿠스(Nicolas Copernicus, 1473-1543)는 당시의 지혜에 대해 도전하였다. 지구가 태양계의 중심이라는 우세한 가정에 반하여 그는 행성들이 태양의 주위를 회전한다고 주장하였다. 비슷한 방법으로 칸트는 정신을 인간의 인식 체계의 중심으로 올려놓았다(인식론). 그는 정신의 능동적인 참여가 있을 때에만 우리가 우리 주위의 세계를 경험할 수 있다고 이론을 세웠다.

1) 상황 : 흄의 회의론

칸트 혁명의 배경은 영국에서의 이성 시대의 특징을 이루었던 철학적 움직임, 경험주의가 남긴 인식론이 안고 있던 중대한 문제가 이루고 있다. 인식 체계에 대한 경험론자들의 이해에 중심을 이루고 있었던 것은 '수동적 정신'(the passive mind)이라 부르는 것이었다.

존 로크는 그의 책, *Essay concerning Human Understanding*(인간 이해에 관한 고찰)에서 데카르트 철학의 핵심적 명제, 모든 인간은 태어날 때부터 본유 관념을 가지고 태어난다고 한 주장을 부정하였다. 로크는 반대로 정신은 빈 석판(tabula rasa)과 같은 상태로 시작하고 이것은 인식 체계에서 전적으로 수동적인 것이라고 주장하였다. 지각을 통하여 정신은 단지 외부 세계로부터 '느낌'(impression)을 수용하고 이것이 생각을 조직화하는 데 사용된다고 말하였다.

겉으로 보기에 경험론자들의 이론은 분명히 옳은 것처럼 보인다. 이것은 일상에서의 날마다의 경험을 반영하는 것처럼 보인다. 하지만 이러한 인식에 대한 이론은 결국 데이빗 흄의 회의주의로 이끌어가는데, 그는 인간 인식에 대한 설명으로서 이것이 적절하지 않음을 보여주었다. 경험주의 방법은 우리가 당연한 일로 생각했던 실재의 어떤 형태에 대한 지식을 줄 수 없다고 그는 주장한다. 우리가 알고 있는 모든 것은 우리의 인식이라고 흄은 단언하였다. 하지만 이것은 우리의 가장 일반적인 많은 개념을 위한 충분한 기초를 제공하지 못한다.

흄에 따르면 지지할 수 없는 하나의 개념은 '인과 관계'(causality)이다. 우리는 계속해서 이어지는 사건의 동시 발생의 인식(perceptions of the coincidence of the sequence of events)을 얻는다. 이러한 인식으로부터 우리는 인과 관계를 끌어낸다. 하지만 우리는 결국 인과 관계 그 자체를 경험하는 것은 아니다.

예를 들어 당구 게임을 하는 동안 우리는 큐 볼(cue ball)이 채색된 공(colored ball)을 맞추어서 포켓에 들어가도록 하는 것을 본다. 이러한 인식으로부터 우리는 큐 볼이 채색된 공들을 굴러가도록 한다고 생각한다. 하지만 우리는 인과 관계 그 자체에 대한 직접적 인식을 가지고 있는 것은 아니다.

흄은 경험주의적 지지가 부족한 두 번째 개념으로 '실체'(substance)를 들었다. 그는 우리가 크기나 색깔 등에 대해 일련의 느낌을 쉽게 경험하지만 우리가 실제적인 실체를 경험하는 것은 아니라고 주장한다. 우리의 상상력은 이러한 느낌을 대상(objects)에 귀착시키지만 세상에 존재하는 것으로서의 실체에 대한 실제 지식(actual knowledge)을 갖는 것은 아니라고 말하였다. 외적 대상에 대한 동일 명제(identity)는(인과 관계의 그것도 마찬가지이지만) '그곳 밖'에서는 발견할 수 없다. 이것은 단지 마음의 습관(habit of the mind)의 결과일 뿐이다.

흄의 인식론적 회의론은 일반적 경험주의에서뿐만 아니라 계몽주의 종교에서도 중요한 영향력을 갖는다. 이것은 널리 퍼져 있던 이신론 종교에 이의를 제기하였는데 이신론 종교는 경험주의 체계 위에 세워졌다. 흄은 자연 종교의 정당성에 대한 논의들이 그들의 지지자들이 믿어 왔던 것처럼 그렇게 확실한 것은 아니라는 사실을 보여주었다.

예를 들어 흄은 우주론적 논쟁의 기초를 약화시켰는데 이는 세상의 실재는 그것의 첫째 근거로서의 창조자의 실재를 요구한다고 진술한다. 만약 우리가 인과 관계의 실제적인 경험을 가지고 있지 않다면 그러한 경험을 단지 가정할 뿐인 우주론적 논쟁이 어떻게 타당한 것이 될 수 있겠는가? 이와 마찬가지로 흄은 영혼 불멸설은 실재 개념이 소멸할 때까지 지속될 수 없다고 주장하였다. 그는 현재의 불의와 악은 창조자의 선에 기초한 응보적 정의(retributive justice)의 미래 영역을 위한 케이스를 약화시킨다고 주장하였다.[34]

2) 칸트의 응답 : 능동적 이성

칸트는 흄의 급진적인 회의주의에 대해 도전하는데, 이것은 흄의 '독단주의의 잠'에서 깨우기에 충분하였다. 문제를 면밀히 조사하는 칸트의 방법은 인간의 인식론적 과정에 대한 흄의 신중한 판단에 동의하게 만들었다. 하지만 영국의 흄의 계승자들과는 다르게 칸트는 이러한 한계가 하나님, 영혼, 자유와 같은 모든 형이상학적인 개념들에 대해 회의적인 거부를 하지는 않는다고 믿었다.

『순수 이성 비판』(1781)에서 칸트는 형이상학에 관한 연구의 발판을 견고히 하면서 시작하였다. 결국 그는 대담한 가설을 제시하기에 이르는데, 지성(mind)은 인식 체계에서 '능동적'(active)이라고 주장한다. 우리는 외부 세상에 대한 지식을 단지 경험으로부터만 얻어내는 것이 아니라고 그는 주장하였다. 지각(sense)은 단지 '생생한 데이터'(raw data)를 제공해 줄 뿐이고 그후 지성이 그것을 조직화한다. 그는 이러한 지각(즉, '지식')을 조직화하는 과정은 지성 안에 존재하는 어떠한 형식의 개념에 의하여 가능해진다고 주장한다. 이러한 개념은 격자나 필터로서 작용하게 되는데, 그것은 앎을 가능하게 하는 요소를 제공한다.[35]

칸트가 탐구한 다양한 형식적 개념 중에 두 가지가 가장 기초적인 것이 될 수 있다고 주장하는데 공간과 시간이 그것이다. 공간과 시간은 사물 안에 부여되어 있는 소유물이 아니라 오히려 마주치게 된 세상에 지성

---

34) 흄은 이러한 논쟁을 그의 다음의 책에서 제시한다. Hume, *Providence and a Future State* (1748), *Dialogues Concerning Natural Religion* (1779), and *Natural History of Religion* (1757).

35) 흄은 그러한 개념이 인간의 앎을 위해서 필요하다는 사실에 동의하는데, 그러한 앎은 경험으로부터 유추된 것임을 선언하는 앎이다. 대조적으로 칸트는 이러한 개념이 '순수 이해로부터 나오는 것'이라고 주장한다. Kant, *Prolegomena to Any Future Metaphysics*, trans. and ed. Paul Carus (Peru, Ill.: Open Court, 1967), 7.

이 부과하는 배열의 한 부분이라고 주장하였다. 우리가 인식하는 대상은 실제로 '공간과 시간'에 존재하지 않을지도 모른다. 그러나 우리는 이 두 개념을 따로 두고는 외부의 경험의 세상을 알 수 있는 방법이 없다고 칸트는 주장한다.

지성은 인식의 과정에서 능동적이라는 그의 가설은 칸트로 하여금 인식아(knower, 認識我)의 경험 안에 존재하고 있는 대상('현상')과 경험의 범위 너머에 있는 대상('실체') 사이의 차이를 단정할 수 있도록 만들었다. 보통 칸트는 앎의 주체와 어떠한 관계도 갖지 않은 상태로 존재하는 대상-그가 '사물 그 자체'라고 불렀던 것-을 언급할 때 '실체'(noumenon)라는 용어를 사용하였다. 하지만 때때로 그는 우리가 필요로 하는 탐구 장치가 결여되어 있는 대상을 언급할 때에도 '실체'라는 용어를 사용하였다.

어느 쪽으로든지 칸트는 우리가 '실체'에 대한 지각적 경험-직접적이지 않은 지식도-을 가지고 있지 않다고 거리낌 없이 선언하였다. 우리가 참으로 '알고' 있는 모든 것은 현상일 뿐이며, 그것은 우리의 경험 가운데 존재하는 대상이다. 우리는 최소한 지각 경험이나 과학적 방법을 통하지 않고는 사물 그 자체에 대한 어떠한 지식도 얻을 수 없다.

3) 실천 이성

흄의 인식론처럼 앎에 대한 칸트의 이론은 지각적 경험으로부터 선험적 실재(하나님이나 영원성을 지닌 영혼, 인간의 자유 등)에 이르기까지를 논의하기 위해 사색가의 능력에 대한 엄밀한 한계를 두고 있다. 공간과 시간 너머에 자리하고 있는 실재는 과학적 기획을 통하여 다 밝혀질 수 없는데 이는 과학은 지각적 경험에 기초하고 있기 때문이다.

하지만 흄의 종교적 회의주의를 지지하는 것이 칸트의 목적은 아니었다. 그는 보다 안전한 방향으로부터 형이상학적 원리(metaphysical postulates)에 이르기를 원했다. 결국에 그는 그러한 원리는 인간 이성의 다른 영역에 속한다고 주장하는데, 그 이성은 '실천적' 측면에 위치한다. 그는 이러한 측면을 인간 존재의 도덕적 차원과 관련된 곳에 두었다.

칸트에 따르면 인간은 지각적인 경험을 할 수 있는 창조물일 뿐만 아니라 도덕적인 존재이기도 하다. 세상에 대한 우리의 관계는 단지 과학적 지식에만 한정되지 않는다. 오히려 삶은 인간이 활동하는 하나의 무대이고 이것은 도덕적 가치와 관련된 영역이다. 칸트는 인간 존재의 도덕적 본질을 수립하는 데 도덕적 조건부에 대한 감각, 혹은 '당위성'에 대한 지각 등과 같은 인간의 보편적인 도덕적 경험으로 보았던 것에 호소함으로써 그리한다. 인간은 오직 도덕성이라는 용어만으로 표현될 수 있는 것을 선택하기 위하여 자신들에게 내재되어 있는 '압력'(pressure)을 인지하고 있다고 그는 주장하였다.

> 그리하여 나는 신앙을 위한 자리를 만들기 위하여 '지식'을 거부할 필요가 있다는 것을 깨달았다.   -임마누엘 칸트[36]

이론적인 면과 같이 인간 존재의 실천적이고 도덕적인 차원도 본질적으로는 이성적(rational)이라고 칸트는 말한다. 그는 다른 합리적인 원칙들이 이론상으로 혹은 지각에 바탕을 둔 지식의 토대에 놓여 있는 것처럼 특정한 합리적 원칙들이 모든 타당한 도덕적 판단을 지배한다고 확신하였다. 결과적으로 그는 인간 삶의 도덕적 차원의 목표는 가능한 한 합리

---

36) Immanuel Kant, *Critique of Pure Reason*, trans. Norman Kemp Smith (New York: St. Martin's Press, 1929), 29.

적이게 되는 것이라는 입장을 취한다.

칸트는 삶에 있어 이러한 합리적인 도덕의 방식을 '의무'(duty)라고 말한다. 그는 의무의 길은 도덕의 최고 원칙-그의 유명한 '정언 명령'(categorical imperative)[37]에서 최고조에 달하게 된다고 주장하였다. 칸트에 따르면 도덕적인 삶은 우리가 모든 사람들이 따르길 바라는 원칙에 따른 행동들로 이루어진다. 예를 들어 만약 우리가 거짓말을 하려 한다면 우리는 이렇게만 물어보면 된다. "나는 다른 이들이 부정직하기를 원하는가?"

정언 명령은 이성적 존재로서 우리의 행동을 자극하는 기본적인 고찰을 재고하고 그것들이 보편적인지 살펴보라고 요구한다. 칸트의 도덕적인 방법은 과학적인 행동보다는 잠재된 행동을 동기화하는 것을 고찰하는 데 그 초점을 맞추고 있다.[38]

> 그대의 행동의 격률(maxim, 주관적 실천 원칙)이 그대의 뜻에 의해 보편적 자연법(Universal Law of Nature)이 되는 것처럼 행동하라.
>
> —임마누엘 칸트[39]

---

37) 역주/ 칸트에게 있어서 '정언 명령'은 양심의 절대적 도덕률을 나타내는 것으로 절대적이고 보편적인 도덕 법칙을 뜻한다. 그는 이 명령을 "이성적 존재자인 인간에게 단적으로 부과하는 무조건적인 의무"로 설명한다. 칸트에게 있어서 도덕 판단은 기본적으로 명령의 성격을 띤다. 그는 이것과 함께 가언(假言) 명령(조건부적 명령)에 대해서도 언급하는데, 이것으로는 도덕적 의무를 창출시키지 못한다. 도덕적 의무는 모든 인간이 반드시 지켜야 할 절대적인 의무이기 때문에 무조건적으로 수행해야 한다고 주장한다.
38) 정언 명령의 잘 알려진 또 다른 형식은 인간 존재를 수단보다는 목적으로 간주할 것을 강조한다. 인간성을 취급할 만큼 행동한 것은 그것이 자신 안에서 행해졌든, 아니면 다른 사람에게서 행해졌든지 간에 수단으로가 아니라 그것이 목적으로 취급된 바에는 더욱 그러하다. Immanuel Kant, *Fundamental Principles of the Metaphysic of Morals*, trans. Thomas K. Abbott (Indianapolis: Bobbs-Merrill, 1949), 46.
39) 위의 책, 38.

칸트와 선험적 허식

칸트는 그의 코페르니쿠스적인 혁명이 계몽주의의 파편을 통해 전진하는 길을 제공하였다고 믿었다. 흄이 가지고 있던 문제에 대한 그의 해결책은 모던 시대 인간의 계몽주의적 구조의 완성을 보여주는 것이었다. 칸트의 인식 체계와 의무의 생활을 살아가는 데 있어서 결정적인 동인인 능동적 지성(active mind)의 고양은 그후 철학자들로 하여금 그들의 관심을 개인의 자아에게 맞추도록 만들었다. 자율적 자아의 중심적 역할은 계몽주의 프로젝트에 모던인들이 참여하도록 기초를 놓았고 새롭게 대두되는 모던 시대의 주요 특성을 규정하게 되었다.

이렇게 칸트는 문화적 현상으로서 모더니즘의 최종적인 출현을 위한 기초를 제공하였다. 그의 저작들은 모더니티가 개시되는 데 온전히 사용되었고, 그 시기는 강렬한 자기 숙고에 초점을 맞춤으로 특징지어졌다. 칸트는 자연을 깊이 숙고하며 탐사했고, 이성 그 자체의 한계에 대해 깊이 연구하였던 첫 번째 철학자였다. 이어지는 세기에는 다른 형태의 대표적 문화적 활동은 철저히 내면적 비평에 대한 그들의 관심 영역에 넘겨주게 되었다.[40]

그러나 칸트의 코페르니쿠스적 혁명은 대가를 요구하였다. 철학적 의제 중심에 대한 자율적 자아(autonomous self)의 고양은 모더니티의 '선험적 허식'(transcendental pretense)을 탄생시켰다.[41] 칸트의 철학을 시작으로 서구의 사고방식은 높아졌고 생각하는 자아를 보편화시켰다. 이러한 새로운 관점은 모던 서구 사회가 계몽주의 프로젝트를 완성할 수 있는 길을 열어주었다.

---

40) Clement Greenberg, "Modernist Painting," in *Postmodern Perspectives: Issues in Contemporary Art*, ed. Howard Risatti (Englewood Cliffs, NJ:Prentice Hall, 1990), 12-13쪽을 참고하라.
41) Solomon, *Continental Philosophy since 1750*, 40.

자아의 중요성에 대해 고양된 지각은 칸트가 소개한 난해한 전환으로부터 데카르트의 제안으로 이동한다. 칸트 학파의 체계에서 데카르트 학파의 자아는 철학적 관심(attention)의 초점이 되었을 뿐만 아니라 철학 전체의 주제가 되었다. 자아를 세상에 존재하는 여러 실재 중 하나로 보는 대신에 칸트는 생각하는 자아는 지각 안에서 세상을, 그만의 지식 세계를 '창조' 한다고 생각하였다. 그때 이래로 철학적 숙고는 세상을 창조하는 자아에 초점을 맞추어져 왔다.

자아의 보편화가 그 뒤를 즉각적으로 따라왔다. 칸트 철학의 기초를 이루는 것은 모든 사람에게 모든 본질적인 문제들은 언제나 동일하게 필요하다는 가정이었다. 칸트의 자아가 그 자체를 반영할 때 이것은 그 자신뿐 아니라 모든 자아를 알아가게 되는데, 모든 가능한 자아의 구조를 알게 된다.

칸트의 철학에서 명백한 선험적 허식은 '보수적 철학자들의 짐'(the white philosopher's burden)이 되었다. 모든 자아는 서로 닮았다는 칸트의 가정은 일부 철학자들이 보편적인 인간의 본성을 세울 수 있어야 한다는 결론에 이르도록 이끌었다. 심지어 자신의 고향을 떠나본 적도 없는 사상가(칸트와 같이)들은 인간 본성과 도덕에 대한 믿을 만한 의견을 만들어내며 전 세계 사회의 행위와 관습을 '문명' 과 '야만' 으로 평가해야 했다.[42] 그리고 그들은 이러한 것에 기초하여 권위를 가지고 심지어는 그들이 야만인이라고 본 이들에게 진정한 문명으로의 진보를 위하여 가르칠 의무를 가져야 했다.

선험적 허식은 한 사람의 마음의 작용과 우리들의 문화적 관습은 일반적으로 합리적이고 그렇기에 보편적으로 인간적이라는 사실을 반영한

---

42) 위의 책, 6쪽을 참고하라.

다는 것을 전제한다. 비평가들은 이러한 가정은 전혀 보증되지 않은 것이라고 주장하며, 그것이 가정하는 것이 옳다는 사실을 증명하기 위해 오만하고 공격적이 될 수 있다고 주장한다. 그들은 모던 시대의 역사는 선험적 허식이 서양인들로 하여금 그들은 오직 합법한 도덕, 정치의 합법적인 형태, 그리고 진실된 믿음의 체계를 소유하고 있다고 자만할 수 있는 예로 가득하다고 주장하였다.[43]

칸트 철학은 모더니티의 또 다른 차원, 즉 급진적 개인주의로 전환되는 데 지적인 토대를 제공하였다. 어떤 점에서 그의 인식론상의 가정은 계몽주의의 이성을 높이는 한층 난해하고 복잡한 버전이다. 그의 선배들처럼 칸트는 관찰, 경험, 그리고 신중한 숙고를 통하여 인간은 세상의 진실을 발견할 수 있다고 확신하였다. 진리를 발견해야 하는 부담은 궁극적으로는 사적인 문제이고 인식 체계는 근본적으로 자율적 사고를 하는 자아와 능동적 지성의 창조적인 힘에 의해 알려지길 기다리고 있는 세상 사이의 관계라고 믿었다.

또한 같은 방식으로 칸트는 도덕을 자율적이고 적극적인 행위자와 보편적인 법칙 사이의 관계로 보았고 자아는 실천적 이성(practical reason)을 통하여 알 수 있다고 보았다. 그는 사회적 관습, 전통적 가치, 도덕 교육을 제공하는 사람들의 공동체를 통해서 행해지는 역할에 대해서 그렇게 중요성을 부여하지 않았다. 칸트의 세계는 개인적이고 보편적인 부분들로 구성되어 있다. 그의 철학은 보편적인 것을 알고 또한 그것을 활용하는 자아(self)에 대해 진술하고 있다.[44]

데카르트, 뉴턴, 칸트와 같은 사상가들은 1600년대 후반에 태어나

---

43) 위의 책, 7.
44) 위의 책, 40쪽을 보라.

1700년대와 1800년대에 번영하였고 이제는 그 마지막 단계를 보내고 있는 듯 보이는 모던 시대를 위한 지적 토대를 제공하였다. 모던 시대, 계몽주의 후기의 사고방식은 인간의 지식이 분명하고 객관적이고, 선한 것이라고 규정한다. 이는 합리적이고 냉철한 자아가 그러한 지식을 획득할 수 있으며 사색하는 자아는 과학적인 방법으로 무장한 중립적인 관찰자로서 기계적인 세상을 주의 깊게 관찰해야 한다고 생각하였다. 모던 인식아(認識我, knower)는 지식은 불가피하게 진보하게 되어 있으며, 교육과 짝을 이루는 과학은 자연에 대해서 인간이 가지는 취약성, 사회적 모든 속박의 형태로부터 인류를 자유롭게 해준다고 확신하면서 인식 과정(knowing process)에 관여하였다.

인식 자체가 가능하다고 생각하는 자아에 대한 관념과 기계론적 우주관은 계몽주의 프로젝트의 기치 아래 모던 시대 지식의 폭발이 가능하도록 만드는 길을 활짝 열어주었다. 프랜시스 베이컨에서부터 오늘에 이르기까지 인간의 지적 탐구의 목표는 인간의 이익을 위해 자연을 조정하고 더 나은 세상을 창조하기 위하여 우주의 비밀을 밝히는 것이었다. 차례로 이러한 계몽주의 프로젝트는 20세기 모던 기술 사회를 만들었다. 이러한 사회의 중심에는 합리적으로 삶을 관리하고자 원하는 욕구가 놓여 있었는데 과학적 진보와 테크놀로지는 인간 삶의 질을 향상시키는 수단을 제공한다는 가정 하에 그리하였다.[45]

포스트모더니즘이 무엇이라고 규정하든지 간에 계몽주의 프로젝트에 대한 거부, 모던 기술 과학의 이상에 대한 거부, 그리고 모더니즘의 토대를 이룩한 철학적 가정에 대한 거부와 함께 그것이 구체화되었다.

---

45) Craig Van Gelder, "Postmodernism as an Emerging Worldview," *Calvin Theological Journal*, vol. 26 (1991): 413.

5

포스트모더니즘에 대한 서곡
The Prelude to Postmodernism

산 속에서 10년의 고독한 체류 기간을 보낸 후에 40살된 자라투스트라(Zarathustra)는 이제 인간 사회로 돌아가야 할 시간이 왔다고 결심했다. 그는 숲과 경계를 이루고 있는 마을에 이르렀다. 그가 마을에 들어섰을 때 돌아온 이 은둔자는 마을 사람들이 시장에 모여 있는 것을 발견했다. 이 사람들에게 자라투스트라는 하나님의 죽음과 '초인'(Übermensch)의 도래에 관해서 설교했다.

이 전설적인 인물의 가르침에 관한 내용을 담아 프리드리히 니체 (Friedrich Nietzsche)가 『자라투스트라는 이렇게 말했다』(*Thus Spake Zarathustra*, 1883)를 출판했을 때 이것은 모더니티의 종말이 시작되었으며 포스트모더니티 시대의 시작을 알리는 것이었다.

포스트모더니즘은 계몽주의 프로젝트와 모던 시대의 기술 과학 이상과 그 저변에 깔려 있는 철학적 가설 등에 대한 급진적 거부를 수반한다. 계몽주의 프로젝트의 적극적인 지지자들은 표면적으로는 서로 연관성이 없어 보이는 모든 경험들의 흐름(flux)을 바탕으로 중심적 일치(central unity)를 드러내려고 하였다. 이런 일치의 근원을 찾기 위해 모던 사상가들은 인간의 문화, 보편적 역사, 또는 자연을 연구한다. 그러나 무엇보다도 그들은 인간 존재, 자아를 연구하면서 시작한다.

포스트모더니즘은 바로 이런 프로젝트를 거부하는 것으로 특징지어진다. 포스트모던인들은 모든 경험의 흐름 뒤에 있는 객관적이고 통일된 중심-단일의 실제 세계-을 설명하려는 모든 시도는 결국 파멸에 이르게 될 것이라고 규정한다. 결국에 그들은 인간 지성의 산물인 단지 픽션을 양산해 내는 것이다. 저변에 있는 객관적 세계에 대한 논증으로부터 인간적 설명을 떼어내면서 모더니즘에 대한 포스트모던 비평은 우리들을 '사물'(things)로부터 분리시켜 단순히 '말'(words)만 남겨준다.[1] 그것은 또한 인간 '자아'(self)에 대한 계몽주의 이상으로부터 우리를 분리시킨다.

물론 모던 세계는 하루아침에 만들어진 것이 아니며, 단순히 모더니티에 대한 포스트모던 거부(postmodern rejection)로 설명할 수 있는 것도 아니었다. 그것은 모던 정신 구조의 취약점을 보완하도록 도전하였던 분명한 지적 발전(intellectual development)이 선행되었다. 이러한 초기의 일제 사격들이 20세기 후반에 이르러 모더니티의 성벽에 대한 전면적인 공격에 대한 길을 열어놓았다.

---

1) Allan Megill, *Prophets of Extremity: Nietzsche, Heidegger, Foucault, Derrida* (Berkeley and Los Angeles: University of California Press, 1985), 2.
 역주/ 이 책은 다음 도서명으로 번역, 출판되었다. 정일준, 조형준 역,『극단의 예언자들』(서울: 새물결, 1996).

이 장에서 우리는 포스트모더니즘을 위한 길을 준비하여 준 철학적 발달에 대해서 살펴보려고 한다. 특히 우리는 모던 시대를 위한 기초가 되었던 자아의 개념-계몽주의 시대의 데카르트에서 칸트까지 정교하게 논의되었던 것인데-이 완전히 그 토대가 무너져 내리는 방식을 살펴보게 될 것이다.

계몽주의에 대한 의문

모던 시대는 중세의 철학과 과학의 가정들에 도전했던 지적 혁명에서 자라났다. 모더니티는 유사한 혁명이 모던 영역(modern categories)에 대해 설명적인 능력에 도전을 주기 시작하면서 파헤쳐지기 시작했다.

계몽주의를 결국에는 종말로 이끈 지적 혁명은 유럽 철학의 확실한 발달과 함께 이미 19세기에 시작되었다. 모던 시대의 전망은 초기의 위협에 직면해서는 다시 활기를 띠는 듯했다. 사실 그것은 20세기에 이르러서야 완숙도에 이르며 문화적 영향을 미칠 수 있게 되었다. 이런 불굴의 끈기에도 불구하고 모더니즘은 20세기에 들어서면서 쇠퇴기를 맞이하게 되었고, 그것을 폭격하듯 공격해 오는 새로운 사고방식의 급류에 휩싸이면서 무너지기 시작했다.

계몽주의 자아에 대한 도전

많은 방식을 통해 르네 데카르트와 임마누엘 칸트는 계몽주의 철학 이야기의 그 첫 장과 마지막 장을 집필했다고 말할 수 있을 것이다. 데카르트의 공식 견해는 중요한 특성을 소개하는데, 생각하는 본질로서의 자아(self as a thinking substance)이다. 이런 자아에 대한 생각으로 일어난 문제들은 흄의 회의주의에서 정점을 이루는데, 결국에는 지식의 기초가 되는 능동적 지성(active mind)과 선험적 범주에 대한 칸트의 자명한 원리에 의해서 해결되었다. 이로 인해 지성적 의제의 중심에 자율적 자아(autonomous self)를 두게 되었다.

이 두 철학자들의 연구는 모던 모험적 계획(enterprise)을 규정하는 요소들을 확고하게 세워놓았다. 뒤따르는 어떤 철학자들도 이들의 활동 배후에 생긴 긴 그림자로부터 벗어날 수 없었다. 그들은 자아를 견고하게 지적 세계에 정착시켜 남겨둔 듯했다. 그러나 그들의 추종자들 중에는 모든 사람들이 철학계의 이 거인들에게 물려받은 유산에 대해 완전히 만족하였던 것은 아니었다.

1) 데카르트의 사고하는 자아에 대한 비판

그것의 시작 이래로 데카르트 철학은 서구 지적 전통에서 지속적인 중요성을 누려왔다.[2] 그러나 19세기 낭만주의 운동이 시작되면서 비평가들은 주도적인 데카르트 철학에 대해서 자세히 살펴보기 시작했다. 그 시점에서부터 오늘에 이르기까지 데카르트의 사고하는 자아에 기초를 둔

---

[2] 데카르트의 저작에서 그의 비평은 지속적인 중요성을 가지고 있는 것으로 발견되었다. 무엇보다도 그는 생각과 의식은 개인적 존재에 구현된 사유와 의식이 있다는 것을 우리에게 상기시켰다. 데카르트는 "거기에서 ……라고 생각되어졌다."와 같이 비인칭 수동태의 소리가 아니라 "내가 그렇게 생각하는 존재이다."라고 1인칭으로 말하도록 우리를 이끌어간다. 그는 한 개인에게 있어서 생각과 의식에 초점을 맞추었는데, 우리로 하여금 지역화(localization)를 생각하도록 할 뿐만 아니라 의식 그 자체가 지역화되어야 한다고 주장하였다. Emmaunel Levinas, *Existence and Existents*, trans. Alphonso Lingis (The Hague: Martinus Nijhoff, 1978), 68쪽을 참고하라. 또한 Edith Wyschogrod, *Saints and Postmodernism: Revisioning Moral Philosophy* (Chicago: University of Chicago Press, 1990), 77쪽을 참고하라.

철학은 지속적 비평의 주제가 되었다.

데카르트의 철학적 기초에 대한 공격은 주로 몇 가지 인지된 어려움에 초점을 맞추게 되었다. 하나는 비평가들은 데카르트의 논리는 물질과 비물질 사이의 이원론적인 문제에 도달한다는 것이다. 이것은 인간에 관한 데카르트의 관점에서도 나타난다. 의심할 수 없는 명제에 기초한 철학을 세우기 위해서 데카르트는 자아의 개념을 사고하는 실체로 이해한다. 의심할 수 없는 존재인 '나'는 의식하는 자아이며, 정신적인 활동의 주체이다. 사고하는 자아에 초점을 맞추면서 데카르트는 몸을 사고하는 주체로부터 벗어난 영역으로 규정하면서 그 지위를 떨어뜨린다. 비평가들은 '나 자신'과 '내 몸'을 분리하는 것은 몸과 마음의 일치에 관한 우리의 경험과는 일관성이 없다고 지적한다.[3]

데카르트는 사고하는 자아가 객관적 실재(objective existence)를 가지고 있다는 가정에 대해 충분한 기초를 제공하지 못한다고 지적한다. 에디쓰 위쇼그로드(Edith Wyschogrod)가 '극도의 절약'(parsimony) 원리[4]라고 한 표현을 사용하면서, 길버트 릴(Gilbert Ryle)은 옥스퍼드대학의 예를 들어 이것에 대한 고전적 표현으로 비평을 제시한다. 그는 사람들이 종합대학(university)을 이야기할 때 그 종합대학을 구성하는 대학(college)들과는 동떨어진 실재로서 이야기한다. 그러나 릴은 그런 분리된 실재는 없다고 말한다. '옥스퍼드대학교'라는 명칭은 단순히 우리들에게 학교의 특정 집성체에 대해서 말할 수 있는 편리한 방법을 제공할 뿐이다.

---

3) Wyschogrod, *Saints and Postmodernism*, 76. 데카르트의 응답을 보기 위해서는 Descartes, "Objectives and Replies," in *The Philosophical Works of Descartes*, trans. Elizabeth R. Haldane and G. R. T. Ross (New York: Dover Publications, 1951), 2:201-2를 참고하라.
4) Wyschogrod, *Saints and Postmodernism*, 76.

마찬가지 방식으로 비평가들은 사고하는 자아는 우리의 사고, 의심, 소망을 넘어서, 혹은 거기에서 존재하는 실재적 존재자는 아니라고 주장한다. 그것은 단순히 유용한 기술적인 용어이다. 이런 논의를 기초로 릴은 우리가 현존하는 존재자(entity)로서의 사고하는 실체(thinking substance)에 대한 개념을 우리로 거부할 것을 요청한다. 데카르트가 주장하는 자아는 단순히 '기계 가운데 있는 유령'에 불과하다고 말한다.[5]

그러나 가장 비판을 많이 받고 있는 데카르트 철학의 특징 중의 하나는 그것이 가지고 있는 본래적인 주체-객체 이원론이다. 자아가 사고하는 주체라면 자아는 필연적으로 다른 것을 객체로 인식하게 된다. 주체와 객체 사이의 결과로서 생겨난 차이는 객체보다 주체에 보다 중요성을 부여한다. 인지하는 주체(knowing subject)를 세계로부터 그 위에 놓이게 하며 이것은 자아 지식의 객체이다.

20세기 철학자인 마틴 하이데거(Martin Heidegger)는 사고하는 주체로서의 인간 존재를 강조하는 것에 대해 현저한 비평을 제공한다. 그는 데카르트와 칸트는 모든 모던 철학을 불법과 파괴적인 길로 인도했다고 주장한다.[6] 인간 존재는 근본적으로 사고하는 자아, 인지적 행동에 참여하는 주체가 아니라고 하이데거는 주장한다. 오히려 우리는 무엇보다도 세상 가운데 있는 존재이며 사회적 네트워크라는 그물에 엉켜 있는 존재이다.

비록 하이데거의 분석이 오늘날 일반적인 사실로 통하고 있지만 19세기에는 후기 칸트주의자들은 자아를 부정하는 급진적인 단계까지는 도

---

5) Ryle, *The Concept of Mind* (New York: Barnes & Noble, 1949), 11-24.
6) Heidegger, *Basic Problems of Phenomenology*, trans. Albert Hofstadter (Bloomington, Ind.: Indiana University Press, 1982), 122-40.

달하지 못했다. 그들은 데카르트에 의해 촉진된 주체-개체 이원론의 문제를 어떻게 극복할 것인가에 대해 깊이 고민하였다. 자아를 거부하는 모던 시대 후반과 포스트모던 시대의 옹호자들과는 반대로 칸트의 제자들-이들은 주로 독일 이상주의자들로 알려져 있다- 은 엉클어진 철학적 문제를 풀기 위해서 자아를 깊이 바라보게 되었다.

2) 실체에 대한 비판 : 조안 피히테[7]

데카르트의 유산에 대한 비판과 관련해서 모던 철학의 또 다른 기둥에서 인도를 받고 있는 또 하나의 실질적인 비판을 제시한 철학자가 있는데, 그는 바로 임마누엘 칸트이다. 칸트의 비판은 그의 철학을 받아들인 사상가들 가운데서 계속해서 이어졌다.

이런 전형적인 예는 초기 칸트 후기 철학자인 조안 피히테(Johann Gottlieb Fichte, 1762-1814)이다. 피히테가 활동할 수 있는 무대를 칸트가 만들고 용어를 정의하였으며, 규정을 만들었다. 칸트 철학의 형태와 내용을 수용하면서 피히테는 그것을 내부에서 폭발시킬 수 있었다.[8] 칸트의 초월적인 자아(transcendental self)를 제거하는 것은 그가 의도한 것이라기보다는 자아를 넘어 존재하고 있다는 객관적인 세계에 대한 칸트의 '허구성'을 폭로하는 것이었다.

---

7) 역주/ 피히테는 독일의 철학자이며 독일 관념론의 대표자로 예나대학교 교수를 지냈다. 실천적·주관적 관념론을 펼쳤으며 그의 사상은 셸링과 헤겔로 계승되었다. 나폴레옹 전쟁시 프로이센이 위기에 처하자 "독일 국민에게 고함"이라는 유명한 강연을 하였다. 초기에는 스피노자에게서 영향을 받았으나 칸트 철학을 알게 되면서 실천 이성의 자율과 자유사상에서 결정적인 영향을 받았다. 그의 철학은 실천 이성에 중점을 두면서 이론 이성과 통일을 꾀하려고 하였던 관념론을 주장하였고, 셸링과 헤겔로 이어지는 독일 관념론을 발전시켰다.
8) Fichte, "Preface," in *Science of Knowledge*, ed. and trans. Peter Heath and John Lachs (New York: Appleton-Century-Crofts, 1970), viii쪽을 참고하라.

피히테에 따르면 철학의 과제는 자연 법칙에 의해서 지배를 받는 듯한 시공간에 나타나는 객체를 우리가 어떻게 경험할 수 있는가를 설명하는 것이다. 그 해답의 핵심에는 우리가 도덕적인 세계(칸트는 이것을 '실천 이성'⟨practical reason⟩이라고 표현했다.)에 참여하는 것이라는 전제가 깔려 있다. 혹은 보다 구체적으로 말해서 우리가 자유 의지를 행사한다는 전제를 담고 있다. 그의 저서, *Science of Knowledge*(앎의 과학, 1794)에서 피히테는 행동하는 의지적인 주체인 우리는 감각 경험의 객체(the objects of our sense experience)에 대해서 독립적이라고 말한다. 이러한 주장을 통해 그는 그의 동정을 '초월적인 이상주의자'(transcendental idealist)로 간주한다. 인식하는 자아는 자신의 외부 세계를 구성하는 객체들을 창조하고 규정한다고 확언한다. 이런 창조적인 행위의 목적은 한 개인의 노력에 대한 장이나 내용을 제공하는 것이다(예를 들어서 한 개인의 도덕적인 행위를 위해). 따라서 칸트가 주장하는 '순수' 이성을 통한 세계(감각적 인식의 세계)는 피히테가 주장하기를 '실천' 이성을 통해서 만들 수 있다고 주장한다.

피히테의 작업은 그의 스승을 넘어서는 두드러진 자리매김을 한다. 인식 과정에서의 활동적인 정신을 고양시키면서 칸트는 인식하는 자아와는 독립적인 실제적인 실재(actual entities)의 영역을 전제하고 들어간다. 그는 '그 자체 안에 있는 것들'에 대해서 말하며, 그는 이것은 감각 인식을 통해서 알 수 없지만 실재적인 것이라고 믿고 있다. 본질적으로 피히테는 '자체 안에 있는 것들'에 대한 개념을 없앤다. 그는 인식하는 주체를 넘어서는 객체의 실체 세계의 개념은 더 이상 철학적인 중요성을 가지지 못한다는 입장을 지킨다.

피히테는 일반적인 경험으로 객관적인 세계 – '자아가 아닌' – 는 우리와 독립적으로 존재한다고 인정한다. 이런 차원에서 '자아가 아닌' 것은 자아와 동떨어져 존재한다. 그러나 보다 깊은 차원에서는 '자아가 아닌'

것은 자아로부터 나온다. 특히 '자아가 아닌' 것의 원천-그리고 궁극적으로 인간 개인을 포함해서-은 피히테가 최초의 행위라고 가리키는 '절대적 자아'(absolute self)에 놓여 있다.[9]

이런 방식으로 피히테는 칸트가 중요하게 생각했던 '초월적 자아'(transcendental self) 개념을 유지하려고 하였다. '절대적 자아' 개념은 유한적 자아의 존재와 그 반대의 것, 즉 비자아(non-self)의 외관상 객관적으로 보이는 세계를 설명해 준다. 그러나 그의 세계에서 '자체 안에 있는 것'을 물리치면서 피히테는 칸트의 유일하게 남아 있는 절대적 실재에로의 연결 고리를 끊어 버린다.

실체의 영역(noumenal realm)을 제거하는 것은 피히테 자신이 수행할 수 있는 칸트를 넘어서는 추가 단계를 향해 나아가는 길을 열어놓은 것이다. 즉, 어떤 철학자들이 '대안적 개념 체계'(alternative conceptual frameworks)를 창조하는 것이었다. 칸트는 인간의 자유 개념을 도덕적 행위 영역에만 적용시킨다. 피히테는 이것을 그 자신이 보다 중요하게 생각하는 사고의 영역, 혹은 상상력의 작용(play of the imagination)에 적용시켰다. 이런 종류의 자유는 세계를 이해하는 유일한 방법으로부터 우리를 해방시키는 잠재력을 가지고 있기 때문에 중요하다. 이것은 객체를 다양한 일련의 개념, 또는 '개념 체계'(conceptual frameworks)를 가지고 설명할 수 있는 길을 열어주기 때문이다.[10] 다양한 개념 체계를 사용함으로써 우리는 다양한 세계를 창조할 수 있게 된다.

---

[9] '절대적 자아'에 대한 흥미로운 논의를 살펴보기 위해서는 George H. Mead, *Movements of Thought in the Nineteenth Century*, ed. Merritt H. Moore (Chicago: University of Chicago Press, 1936), 101쪽을 참고하라.

[10] Robert C. Solomon, *Continental Philosophy since 1750: The Rise and Fall of the Self* (Oxford: Oxford University Press, 1988), 50.

계몽주의에 대한 거부 : 프리드리히 니체

모던 시대를 살았던 후기 칸트주의 철학자들은 인식하는 자아에 대한 데카르트와 칸트의 관점과 그동안 계몽주의가 양육한 역량에 대해 의문을 갖게 되었다. 그러나 그들은 결국 계몽주의 자체를 거절한 것은 아니었다. 대신에 데카르트와 칸트가 새롭게 제시한 내용 안에서 자신들의 목소리를 발하였다.

계몽주의 구조 자체에 대해서 첫 공격을 함으로써 결국 포스트모던 경향이 생성되게 했던 공격은 프리드리히 니체(Friedrich Wilhelm Nietzsche, 1844-1900)였다. 그는 실로 '포스트모던 철학의 수호성인'의 작위를 받을 만한 사람이다.[11] 비록 그가 다양한 목소리로 말했지만 니체는 지속적으로 모더니즘에 대한 공격수로서 스스로 나타나게 되었다.[12]

니체는 1844년 10월 15일 독실한 기독교 가정에서 태어났다. 그의 부친과 조부는 모두 루터교 목사였다. 비록 소년 시절에는 독실한 기독교인이었지만 니체는 10대 후반에 기독교 신앙을 버렸다. 본대학과 라이프치히대학에서 고전 철학을 공부한 후에 그는 1869년 바젤대학에서 교수직을 요청받았다. 그를 교수로 임명할 때 라이프치히 교수진은 논문 없이 박사 학위를 수여했다. 다음 해에 25세의 나이로 니체는 고전 철학 정교수로 승진하였다.

니체는 일생 동안 다양한 질환으로 고생했다. 1879년에 바젤을 떠난

---

11) 니체와 포스트모던 사상가들 사이의 연결에 대한 논의를 살펴보기 위해서는 Megill, *Prophets of Extremity*; and Cornel West, "Nietzsche's Prefiguration of Postmodern American Philosophy," in *Why Nietzsche Now?* ed. Daniel T. O'Hara (Bloomington, Ind.: Indiana University Press, 1985), 241-69쪽 등을 참고하라.
12) 이것에 대해서는 제프리 클리브(Geoffrey Clive)의 책의 서론을 참고하라. Geoffrey Clive, *The Philosophy of Nietzsche* (New York: Mentor Books, 1965), xi.

다음 10년 동안은 이태리와 스위스에서 홀로 지냈다. 마침내 1889년 되돌릴 수 없는 건강 악화가 찾아왔다. 그 시작은 투린의 거리에서 쓰러진 후에 시작되었다. 정신적 질환으로 11년을 고생한 후에 1900년 8월 25일 사망했다. 19세기가 지나고 20세기가 새롭게 시작하는 시기였다.

니체는 그가 세상을 떠나기 전에 포스트모던 지적 환경을 형성하는 대부분의 주제를 형성했다. 무엇보다도 계몽주의 원칙을 전적으로 거부하면서 철학의 방향을 모던을 넘어서 포스트모던으로 향하게 했다.

1) 계몽주의 진리 개념의 종말

니체의 모던주의에 대한 공격의 저변에 깔린 기초는 계몽주의 진리 개념에 대한 거부였다.

니체의 관점을 따르면 세상은 서로 완전히 다른 파편들로 구성되어 있다. 개념을 구성하면서 우리는 일어난 어떤 두 가지 사건이나 발생하는 사건은 언제나 똑같은 것은 없다는 사실을 간과한다. 결과적으로 진정한 지식을 전달하기보다는 우리의 개념화를 통해서 실재의 다양성을 보지 못하게 하며 인간 경험의 본래적인 부요와 생명력을 파괴한다.

예를 들어 니체는 우리가 '나뭇잎'에 대해 가지고 있는 개념과 실재 나뭇잎이 가지고 있는 개념과의 관계성에 대해 깊이 고려한다.[13] 비록 모든 나뭇잎이 특정한 특성들을 공유하지만 모든 나뭇잎은 서로 다르다. 우리는 '나뭇잎'이라는 개념을 이런 차이를 무시할 때 형성할 수 있다. 니체는 '나뭇잎' 개념이 나뭇잎의 실체에 대한 왜곡이라고 말한다. '나뭇잎'

---

13) Friedrich Nietzsche, "On Truth and Lie in an Extra-Moral Sense," in *The Portable Nietzsche*, ed. and trans. Walter Kaufmann (New York: Penguin Books, 1976), 46. 역시 Megill, *Prophets of Extremity*, 49쪽도 참고하라.

이라는 용어는 객체의 세계에 대해서 '나뭇잎'의 형태를 소개하지만 우리는 그것을 발견할 수 없으며 서로 다른 나뭇잎들을 구분시키는 특성들의 실체를 빼앗아 버린다.

이런 문제는 우리가 세상을 이해하려는 노력 가운데서 단순히 개별적 개념만을 구성할 뿐 아니라 그것을 '거대한 사상의 체계'로 결합한다는 사실이다.[14] 니체에 의하면 이런 구조는 실제로는 허상이다. 그것은 단순히 각 개별적 개념에 존재하는 허구의 보다 복잡하고 높은 단계를 반복할 뿐이다. 예를 들어서 '자연의 법칙' 등은 실제 세계에서 고유의 것이라기보다는 세계에 대해 인위적으로 부여한 것이며 각 개별성과 창의성은 우리의 지적 구성을 넘어서는 것이다.

니체는 1세기 전에 칸트가 한 말을 단순히 반복하지만은 않았다. 칸트는 자아는 정신(mind)으로부터 온 초월적인 범주들에 의해서 지식을 형성하며 이것은 모든 인간에게 구조적으로 동일하다고 생각했다. 이런 구조의 동일성–공유된 인간 본성–은 보편적인 인간 지식의 기초를 제공하며 경험에 대한 범주들의 부여는 실제에 대한 긍정적인 배열을 구성한다고 믿었다.

반대로 니체는 이성적 인간 지식 전체 구조에 대해서 의문을 갖는다. 그는 실제를 꾸며내는 과정이 임의적이며 개별적 문제라는 사실에 기초해서 우리가 '지식'이라고 주장하는 것은 순전히 인간적 창조물이라고 주장한다. 우리가 범주들을 구성하는 것은 세상을 바꾸거나 어지럽히는 것(Verstellung)을 만든다는 것이다. 칸트의 실제에 대한 거대한 이론적 이해

---

14) Nietzsche, "On Truth and Falsity in an Extra-Moral Sense," in *Early Greek Philosophy*와 다른 논문, trans. M. A. Mügge, vol. 2 of *The Complete Works Friedrich Nietzsche*, ed. Oscar Levy (New York: Russell & Russell, 1964), 181-82쪽 등을 참고하라.

를 거부하며 니체는 우리가 일반적으로 인간 지식이라고 받아들이고 있는 것은 사실상 단순히 독립적인 환상의 집합이라고 주장한다. 그는 '진리'를 근본적으로 우리가 사용하는 언어의 기능으로 보았으며 따라서 진리는 구체적인 언어적 상황 안에서 '내재한다' (exist)고 보았다.[15]

한편 우리는 니체를 그의 뒤를 이은 낭만주의 철학자들의 그룹에 위치시킬 수 있다. 피히테와 같은 낭만주의 철학자들은 계몽주의의 주체/객체 이원론을 어떻게 하면 극복할 수 있을 것인지에 대한 질문을 붙잡고 있었다. 후기 칸트 이상주의자들인 그들은 세상을 체계화하기 위한 방편으로 다양한 감각이나 경험의 흐름을 보기보다는 자아에 관심을 가졌다. 자아가 세상을 조직화할 때 그것은 실제로 그 자신의 경험을 조직한다. 결과적으로 낭만주의 철학자들은 그 결과가 자아와 동일하다고 결론을 내렸다. 이런 세계를 체계화하는 행위를 통해서 자아는 스스로를 발견하게 되며 그 과정에서 주체-객체의 구분을 극복한다고 주장했다.

프리드리히 셸링(Friedrich Schelling, 1775-1854)과 같은 낭만주의 철학자들은 어떤 작품을 새롭게 만드는 예술가의 창조 경험에서 이런 역동성을 잘 보여준다고 설명한다. 형상화되지 않은 매체를 형상화하는 창조 행위에서 예술가들은 매체 자체가 가지고 있는 그 자체의 기질(mind)을 발견한다. 이런 유사한 방식으로 '심미안을 가진' 인간의 심미적 직관은 세계에 대해서 통일성과 의미를 부여하며 주체-객체 이원론을 극복한다고 그는 주장한다.[16] 셸링은 나아가 모든 인간 지식을 심미적 현상이라고 특징지었다.

비록 낭만주의 철학자들과 같이 미학에 초점을 맞추며 서 있기는 하

---

15) Nietzsche, "On Truth and Lie in an Extra-Moral Sense," 44-46.
16) 이 점에 대한 보다 상세한 논의를 위해서는 *Mead, Movements of Thought in the Nineteenth Century*, 123-26쪽을 참고하라.

지만 니체는 그들과는 전적으로 다르다. 그의 전임자들은 예술을 통해서 심미적 통찰력의 최고의 순간에 주체와 객체를 하나로 만들 수 있다고 믿었다. 그러나 니체는 이러한 가능성을 부인한다. 그는 예술적 표현은 지성적 개념화와 같이 진리의 운반체가 아니라 진리로부터 멀리 날아가는 것이라고 주장한다.[17] 물론 그는 심미적 차원이 지적 차원만큼이나 환상의 영역(realm of illusion)이라고 주장한다.

이것이 니체로 하여금 허무주의자가 되게 만든다. 결국 우리는 실체에 대해서 알 수 있는 방법이 없다고 주장한다. 사실상 그는 '진정한 세계'(true world)는 없다고 주장한다. 모든 것이 '관점에 따라 나타나는 현상'이며 이 모든 것의 원천은 바로 우리 자신 안에 있다. 우리는 우리 자신의 관점으로부터 세워진 세상에 살고 있다.[18] 진리를 개념화하는 매개로서가 아니라 언어는 타고난 인간의 미학적 창조 능력을 나타내는 표현이다. 그러나 우리의 거대한 추상 개념(grand abstractions)은 변장한 은유가 되며, 우리가 써내려가는 하나의 '픽션'이 된다. 비록 우리는 하나하나 열거하도록 구속되어 있지만 니체는 이런 예술적 픽션은 우리 밖에 존재하는 가정된 '실제 세계'(real world)와는 아무런 관련이 없다고 니체는 말한다.[19] 요약하면 그는 특정 생물인 인류는 오류가 없이는 살 수 없는 것, 즉 진리를 그런 오류의 하나로 특성화한다.[20]

니체에 따르면 우리의 세계는 계속적으로 창조되고 또 재창조되는 예술 작품이다. 그러나 이런 환상의 거미줄 '뒤에' 또는 '너머에'는 아무

---

17) Friedrich Nietzsche, *The Will to Power*, §853, trans. Walter Kaufmann and R. J. Holling-Dale, ed. Walter Kaufmann (New York: Random House, 1967), 451-52.
18) Nietzsche, *The Will to Power*, §15, 14-15.
19) Megill, *Prophets of Extremity*, 50, 59.
20) Nietzsche, *The Will to Power*, §493, 272

것도 놓여 있지 않다.[21] 전체 정교한 '예술 작품'은 한편으로는 스스로를 창조하며, 한편으로는 스스로가 출산하고 있다.[22]

> 그러면 진리란 무엇인가? 메타포들, 환유, 의인화의 움직이는 군대— 간단히 말해 시적으로, 수사학적으로 강화되고, 바꾸어 말하고, 윤색된 인간 관계의 총합이다. 오랜 사용 후에 그것은 사람들에게 견고하고 일반적이며 의무적인 것처럼 보이는 인간 관계이다. 진리는 이것이 바로 그들이 존재하는 것이라는 사실을 사람들이 잊어버린 환상이다. 또한 감각적인 힘을 상실한 닳아 다 떨어진 메타포이며, 그 새겨진 그림이 다 지워지고 쇠만 남아 더 이상 동전이라고도 할 수 없는 동전이다.
>
> —프리드리히 니체[23]

세계는 심미적으로 스스로 창조한다는 니체의 주장은 매우 혁신적인 것이었다. 그는 '미학적 메타 비평'(aesthetic metacritique)으로 발전시킨 창시자로 칭송받았다. 이것은 진리에 대한 이해를 '예술 작품', '텍스트', 또는 '언어'로 보았는데, 그것은 진리 자체가 가지는 가능성을 위한 기초를 제공하는 것으로서 이해하였다.[24] 니체가 그의 문학 전집에서 조용히 속삭이고 있는 이 비평은 결과적으로 그를 승계하는 포스트모던인들에 의해 지붕 꼭대기에서 큰소리로 외쳐질 것이다.

---

21) Megill, *Prophets of Extremity*, 52.
22) Nietzsche, *The Will to Power*, §796, 419.
23) Friedrich Nietzsche, "On Truth and Lie in an Extra-Moral Sense," in *The Portable Nietzsche*, ed. and trans. Walter Kaufmann (New York: Penguin Books, 1976), 46-47.
24) Megill, *Prophets of Extremity*, 33.

2) 계몽주의의 가치 개념에 대한 거부

고대 그리스로부터 계몽주의까지 서구의 철학적 전통은 가치에 대한 '객관주의자'의 이해 위에 세워졌다. 가치는 단순히 인간 지성의 산물이 아니며 우리를 초월하는 실체에 깊이 새겨두었다고 가정되었다. 우리가 진리를 '창조하는' 것이 아니라 우리는 진리를 '발견하는' 것으로 가정되었다. 계몽주의 철학자들은 이런 발견의 경로는 자율적 이성과 철학적 탐구를 통해 가능하다고 믿었다.

니체의 저작에는 이런 관점에 대해 지속적인 공격을 담고 있다. 그는 계몽주의의 환상이라고 본 것에 대해 '마스크를 벗기는' 철학적 노력을 시작했다. 그는 우리의 진리와 가치에 대한 이해는 초월적인 세계의 베일을 벗겨냄으로써 얻어지는 것이 아니라 '권력에의 의지'의 직접성 (immediacy of the will to power)에서 나온다고 보았다.[25]

니체는 그의 이러한 공격을 '신의 죽음'을 주장하는 그의 유명한 단언에서 확고하게 한다. 그는 서구 문명은 더 이상 과거에 그랬듯이 기독교 전통에 의해서 영향을 받지 않는다는 개념을 붙들기 위해 이런 흥미 있는 구절을 사용했다. 하나님과 기독교 이야기, 그리고 특별히 인간의 행동에 대한 하나님의 보상과 처벌에 대한 확신은 그것이 이전에 행사하던 힘을 잃었으며 비견할 만한 그 어떤 신념도 그 자리를 대신하지 못했다고 니체는 말한다. 신의 죽음과 함께 그 빈자리에 남겨진 것은 원시적인 본능만 남게 되는데, 그것은 자신을 보존하고 스스로를 세우는 데 그 목표를 두고 있으며 그중에 가장 중요한 것은 니체는 '권력에로의 의지' (외부의 어떤 것에 의존하기보다는 개인적인 창조적 힘을 통해서 자아를 완전하게, 그리고 초월하려는

---

25) Megill, *Prophets of Extremity*, 58-59쪽을 보라.
26) 니체의 "권력에의 의지"에 대한 이해를 보다 상세하게 살펴보기 위해서는 Solomon, *Continental Philosophy since 1750*, 116쪽을 참고하라.

욕구)라고 표현했다.[26] 요약하면 니체는 서구 문화가 초월성으로부터 자신을 분리시켰다고 말한다.

　니체는 이러한 현상이 수반하는 급진적 결과들을 감지했다. 사실상 그는 신의 죽음에 대한 중요한 함의를 처음으로 제시한 사람으로 평가되었다.[27] 한 가지에 대해 그는 가치가 더 이상 인간 정신을 넘어(즉, 하나님께로) 호소하는 근간이 되지 못한다고 보았다. 그는 인간 가치를 붙들고 있는 개인의 의지를 제외하고는 인간 가치를 떠받치는 것은 아무것도 없다고 단언했다. 모든 것들은 가치를 부여하는 만큼 우리가 사는 세상에서 가치를 갖게 된다.[28]

　니체의 '권력에의 의지' 개념의 기초에는 모든 생명체의 육체적 본능은 자신들의 힘을 '방출하고자 하는'(discharge) 열망이 놓여 있다.[29] 이것과 관련하여 '권력에의 의지'는 인간 행동의 원초적 동기를 구성한다. 우리는 우리의 모든 능력이 완전한 결과를 내도록 열망하고 있다. 우리는 단지 창조적으로(creatrvely) 있기보다는 창조적인 존재(to be creative)가 되기를 열망한다.[30]

　이런 인간의 동기에 대한 확장으로서 '권력에의 의지'는 개인적, 혹은 사회적 진보를 위한 언어, 가치, 그리고 도덕적 시스템의 실용적 활용과 관련이 있다. 권력에의 의지를 따라 동기를 부여받아 우리는 특정한 동물의 종이나 사람의 존재 목적을 진보시키는 형이상학적 개념-'진리'

---

27) Mark C. Taylor, *Deconstructing Theology* (New York: Crossroad, 1982), 90.
28) Nietzsche, *The Gay Science*, §301, trans. Walter Kaufmann (New York: Random House, 1974), 241-42.
29) Nietzsche, *Beyond Good and Evil*, 1.13, trans. Helen Zimmern, in *The Philosophy of Nietzsche* (New York: Random House, 1937), 14.
30) W. L. Reese, *Dictionary of Philosophy and Religion* (Atlantic Highlands, NJ: Humanities Press, 1980), 391-92.

에 대한 개념-을 고안해 내게 된다.

니체의 포스트모던 계승자들은 권력에의 의지의 사회적인 면과 그것과 관련된 지적 이해에서 많은 것을 이끌어내고 있다. 우리는 그것을 '관점주의'(perspectivism)라고 부를 수 있을 것이다. 우리가 앞서 이야기한 것과 같이 니체는 진리란 없으며 특정 피조물이나 특정 사회를 위한 상대적 진리만 존재한다고 주장한다. 모든 지식이 관점의 문제이기 때문에 지식이란 해석에 지나지 않는다-그리고 모든 해석은 거짓말로 이루어져 있다.

여기에는 주로 인식론의 문제가 있으며, 특히 언어와 진리 사이에 존재하는 관계성의 문제가 있다. 니체가 주로 도덕성-우리가 어떻게 살아야 할 것인가?-에 크게 관심을 가졌기 때문에 그는 인식론적 상황을 도덕적 함축(moral overtones)이라는 관점에서 바라보았다. 그는 자신의 문화에 대해서 변형된 의무를 갖는 것으로 여기는데, 그 의무는 "모두를 위해 느끼는 의무라는 스타일 안에서 고정된 모임과 군중과 같은 무리에 따라 놓여 있는 의무"[31]에 충실하는 것이다. 계몽주의 사상가들이 이것을 향하여 몰려드는 군중과 같이 행동하면서 윤리의 영역뿐만 아니라 인식론의 영역에까지 어떤 함의를 제시하고 있다고 불평한다.

니체는 철학적·도덕적 철학자들이 지적 지식과 같이 도덕성이 단지 지역적 관습이나 의지할 수 없는 정서의 표현이라는 결론을 피하려 한다고 비난한다. 그는 이런 철학자들-특히 기독교 신학자들-이 자신들의 도덕적 신념이 이성적이며, 보편적이며, 자명한 것이라고 부당하게 주장한다고 공격한다. 도덕주의자들의 민주적인 가치와 같이 겸손과 자기 포기와 같은 기독교 가치들은 '노예 도덕성'(slave morality)의 표현이며, 이것은 후회와 복수에 대한 열망에 뿌리를 두고 있다고 그는 말한다.

---

31) Nietzsche, "On Truth and Lie in an Extra-Moral Sense," 47.

니체에 따르면 이런 신념을 보편화하는 것은 아주 위험하다고 주장한다. 그는 민주주의와 기독교 저변에 깔려 있는 노예 도덕성은 유럽 문화를 파멸시키는 원인이 되고 있으며, 이것을 전파하는 것은 위대한 능력이 가진 자들을 한계 가운데 묶어 놓으며 모든 사람들을 같은 차원으로 묶어 버리면서 평범하게 만들고 있다고 주장한다.[32]

니체가 서구 문화에서 바라본 질병은 그로 하여금 신의 죽음을 주장하도록 만들었다. 도덕성에 대한 초월적인 기초가 무너짐으로써 '가치의 재평가'(transvaluation of values)의 길을 열어주었으며 진정한 '권력에의 의지'의 발달을 초래하게 되었다. 이런 새로운 질서에 대한 이상이 '초인'(Übermensch)이다.

이런 인간의 잠재력에 대한 비전을 선포하면서 니체는 모던 유토피아로 빠져드는 것을 피한다. 그는 서구 사회의 해변에 피어오를 황금 시대를 기대하지는 않았다. 그의 독자들이 새로운 가능성을 갖도록 영감을 주는 것이 그의 의도가 아니라 단순히 당대의 계몽주의 설교자들의 환상에 대해서 깨닫게 하기를 원했다. 결과적으로 그는 초인에 대해서는 거의 말하지 않으며 그 모습의 대략적인 그림만 제공한다. 사실상 그의 초인에 대한 설명은 인류가 무엇이 될 것인가에 대한 희망이라기보다는 인간에 대한 역겨움을 표현한 것일 수도 있다. 니체는 '마지막 인간'은 초인이 되지 않고 연약한 부르주아가 되어 삶에 대해서 철저히 만족함으로 "우리가 행복을 만들었다."고 말하는 사람이 될 것이라 말한다.[33]

그의 이러한 비관주의적 자세에도 불구하고 니체는 초인의 개념에 대해서 어느 정도의 내용을 부어준다. 한 가지는 '영원한 회귀'(the eternal

---

32) Solomon, *Continental Philosophy since 1750*, 117.
33) 위의 책, 124-25.

return)의 교리와 연관하여 니체는 초인을 19세기 당시의 것들에서 한 사람의 운명에 대한 사랑과 구별시킨다.

그의 '영원한 회귀' 개념은 니체의 가장 중요한 저작의 하나로 간주되고 있는 『자라투스트라는 이렇게 말했다』(Thus Spoke Zarathustra)에서 중심적으로 다루고 있다.[34] 본질적으로 그것은 니체의 신념의 표현으로서 무엇이든지 일어났던 일은 계속해서 영원히 일어날 것이라는 말이다. 그는 이런 교리를 19세기 부르주아 신화의 발전과 기독교 구속 개념에 대한 반동으로 주장하였다.[35] 기독교 종말론은 인생의 명백히 의미 없는 사건들도 영원 속에서 그들의 의미를 갖게 된다고 주장한다. 니체의 영원의 회귀 교리는 어떤 사건도 의미를 갖지 못한다는 것과 반대의 것을 주장한다. 그것은 단순히 반복해서 일어난다.

니체는 노예 도덕성으로 감염된 당시대의 사람들은 그의 주장을 소름이 끼칠 정도로 끔찍한 것으로 받아들일 것이라는 점을 잘 알고 있었다. 그러나 그는 초인은 그것을 좋은 소식으로 여길 것이라고 단언한다. 삶의 상세한 영역에서 살아오면서 니체의 영웅은 그 삶을 기쁨으로 다시 살기를 원한다.

> 당신이 살고 있고, 지금까지 살아온 삶을 당신은 다시 한 번 살아야 하며 무수히 많은 시간을 더 살아야 할 것이다. 그러나 그 안에는 결코 새로운 것이 없지만 모든 고통과 모든 기쁨, 모든 생각과 한숨, 그리고 당신의 삶에서 말로 할 수 없을 만큼 작거나 큰 모든 것은 다시 당신에게 돌아올 것이며, 또 계속해서 동일한 순서로 이 모든 것이 주어질 것이다.
> —프리드리히 니체[36]

---

34) Megill, *Prophets of Extremity*, 61.
35) 위의 책, 84.

3) 계몽주의 철학자들에 대한 거부

그들 이전의 그리스인들과 같이 계몽주의 전통에 서 있는 철학자들은 그들의 과제를 절대적인, 또는 궁극적인 진리를 발견하고 설명하는 것으로 생각하고 있었다. 그들은 사물의 본성을 해석하기 위해 필요한 기초적 범주를 유추해 내려고 하였다. 결과적으로 계몽주의 철학자들은 이성의 역할을 강조하였다. 이성적 숙고(rational reflection)를 통해 그들은 실제에 관한 개념적 지식을 얻는 진취적 정신(enterprise)에 그 기초를 제공할 수 있을 것으로 기대했다.

니체는 이런 과업을 거부한다. 그는 다른 철학자들이 공리로 여긴 것들을 거부하였다. 우리는 우리의 삶과 동떨어진 궁극적 진리를 알고 설명할 수 있는 이성의 능력을 가지고 있는 것은 아니라고 주장한다. 그러나 이런 이성, 지식, 그리고 객관적 세계를 잃고 애도하기보다는 대신에 그는 능동적, 미학적 허무주의를 요청한다. 그는 우리의 자신의 경험에 대한 예술가들이 되기를 요청하고 있으며 우리의 존재에 맞는 세상을 만들어내야 한다고 주장한다.[37]

니체에 의하면 철학자의 임무는 형이상학적 진리를 추론해 내는 것이 아니라 '문화의 치료사'로 행동하는 것이다. 철학자는 우리의 삶에 대한 태도를 변화시키는 자유로운 영혼을 가진 사람이다. 니체 계통의 철학자는 현대의 서구 사회를 지배하고 형성하고 있는 얄팍하고 빈곤한 사상에 대해서 고발하며 보다 왕성한 문화를 개발하고 양육해야 한다.[38]

니체는 분명히 자기 자신을 부르주아 기독교 문명의 폐허(ashes)로부

---

36) Friedrich Nietzsche, *The Gay Science*, trans. Walter Kaufmann (New York: Random House, 1974), § 341, p. 273.
37) Megill, *Prophets of Extremity*, 34.
38) John Passmore, *A Hundred Years of Philosophy* (London: Gerald Duckworth, 1957), 99.

터 새로운 가치를 창조하는 자로 보았다. 그러나 이런 과업을 그가 어떻게 달성할 수 있을 것인가? 그는 문화가 어떻게 작용하는지에 대한 그의 이해의 두 가지 측면을 기초로 하여 제안하고 있다.

첫 번째 측면은 문화적 삶에서 신화의 역할에 초점을 맞춘다. 계몽주의 철학자들이 추구했던 이성주의적 방식은 신화를 과소평가했다. 그들의 프로그램은 이성적 숙고에 기초하지 않은 비이성적 신앙과 미신으로부터 사회를 자유케 하는 것이었다. 역으로 니체는 신화의 개념을 다시 소개하려고 했다. 그는 신화가 피할 수 없는 것일 뿐 아니라 인간 문화를 건강하게 하는 데 본질적인 요소라고 주장한다. 신화를 파괴하려는 그들의 모든 노력과 함께 모던 철학자들은 서구 문화로부터 질서를 만들어내는 신화를 빼앗았으며 그것으로 인해 의도하지 않은 허무주의를 양산하게 되었다고 니체는 말한다.

그것에 대한 반응으로 니체는 신화가 서구 문화에 그림자를 드리우는 허무주의—영원한 회귀 이론—로부터 사회를 구할 수 있다고 주장한다. 그는 '영원으로부터 회귀'라는 것이 무엇을 의미하는지에 대해서 어디에서도 분명한 설명을 제공하지 않는다. 또 왜 그 자신을 그 교리를 높이 평가하는지에 대한 정당성이나 신화에 내재하는 사회적 차원에서 어떻게 그 개념이 구체화되는지에 대해서도 분명한 설명을 제시하지 않는다.[39] 그럼에도 불구하고 그는 이 교리가 서구 문화에서 잃어버린 것—즉, 인간 삶의 의미나 패턴—을 줄 수 있는 능력을 가지고 있다고 주장한다.[40]

---

39) Megill, *Prophets of Extremity*, 83.
40) Nietzsche, *The Will to Power*, §1, 7-8쪽을 참고하라.

> 신화가 없이는 모든 문화는 그것이 가지는 창조성의 건강한 자연적 힘을 상실하게 된다. 신화에 의해 규정된 영역은 모든 문화적 움직임을 완성하고 통일해 준다. 오직 신화만이 상상력이 가지는 모든 힘을 구해낼 수 있으며, 목적이 없는 방황으로부터 균형이 잡힌 꿈(Apollonian dream)을 가질 수 있는 힘을 제공해 준다. 신화의 이미지는 우리가 깨닫지 못하는 상태에서 대단한 마력을 가진 보호자가 되어야만 한다. 그 힘을 통해 젊은 영혼이 성숙을 향해 자라가며. 그의 표지를 통해 사람들은 자신의 삶과 고민을 해석할 수 있도록 만들어준다. 국가조차도 신비적 주장으로부터 종교와 그것의 성장을 연결시키는 신비한 기초보다 더욱 강력한 불문율을 가지고 있지 않다.
>
> —프리드리히 니체[41]

영원으로부터 회귀 신화는 서구 문화를 위한 니체의 프로그램이 태동하게 된 두 번째 측면을 보여주는데, 그것은 언어의 본질과 역할에 대한 그의 이해이다.

종종 니체는 비록 인간의 언어가 사고를 위한 완전히 명료한 매개체는 아님에도 불구하고 진리를 얻을 수 있는 수단을 제공해 준다고 주장한다. 특별히 언어가 제시하는 왜곡에 대해 어떤 방식으로든 보완할 수 있다면 그렇게 할 수 있을 것이다. 그러나 보다 일반적으로 말해서 니체는 언어가 실재를 왜곡하는 것이 아니라 그것 자체가 실재라고 주장하는 듯 보인다. 독립된 세계를 구성함으로써 언어는 그것이 가지는 메타포와 의인화 기능을 통해서 '진리'를 만들어낸다.[42]

---

41) Friedrich Nietzsche, *The Birth of Tragedy and the Case of Wagner*, trans. Walter Kaufmann (New York: Vintage Books, 1967), §23, 135.
42) Nietzsche, "On Truth and Falsity," 184.

니체는 '진리'를 언어 자체의 내적인 기능으로 본다. 그는 우리의 신념이 우리가 사용하는 언어와 일치한다고 주장한다. 왜냐하면 우리의 언어는 단순히 해석의 체계이기 때문이다.[43] 그는 또 해석의 객관적 '정확성'은 그 해석이 주는 '아름다운 가능성'에 비해서 그렇게 중요한 것이 아니라고 말한다.[44] 이러한 관점을 받아들이면서 니체는 포스트모던 해체주의자들의 선구자로 자리매김한다. 그의 주장을 따라 포스트모던 해체주의자들은 '유일한 어떤 것'(a thing)과 같은 무엇은 없다고 결론내렸다. 모든 것(every thing)은 어떤 다른 것(some other thing)의 가면에 지나지 않는다. 그리고 모든 '다른 어떤 것'(other thing)도 결국에는 가면으로 판명된다.[45]

언어가 그것이 담고 있는 진리를 스스로 말한다는 니체의 주장은 서구 문화의 새로운 신화를 위한 그의 제안에 근간을 이룬다. 우리는 『자라투스트라는 이렇게 말했다』에서 새로운 신화를 제안하는 그의 전략을 접하게 된다. 그는 거기에서 자신을 '재신화화하는 사람'(remystifier)으로 나타낸다.[46] 니체는 그 이야기를 전개하면서 자라투스트라는 신의 죽음을 통해 규정된 세계를 이야기한다. 자라투스트라는 세상에 대한 이러한 그림에 대해서 논쟁하지 않는다. 단지 그의 비전이 함축하고 있는 것을 나타내려고 하였으며, 우리가 그것을 단순히 받아들일 것을 요구한다. 자라투스트라의 비전을 인식하는 사람들은 그의 담화의 세계로 들어가게 된다. 그의 비전을 인식하지 못하는 사람들에게 자라투스트라는 더 이상 말할 것이 없다.

---

43) Megill, *Prophets of Extremity*, 95.
44) Nietzsche, *Beyond Good and Evil*, I. 10, 9쪽.
45) 매길은 이것이 니체의 입장이라고 주장한다. Megill, *Prophets of Extremity*, 85.
46) Megill, *Prophets of Extremity*, 62쪽을 보라.

자라투스트라는 니체를 추종하는 철학자들에게는 모델이었다. 이해할 수 있는 해석의 시스템으로 받아들여지는 새로운 언어가 '초인'의 새로운 문화의 탄생에 있어서 중요한 요소였다. 이 새로운 언어는 그것이 가르치는 가치와 함께 '초인'의 신화와 영원으로부터의 회귀를 우리 가운데 구체화한다. 동시에 이 언어는 모든 반대편의 시스템을 배제한다.

새 것과 옛 것의 차이는 한 쪽은 '옳고' 다른 쪽은 '옳지 않은' 문제가 아니다. 결과적으로 니체는 이성적인 논의를 통해서 새로운 것으로의 이동을 촉진하려고 하지 않았다. 새로운 실재는 해석적인 '권력에의 의지'를 통해서 시작된다. 문화 치료사로서 그는 임의적으로 새로운 언어를 발표하였고, 그것을 위하여 해석의 새로운 시스템이 그것에 상응하는 새로운 실재를 가져오게 되었다.[47]

요약하면 초인의 철학자는 우리가 그의 언어, 영원으로부터 회귀하는 거의 신화를 수용할 것을 요청한다. 그는 그것이 단지 자유롭게 떠다니는 심미적인 우주라고 인식하지만 우리가 일단 그곳에 살게 되면 이러한 그의 이상 가운데서 변화될 수 있을 것이라는 희망을 가지고 있었다.[48]

해석학의 문제

후기 칸트 학파 철학자들의 작업에서 시작하여 그것을 넘어서면서 니체는 계속해서 경보를 울렸고, 모더니즘은 대재앙으로 붕괴될 위기 가

---

47) 위의 책, 96-97.
48) 위의 책, 99.

운데 놓여 있었다. 이상주의자인 그의 동료와 함께 니체는 모던 철학의 거장인 데카르트와 칸트에 의해서 세심하게 구성된 초월적인 자아에 대한 죽음의 시작을 알리는 문제들을 제기했다. 그러나 이런 독일의 이상주의자들의 역할은 크게 이러한 경향을 위해 예비해 놓은 것이었다. 그들은 결과적으로 다른 이들에게 모더니즘을 침식시키며 포스트모던 시대를 준비하는 문제들에 집중하는 과업을 남겼다.

니체는 서양 철학으로 하여금 해석의 본질에 대한 복잡한 이슈에 직접적으로 대면하도록 만들었다. 그는 명확하게 질문을 제기했으며 다른 철학자들이 답을 찾도록 했다. 그들의 탐구 과정에서 취하는 길은 쓰여진 텍스트에 대한 해석 이론인 해석학의 우세를 탐구하는 것이었다.

모던 해석학의 시작 : 프리드리히 슐라이어마허

해석학에 대한 모더니즘 논의는 니체보다 반세기나 먼저 있었다. 그것은 철학자가 아니라 '모던 신학의 아버지' 로 알려진 신학자 프리드리히 슐라이어마허(Friedrich Schleiermacher, 1768-1834)에 의해서 시작되었다.[49]

슐라이어마허의 탐구는 성경 본문이 조직신학적인 논문이 아니라는 발견에서부터 시작된다. 실로 성경 본문은 특정 상황에 반응하는 창의적 지성의 산물이다. 이것을 기초로 19세기 신학자인 그는 본문을 이해하기 위해서 해석자는 저자의 삶의 정황에 그 본문을 놓아야 하며 인쇄된 글 이면에 있는 저자의 생각까지 이르러야 한다고 주장한다.

---

[49] F. D. E. Schleiermacher, *Hermeneutics: The Handwritten Manuscripts*, American Academy of Religion Texts and Translation Series, 1, ed. Heinz Kimmerle, trans. James Duke and Jack Forstman (Atlanta: Scholars Press, 1977)를 보라.

결국 슐라이어마허는 해석의 두 측면인 문법적인 것과 심리학적인 것을 구분했다. 문법적인 이해는 단어와 구절의 의미를 찾으려고 한다. 심리학적 이해는 기록된 본문이 표현하고 있는 단어 이면에 있는 저자의 생각을 읽으려고 한다.[50]

슐라이어마허의 방법은 이해를 가능하게 하는 조건들에 대한 철학적 분석을 구체화한다.[51] 저변에 놓여 있는 가정은 우리가 작품을 이해하기 위해서는 그것이 만들어지게 되는 과정을 다시 재구성해야 한다는 것이다. 원래 창의적 과정은 광범위한 사회적 환경이라는 상황 가운데서 저자의 개인적 전망과 생애로부터 주어진다.

궁극적으로 해석자가 저자의 생각을 재구성할 수 있다고 이해한 슐라이어마허의 낙관주의는 낭만주의의 영향을 보여준다. 그는 저자와 해석자는 보편적인 삶의 표현이라는 가정으로부터 그의 주장을 펼쳐간다. 해석자가 해석학적 과제를 성취하기 위해 이런 종류의 연결은 반드시 가져야 한다. 왜냐하면 결국에 해석자는 저자의 세계에 대해 이해를 가져야 할 뿐만 아니라 어떤 면에서 자신을 저자의 세계에 서게 해야 한다.[52]

---

50) 독일 철학자 빌헬름 딜타이는 슐라이어마허의 이러한 구분을 다음과 같이 설명한다. "문법적 해석은 그 전체 작업의 이곳저곳을 연결하려는 가장 깊게 시도하는 일이다. 심리학적 해석은 내적 창조적 과정에 담겨 있는 것을 탐구함으로 시작하며 해석하는 본문의 내부와 외부의 형태로 나아가게 된다. 그리고 거기에서부터 저자의 정신적 차원과 그 작품의 발전 과정에서 그의 모든 작품의 통일성을 이해하는 쪽으로 나아가게 된다." Wilhelm Dilthey, "Development of Hermeneutics," in *Dilthey, Selected Writings*, ed. H. P. Rickman (Cambridge: Cambridge University Press, 1976), 259.
51) H. A. Hodges, *The Philosophy of Wilhelm Dilthey* (1952; reprint, Westport, Conn.: Greenwood Press, 1974), 13.
52) 이러한 슐라이어마허의 입장이 가지는 특성을 살펴보기 위해서는 Hans-Georg Gadamer, *Truth and Method*, trans. and ed. Garrett Barden and John Cumming (New York: Crossroad, 1984), 166-67쪽을 참고하라.

역사주의와 해석학 : 빌헬름 딜타이

슐라이어마허는 지난 2세기 동안의 해석학적 논의의 기초를 놓았던 인물이었다. 그러나 이러한 논의에 있어서 변화가 일어나게 되는데, 이것은 현대의 니체로 알려져 있는 독일의 또 다른 철학자 빌헬름 딜타이(Wilhelm Dilthey, 1833-1911)를 통해서 일어난다. 딜타이는 해석학의 과제를 역사의 지평 안에서 찾았다. 그런 목표를 성취함에 있어서 그는 독일 이상주의자들이 주장한 초월적 자아의 문제점을 드러내는 데 전념하면서 전진했다. 왜냐하면 그는 인간 존재를 역사적 상황 안에 위치시키기 때문이다.

경험에로의 전환은 딜타이의 전체 프로그램에서 기초를 이룬다. 칸트의 긍정적 지성 이론은 인식하는 자아가 어떤 초월적 원리들(예를 들면, 공간과 시간과 같은)을 통해 인식하는 대상의 세계를 구성한다고 주장한다. 이 원리들은 마음 안에서, 혹은 이해 그 자체 안에서 처음 일어나는 선험적인 원리들이다.

딜타이는 사고의 구조가 선험적이라는 사실을 부정한다. 그는 그것이 전적으로 지성(mind)에 속해 있지 않다고 주장한다. 그가 말하기를 사고는 '경험'에 의해서 일어나며 유추된다고 말한다. 결과적으로 딜타이에게는 의미, 근원, 또는 이성적 원리들에 있어서 '시간이 없는 세계'는 그것이 차지할 자리가 없다. 형이상학적 주체나 초월적인 자아 개념에 동의하지도 않는다. 딜타이는 인간을 이성과 몸이 하나로서 물리적이며 사회적 환경에 상호 작용하면서 살아가는 것으로 이해한다.[53] 그는 모든 경험과 사고는 이런 상호 작용을 통해서 일어난다고 주장한다. 사고는 항상 변화무쌍한 자아와 그 주변 세계의 만남에 의해서 지배를 받는다.[54]

---

53) Hodges, *The Philosophy of Wilhelm Dilthey*, xviii-xix.
54) 위의 책, 31.

그러나 딜타이는 데카르트와 칸트의 자아 이해를 완전히 무너뜨리지 않는다. 대신 그는 자아를 역사적으로, 그리고 사회적인 조건들로 구성된 '세계관'(worldviews)에 자아를 연결시킨다.

딜타이에 의하면 우리는 사회적 관습과 전통에 표현되고 축적된 인간 지혜를 물려받은 존재이다. 이렇게 발전하는 경험의 실체(body)는 통일성 있는 형이상학적 시스템, 즉 세계관(Weltanschauung)을 구성하도록 돕는 경험의 흐름을 배열할 수 있게 해준다. 이러한 세계관은 세계, 가치판단, 세상에서 우리가 발견하게 되는 의미, 그리고 우리가 사는 세상에서 삶을 영위하도록 이끌어주는 행동의 목표, 이상과 원칙에 대한 우리의 지식과 신념을 포함한다.[55]

모든 세계관은 그것이 '진실된'(true) 것이어야 한다는 주장이 그 안에는 함축되어 있다. 그러나 어떤 단일의 세계관(Weltanschauung)도 누구나에게 보편적으로 지지를 얻는 것은 아니다. 사실 사람들은 단지 다를 뿐만 아니라 조화되지 않는(irreconcilable) 세계관을 주장한다. 딜타이는 삶 자체가 가지는 변덕스러운 특성은 다양한 세계관을 기초로 한다고 주장한다. 우리의 세계를 경험하는 것은 유한하다는 사실을 인식해야 하며, 우리가 구성하는 어떤 세계관만이 완전하며 배타적 진리라고 주장하는 것을 피해야 한다고 그는 말한다. 그렇게 할 때에만 우리는 다른 세계관을 이해함으로써 우리 자신의 비전을 확장할 수 있으며, 그때 딜타이가 소중한 목표로 삼고 있는 온전히 균형이 잡힌 관점으로 접근할 수 있다.[56]

유사한 방식으로 철학자들은 하나의 보편적이며 유효한 형이상학적 시스템이 있다고 믿고 싶어하는 유혹을 피해야 한다고 딜타이는 주장한

---

55) 위의 책, 85-86.
56) 위의 책, 354-55.

다.⁵⁷⁾ 그는 종교, 예술, 철학과 같은 진취적 정신(enterprise)이 추구해야 할 목표는 객관적인 세계 질서를 발견하는 것이 아니라 세계의 경험을 통일시키기 위한 인간의 지성이 추구하려는 노력이 다양한 방식으로 표현될 수 있도록 하는 것이어야 한다고 주장한다.⁵⁸⁾

경쟁적인 세계관의 진리 주장을 판단하는 것보다 딜타이에게 있어서 더 중요한 것은 역사 속에서 겪고 있는 변화를 관찰하는 것이다. 그러한 관찰은 자연 과학과 인간 정신 세계를 탐구하는 과학 사이에는 중요한 차이를 발견하게 만들었다. 자연 과학은 현상을 분류하며 일반적인 법칙을 이해하는 것에 중점을 둔다면, 사회 과학은 그렇지 않다고 그는 주장한다. 인간의 삶은 분류될 수 있는 데이터로 우리에게 다가오지 않으며 이미 살아온 삶, 즉 해석과 의미를 통해서 살아온 삶으로 다가온다. 우리는 '안으로부터' 인간 행동을 관찰할 수 있기 때문에 그것을 이해할 수 있으며, 따라서 사람들이 말하고 행동하는 의미를 인식할 수 있다. 과학자들은 자연 현상의 범주나 의미를 '부여'(impose)하지만, 철학자들은 단순히 단어, 행동, 태도와 거대한 해석의 복잡성을 나타내는 인간의 사회적 기관 등이 가지는 분명한 의미들을 '읽는다'(read).

딜타이는 인간의 행동과 관련된 의미들은 언제나 역사적 컨텍스트에 있다고 지적한다. 이런 이유 때문에 그는 자주 '역사주의'라고 칭해지는 흐름의 중요한 인물로 자주 높임을 받았다. 우리는 결코 우리 자신의 역사적인 상황들로부터 도피할 수 없다고 그는 주장한다. 역사를 벗어나서 초월적인 위치에서 역사를 볼 수 있다고 주장할 수 있는 철학자는 그 누구

---

57) 위의 책, 91.
58) 위의 책, 93-94. 하지스(Hodges)는 이 점을 딜타이의 책, *Gesammelte Schriften*, 5권과 관련하여 설명한다. Dilthey, *Gesammelte Schriften*, 413-16쪽을 참고하라.

도 없다고 딜타이는 말한다. 그들의 이해는 자신들이 서 있는 역사적 컨텍스트를 통해서, 즉 자신들이 서 있는 '지평'에 의해서 필연적으로 한계 지어져 있다고 딜타이는 주장한다.[59]

딜타이의 역사주의는 그를 해석학의 연구로 이끌었으며 자신은 이것을 '인간 경험의 조직적 해석'이라고 부른다. 이러한 연구의 목표는 인간 경험의 과거 표현에 담겨 있는 사회적, 문화적 의미 구조를 이해하는 것이다. 그러한 인간 경험의 과거 표현은 오늘날 연구가 가능한 상태로 남아 있다. 그는 이러한 표현을 가장 쉽게 얻을 수 있고 가장 중요한 것은 기록된 문서이며, 그래서 해석학의 초점은 언어에 있다고 주장한다.[60]

그러나 텍스트를 이해하는 과제는 딜타이가 '해석학적 원'이라고 부르는 것에 의해 초기부터 복잡하다. 복잡한 전체와 부분은 분리할 수 없게 언제나 서로 얽혀 있다는 일반적 인식은 이것의 기초를 이룬다. 우리는 오직 그것의 각 부분에 관심을 가짐으로써 전체를 알 수 있다. 그러나 각 부분은 그것의 의미를 전체 안에서만 찾을 수 있게 된다. 다른 식으로 표현하면 우리는 복잡한 구조를 그것이 표현하는 부분적인 것을 이해할 때 이해할 수 있지만 우리는 어느 특별한 것을 이해하기 위해서는 전체 시스템을 이해할 때 가능하다.[61]

---

59) Solomon, *Continental Philosophy since 1750*, 106.
60) "우리 시대와는 떨어져 있고 지나간 것인 이것을 재창조하고 생명력을 불어넣는 것은 우리 주변에서 구할 수 있으며 항구적으로 고정되어 있는 표현에 의존한다. 그렇게 하여 이해는 언젠가 다시 그러한 표현으로 돌아오게 된다."고 딜타이는 쓰고 있다. "항구적으로 고정된 표현을 이해하는 방법을 우리는 '석의'(exegesis)라고 부른다. 지성의 생명력은 그것으로 완성되고 총망라한, 그래서 언어 가운데서 객관적으로 이해할 수 있는 표현을 발견하게 되는 것처럼 석의는 인간 존재의 기록의 해석에서 그 최고점을 드러내게 된다. 이러한 방법은 문헌학의 기초가 된다. 이러한 방법의 과학을 우리는 해석학이라고 한다." Dilthey, "Construction of the Historical World," in *Dilthey: Selected Writings*, 228.
61) Solomon, *Continental Philosophy since 1750*, 106-7.

단어와 문장 사이의 연결은 우리에게 좋은 예를 제공해 준다. "그 곤봉을 내게 건네줘!"라는 명령문으로 된 문장을 이해하기 위해서는 개별적인 단어의 의미를 알 때 가능하다. 그러나 우리는 '곤봉'에 대한 적절한 의미와 '건네주다'가 동사인지, 명사인지를 전체 문장을 이해하기 전까지는 알 수 없다.[62]

딜타이에 따르면 부분-전체 관계와 관련된 문제는 모든 인간 세계의 측면에 퍼져 있으며, 특히 역사 연구의 분야에서는 아주 중요한 요소로 작용한다. 우리는 어떤 사람의 개별적 사고를 이해하기 위해서는 그들이 살았던 문화적인 환경을 이해할 때 가능하지만 주어진 역사의 어느 시대의 문화에 대한 이해는 그 시대에 살았던 개인의 사고에 대한 이해를 필요로 한다.[63]

해석학적 원은 무조건적인 지식의 체계를 세울 수 있는 자명한, 또는 자기 충족적인 확실성이나 초월적인 시작점을 발견할 수 있을 것이라는 모든 희망을 약화시킨다. 딜타이는 이 원이 이론적으로 해결할 수 없다는 사실을 인정한다. 그럼에도 불구하고 그는 특별한 방법을 통해서 실제적으로 이 문제를 풀 수 있다고 제안한다. 특히 우리는 복잡한 상황을 귀납적이며 이리저리 왔다갔다 하는 운동을 통해서 잠정적인 결론에 이르게 되며 점진적으로 상세히 설명하며 수정해 나감으로써 이해할 수 있다. 우리는 각 부분을 통해서 전체에 대한 사전 이해를 할 수 있다. 그런 다음에 우리는 부분들의 중요성을 보다 정확하게 결정하기 위한 감각을 이용하게 된다. 부분에 대한 보다 좋은 아이디어를 통해서 우리는 전체에 대한

---

62) H. P. 릭만은 이러한 예를 그의 책 서문에서 사용하여 설명한다. H. P. Rickman, ed., *Dilthey: Selected Writings*, 10-11.
63) Dilthey, "The Construction of the Historical World in the Human Studies," in H. P. Rickman, ed., *Dilthey: Select Writings*, 196쪽을 보라.

우리의 생각이 바른 것인지 점검할 수 있고, 그것을 수정해 나갈 수 있게 된다.

> 여기에서 우리는 모든 해석에 있어서 일반적인 어려움에 직면하게 된다. 어떤 해석을 포괄적으로 하려면 개별적 단어와 그것들이 어떻게 연결되는지에 대해 이해할 수 있어야 한다. 특히 개별적인 부분을 온전히 이해하는 것이 전제되어야 한다. 이러한 순환 구조는 개별 작품을 저자의 정신과 사상의 발전과의 연관성을 두고 반복된다. 그리고 개별 작품은 그것이 가지는 문학적 장르와 연관성 가운데서 다시 순환되어야 한다. …… 이론적으로 우리는 모든 해석에 있어서 한계를 가지고 행해진다. 그것은 이러한 단계에서 그 임무를 수행할 수 있다. 그렇게 하여 모든 이해는 언제나 상대적이 되며 완성을 선언할 수 없게 된다.
> —빌헬름 딜타이[64]

그러나 귀납적 석의 과정은 그 나름대로의 한계를 가지고 있다. 딜타이는 우리가 연구하고 있는 특정 데이터가 가지고 있는 내재적 구조에 빛을 밝힐 수 있다고 주장하는데, 그것을 통일된 전체로 만들면서 그리할 수 있다는 것이다.[65] 그러나 그것은 진리에 '가깝게' 우리를 인도할 뿐이다. 우리는 이런 과정을 통해서 우리가 보편적인 법칙을 발견할 수 있다고 상상해서는 안 된다. 이것은 해석학적 원이 특히 인간 정신의 과학에

---

64) Wilhelm Dilthey, "The Development of Hermeneutics," in *Dilthey: Selected Writings*, ed. H. P. Rickman (Cambridge: Cambridge University Press, 1976), 259.
65) Hodges, *Philosophy of Dilthey*, 139-40. 이러한 점을 하지스는 딜타이 연구서 7권에서 찾아볼 수 있다고 주장한다. Dilthey, *Gesammelte Schriften*, 220, 227쪽 참조.

일반적으로 응용될 때도 마찬가지이다. 비록 우리의 지평 너머의 것을 볼 수 있는 희망을 배제해 버렸지만 딜타이는 역사에 대한 귀납적 연구가 모든 인류를 엮을 수 있는 충분하고 보편적인 의미에 도달하게 할 것인지에 대해서 아무런 보장을 하지 않는다.

슐라이어마허는 성경 해석의 목적은 저자의 정신을 붙잡는 것이라고 말했다. 딜타이는 해석학에 대한 슐라이어마허의 관심을 모든 문서와 실로 인간 제반 활동으로 확장했다. 그는 모든 인간 활동은 해석자가 조명할 수 있는 의미를 가지고 있다고 믿었다. 20세기에 마틴 하이데거(Martin Heidegger)와 한스-게오르그 가다머(Hans-Georg Gadamer)와 같은 철학자가 이런 생각을 가지고 해석학을 전개해 간다.

다름의 해석학 : 마틴 하이데거

20세기 철학자 중에 마틴 하이데거(Martin Heidegger, 1884-1976)만큼 널리 논의되고 다양하게 이해되었던 철학자는 아마도 없을 것이다. 그의 철학에 대한 해석자들은 일반적으로 그의 저술 활동을 크게 두 부분으로 나눈다. 그 부분들은 서로 대조를 이루는데, 전반부에 하이데거는 실존적인 경향을 취하며 후반부에는 보다 시적 경향을 취한다.

20세기 대부분 동안 그는 '독일 실존주의의 아버지'(이것은 본인이 별로 좋아하지 않은 표현이었다.)로 많은 사람들에게 인식되었다.[66] 그의 저작은 실존주의 신학의 철학적 기초를 제공한 것으로 평가되면서 기독교 신학자인 루돌프 불트만(Rudolf Bultmann)이나 잔 맥쿼리(John Macquarrie)에 의해서 자주 인용되었다. 이런 연관성에서 보면 하이데거는 인간 존재는 자신의 임박한 죽음에 대해 의식하고 있다는 사실이 함축하고 있는 실존적

---

66) Megill, *Prophets of Extremity*, 150-51.

함의에 대한 예리한 통찰력에 대해 인정을 받고 있다.[67]

포스트모더니즘의 도래는 초기 하이데거의 실존주의적 관심에서 후기 하이데거의 문헌적 관심으로 초점이 바뀌게 된다. 하이데거를 포스트모던인들은 "니체를 심각하게 철학자로서 간주했던"[68] 첫 번째 철학자로 보고 있다. 그러나 어떤 의미에서 그가 포스트모던 정신의 선구자인가?

하이데거는 1889년에 태어났다. 그는 독일 프라이부르크대학을 졸업했고, 모교에서 8년을 가르친 후 마르부르크대학교의 철학 교수가 되었다(1923). 그리고 1929년에 널리 알려진 철학자 에드문트 후셀(Edmund Husserl)의 후계자로서 프라이부르크대학 교수로 돌아왔다. 1945년에 독일 제 3제국(Third Reich)이 붕괴된 후 전쟁 중 나치에 동조한 혐의로 교수직을 박탈당했다. 이 시점에서 그는 은퇴하여 프라이부르크대학 근처에서 은둔 생활을 하며 지냈다.

그의 초기에 하이데거는 형이상학의 근본적인 질문은 존재(Being)에

---

67) 하이데거는 인간 실존이 '죽음에 대해 자유로운' 존재로 이해할 수 있을 때 진정한 존재가 된다고 주장한다. "죽음에 대해 초월하는 존재는 '현존재'(Dasein; 문자적으로는 '거기에 있는 존재')에게 그의 목표를 완전하게 부여해 준다. …… 이것은 우리가 현존재의 근본적 역사화를 어떻게 지명하는지와 관련이 있다. 그것은 진정하게 결연한 결심 가운데 놓여 있으며, 그 안에서 현존재는 그것 자체에게로 내려가 그것 자체를 향해 건네주게 된다. 죽음으로부터 자유로우며 본래적으로 주어진 것을 선택할 수 있는 가능성을 가진다." 우리의 죽음을 예견할 때 죽음에 대해 자유롭게 될 수 있다. 하이데거의 용어를 빌리면 "예견에 의해 현존재가 죽음으로부터 자유롭게 되어 그것이 강력하게 될 때 현존재는 그 자체가 가지고 있는 뛰어난 힘을 이해할 수 있게 된다. 그 힘은 유한적 자유를 인식함으로부터 주어지는데 그렇게 하여 이러한 자유 안에서 그러한 선택을 할 수 있게 된다. 그렇게 함으로써 포기의 무력함을 겨냥할 수 있게 되며, 드러난 상황의 우연성에 대한 분명한 비전을 가질 수 있게 된다." Heidegger, *Being and Time*, trans. John Macquarrie and Edward Robinson (New York: Harper & Row, 1962), 435, 436.

68) Heidegger, "The Word of Nietzsche: 'God Is Dead,'" in *"The Question Concerning Technology" and Other Essays*, trans. William Lovitt (New York: Harper & Row, 1977), 54-55.

관한 질문이다: "왜 아무것도 없는 대신에 어떤 것이 있는가?"[69] 이 질문은 그당시 지배적인 철학에 대해 급진적인 비평으로 그를 인도했다.

하이데거는 서구 철학 전통은 잘못된 질문에 근거하고 있다고 주장한다. 고대 그리스에서 당시까지 그는 철학자들이 존재하는 것(things-in-being; 또는 '바깥에 있는' 것)에 대한 결정적 판단을 추구했다고 주장한다. 존재에 대한 반대의 것을 분석하면서(예를 들어 되어지는 것과 나타나는 것), 그들은 반대되는 것을 넘어 근본적인 항목들을 발견하고 존재에 이르려고 노력했다.

이렇게 함으로써 그들은 자신들의 주요 관점이 '거기에 있는 것', 세상에 있는 것에 있어야 한다는 것을 보지 못했다. 하이데거는 인간의 실존을 통해서 존재, 또는 실재(그는 후에 이것을 '의미를 위한 새로운 기초'라고 말했다.)[70]를 발견하려고 했다.

이러한 프로젝트는 우리에게 그의 초기 작품의 초석인 '현존재'(Dasein) - '존재하는 것'(being-in), 또는 직역하면 '거기에 존재하는 것'(being there) - 개념을 소개해 준다. 비록 '현존재'는 난해하고 어떻게 정의하기가 쉽지 않은 개념이지만[71] 하이데거는 그것은 인간의 실존과 긴밀하게 연결시킨다. 현존재는 존재 자체의 본질과 관련된 실재(reality)이다. 현존재는 다음의 사항에 대해 깊이 숙고한다. 나는 누구인가? 나는 어떻

---

69) Martin Heidegger, *An Introduction to Metaphysics*, trans. Ralph Manheim (New York: Doubleday-Anchor, 1961), 1.
70) 이러한 하이데거의 주장의 변화에 대한 논의를 살펴보기 위해서는 잔 앤더슨(John M. Anderson)의 다음 책의 서문을 참고하라. John M. Anderson, "Introduction," in Heidegger, *Discourse on Thinking*, trans. John M. Anderson and E. Hans Freund (New York: Harper & Row, 1966), 19-21.
71) '현존재'에 관해서 솔로몬은 다음과 같이 선언한다. "그것은 본질적으로 애매하며, 표현하기가 어려우며, 거의 무의의 명칭이다. 그것은 실질적으로는 철학에 대한 적절한 주제라기보다는 어떤 자세를 가리킨다." Solomon, *Continental Philosophy since 1750*, 154.

게 존재하게 되었는가? 나의 존재가 의미하는 것은 무엇인가? 현존재는 항상 이런 질문을 제기한다. 그러나 결론적인 답은 크게 나타나지 않는다. 하이데거에 의하면 우리가 누구인지(또는 무엇인지)를 '발견하려고 하기'(find out)보다는 그 존재로 '살아가기'(work out) 위해 힘써야 한다. 우리는 세상을 살아가면서 이것을 하게 된다.

현존재는 정적인 '무엇'이라기보다는 활동(activity), 즉 세상에서 실제적으로 살아가는 것이다. 하이데거의 용어를 빌리면 현존재는 근본적으로 '존재하는 것'(being-in) 또는 '세상에 존재하는 것'(being-in-the-world)이다.[72]

'존재하는 것'으로서의 현존재 개념을 증강시키면서 하이데거는 데카르트-칸트의 자아 개념을 거부하는데, 그들은 세계를 객체로 만나는 자각하는 주체로 이해하였다. 데카르트와 그를 잇는 계몽주의 전통 전체는 생각하는 주체에서 시작한다: "나는 생각한다. 고로 존재한다." 그와 반대로 하이데거는 철학의 시작이 스스로 자각하는 사고(self-aware thinking)가 아니라 단순히 '거기에 존재하는 것'(being there)이라고 선언한다.

사고하는 자아를 '존재하는 것'으로 대체하는 것은 실재에 대한 보다 통전적인 이해의 길을 열어준다. 그것은 주체-객체의 이원론과 '자아'와 '세계'에 대한 두 부분의 경험을 피하는 방법을 제시한다. 이것은 주체와 객체의 두 부분을 '현재 함께하는 존재'(being-present-at-hand-together)인 단일의 현상으로 이해하면서 그렇게 제시한다.[73] 이음새가 없는 전체로서 세상에 있는 존재(being-in-the-world)에 대한 이상은 하이데거로 하여금 데카르트 이후에 철학(그리고 문학 이론)을 에워싼 이원론을 혹독하게

---

72) Heidegger, *Being and Time*, 78.
73) 위의 책, 221.

공격하게 한다.[74] 그의 목표는 몸과 정신, 자아와 세계, 주체와 객체, 자아와 타자 등으로 나누는 전통적 이분법을 제거하는 것이었다.[75] 특히 그는 시간과 인간 사회, 또는 삶과 동떨어진 어떤 영원한 초월적 세계에 존재하는 독립적 실체로서의 주체(subject) 개념을 제거하려고 했다.[76]

우리가 세계 가운데 자리잡은 존재라는 하이데거의 주장은 아마도 그의 유산을 물려받았다고 주장하는 포스트모던 철학자들에게 가장 중요한 사고 중 하나가 된 개념이었다. 그는 '현존'(presence)에 대한 서구의 철학적 이해에 대해 도전적인 비평을 제공한다.

하이데거는 플라톤 이후의 철학자들이 '현존'과 존재(Being)를 혼동했다고 주장한다. 서구 철학 전통을 따라 우리는 존재(existence)를 '현재'라는 단일 시간 모드라는 관점에서 보고 있다. 우리는 물체가 존재한다는 것을 지금 여기(here-and-now)에서 존재를 보여줄 때 존재한다고 말한다.[77] 하이데거는 현재에 초점을 맞추는 것을 반대하는데, 그것이 주체와 객체를 나누는 치명적인 데카르트식의 이분법을 강화하기 때문이다. 그것은 우리 자신을 의식하고 생각하는 자아와 우리가 자각할 수 있는 객체로서의 물리적 세계 사이의 구별이 있어야 한다고 주장한다.

하이데거는 우리가 존재를 이해할 때 시간의 일시성이 가지는 3차원, 즉 과거, 현재, 미래와의 연관성 가운데서 이해할 것을 요청한다. 그렇게 행하는 것은 우리로 하여금 존재는 현존과 비현존을 포함한다는 사실

---

74) Frank Lentricchia, *After the New Criticism* (Chicago: University of Chicago Press, 1980), 81.
75) Solomon, *Continental Philosophy since 1750*, 156.
76) Lentricchia, *After the New Criticism*, 81, 85.
77) 예를 들어 이러한 주장을 보기 위해서는 Heidegger, *Being and Time*, 47, 101; "Time and Being," in Heidegger, *On Time and Being*, trans. Joan Stambaugh (New York: Harper & Row, 1972), 3, 12-15쪽 등을 참고하라.

을 발견하도록 해준다고 그는 주장한다. 지금 존재하는 것은 현재 우리에게 무엇을 보여줄 뿐만 아니라 그것은 역시 현재 우리에게 현존하지 않는 것이기도 하다. 왜냐하면 그것은 과거도, 미래도 아니기 때문이다.

하이데거의 논제에 대하여 포스트모던 철학자들은 중요한 질문을 던졌다: 존재와 관련해서 현존과 비현존을 연결시키는 것은 무엇인가?[78] 분명하게 서로 반대를 이루고 있는 대상들, 즉 현존과 비현존, 동일성과 차이, 또는 존재와 비존재 사이에는 무엇이 놓여 있는가? 자크 데리다는 그의 '차연'(差延, differance)의 개념을 형성하면서 '차이'(difference)에 대한 하이데거의 논의를 통해 이해한다.[79] 그러나 포스트모던 철학자들은 전반적으로 하이데거의 후기 작품들에서 '진리'의 특성과 언어에 대해서 더 많이 탐구하였고 이런 철학적 문제에 관한 관점에 대해서 관심을 크게 갖지 않았다.

---

78) 예를 들면, 이것에 대해서는 Mark C. Taylor, "The End(s) of Theology," in *Theology at the End of Modernity: Essays in Honor of Gordon D. Kaufman*, ed. Sheila Greeve Davaney (Philadelphia: Trinity Press International, 1991)를 참고하라. 테일러는 특히 여기에서 하이데거의 논문, "The End of Philosophy and the Task of Thinking" (철학의 결말과 사고의 과제)를 깊이 다루고 있다.

79) '차이'(difference)에 대한 하이데거의 논의를 보기 위해서는 그의 논문, "Language," in *Poetry, Language, Thought*, trans. Albert Hofstadter (New York: Harper & Row, 1971), 202-10쪽을 보라.
역주/ '차연'(differance)은 프랑스 철학자 자크 데리다가 만들어낸 신조어로 그의 독자 비평 작업인 해체 비평의 관건이 되는 비평 용어이다. 데리다는 프랑스어 'differance'(디페랑스)는 'difference'(차이)의 어미 '-ence'를 '-ance'로 바꾸어서 만든 것으로 그의 해체론적 반인식론(anti-epistemology)에 있어서 중요한 관련어를 지칭하기 위해 사용한 독특한 조어이다. 이 말에는 '다르다'(differ)의 의미와 '지연시키다'(differ)의 의미를 모두 가지고 있는 프랑스어 'differer'(디페레)가 포함되어 있다. 즉, 디페랑스는 동음어인 디페레가 결합되어 만들어진 것을 알리기 위해 어미를 '-ance'로 바꾼 것이다. 그에게 있어서 '차연'은 차이라는 개념뿐만 아니라 연기, 혹은 지연이라는 의미도 담고 있다. 이것은 데리다에게 있어서 단어도 아니고 개념도 아닌 두 가지 의미, 차이와 지연을 모두 작동시키며 어떤 순간에도 어떤 한쪽만의 의미로는 환원되지 않는다고 주장한다.

하이데거는 서구 전통의 특성이라고 그가 표현하는 진술적 사고(representational thinking)의 확실성으로 진리를 변형해 가는 것에 대해서 비평적이다.[80] 즉, 그는 우리의 진술과 우리 밖에 존재하고 있는 완전히 형성된 실재와의 대응 사이에 진리가 구성된다는 일반적인 가정을 거부한다. 그는 이런 대응 이론을 통한 확실성에 대한 요구는 우리로 하여금 잘못된 방향으로 나아가게 한다고 주장한다. 진리는 절대적이며 독립적(autonomous)이지 않다. 오히려 진리는 관계적(relational)이라고 주장한다.[81] 이런 지배적인 관점은 단순히 외부 세계 자체가 무의미한 것이기 때문에 허용할 수 없다. 우리에게는 참여자로서 우리가 관여한 경험의 세계만 가지고 있을 뿐이다. 결과적으로 우리는 어떤 것 '안에' 있었던 것에 대해서만 진리에 대해서 말할 수 있으며 경험 밖에서는 그것을 찾을 수 없다.

하이데거에 의하면 진리는 명제들의 확실성을 위한 연구에서 얻어지는 보상이 아니라고 말한다. 진리는 '계시'(revelation), 즉 존재(Being)의 '노출'과 관련이 있다. 이 진리를 얻기 위해서는 '신비에 대한 열린 마음'(openness to the mystery)이 필요하며, 이것은 모던 시대의 고정된 계산적 사고(calculative thinking)에서 '명상적 사고'(meditative thinking)로 나아갈 때 가능하다.[82] 그는 우리가 자랑하는 개념적 항목들이 존재의 진리를 붙들기에는 불충분하다고 말한다. 우리는 단순히 이론적이거나 실제적인 것이 아니라 그런 구별을 앞선 보다 새롭고 엄밀한 형태의 사고가

---

80) Heidegger, "Metaphysics as History of Being," in *The End of Philosophy*, trans. Joan Stambaugh (New York: Harper & Row, 1973), 19-26.
81) 하이데거는 확실성에 대한 요구에 대해서 비판하는데, 왜냐하면 "그것이 더 이상 무엇에 대한 관계에 의존하지 않고 이 관계로부터 아주 처음부터 면제되고 그것 안에 놓여 있는" 진리에 대한 기초를 요구하기 때문이다. Heidegger, "Metaphysics as History of Being," 26.
82) Heidegger, "Memorial Address," in *Discourse on Thinking*, 55, 46.

필요하다.[83]

> 예술은 진리가 되는 것(becoming)이고 생기게 하는 것(happening)이다. 그러면 진리는 아무것도 없는 무에서 나오는 것인가? 무에서라는 말이 단지 아무것도 없는 상태를 의미하고 보통의 방식으로 현존하는 대상에 대해서 우리가 생각한다면, 그렇게 해서 어떤 광명을 찾게 되고 오직 추정적으로 진정한 존재로서 어떤 일의 존재(the existence of the work)에 의해서 도전을 받게 된다면 그것은 실로 그렇다고 대답할 수 있다.
> —마틴 하이데거[84]

그런데 존재의 실존은 어떤 사고를 통해서 드러나게 되는가? 여기서 하이데거는 니체에 의해서 주도된 심미주의(aestheticism)로 돌아간다. 그는 개념적 강화(conceptual discourse)를 넘어서 예술적 표현(artistic expression)으로 나아간다. 그는 예술은 단순히 진리, 혹은 존재의 '계시'(revelation)를 위한 수단이 아니라 사실상 진리의 '창조'(creation)를 위한 수단이 될 수 있다고 주장한다.[85] 사실상 하이데거는 예술 작품은 자신만의 세계를 창조한다고 넌지시 말한다.[86]

그렇다고 하이데거는 궁극적 세계를 창조하는 힘은 단지 예술의 영역에 위탁하지만은 않는다. 그 이전에 활동했던 니체와 같이 그는 이런

---

83) Heidegger, "Letter on Humanism," in *Basic Writings*, ed. David Farrell Krell (New York: Harper & Row, 1976), 235, 236쪽을 참고하라.
84) Martin Heidegger, *Poetry, Language, Thought*, trans. Albert Hofstadter (New York: Harper & Row, 1971), 71.
85) Megill, *Prophets of Extremity*, 157-62.
86) "어떤 예술 작품이 된다는 것은 세계를 세우는 것을 의미한다."고 하이데거는 주장한다. Heidegger, *Poetry, Language, Thought*, 44.

능력을 보다 과감하게 언어, 특히 언어적 표현의 정수인 시에 돌린다.[87]

언어는 미술을 선행한다. 왜냐하면 언어가 사고와 더욱 밀접하게 관련이 되어 있기 때문이다. 사실 하이데거에 의하면 언어와 사고는 거의 상호적인데, 언어의 경험은 사고의 경험 그 자체라는 점에서 그렇다.[88] 니체와 같이 하이데거는 사고와의 연결을 통해서 언어는 인간 세계를 존재하도록 하는 중요한 역할을 한다.[89]

이러한 점에서 하이데거는 니체가 가려고 했던 것보다 더욱 깊이 들어가는 것 같다. 그는 우리는 언어를 창조하기보다는 그 안에서 움직인다고 주장한다.[90] 우리의 '존재'(being-in) 언어는 우리로 하여금 언어—하이데거에게는 실재, 또는 존재이다—가 그 자체를 우리에게 준다는 사실을 발견하게 만든다. 우리가 언어에서 이런 종류의 진정한 경험을 하게 될 때 우리는 변화하게 될 것이라고 하이데거는 믿고 있다.[91]

> 이름을 부여하는 것을 통해 명명된 사물은 그들의 존재 가운데 나아가도록 부름받는다. 사물이 사물 자체가 되면서 그것은 세상을 펼쳐 보이게 되는데, 그 세계 가운데 거하게 되며, 그렇게 하면서 하나로 거하게 된다.
>
> —마틴 하이데거[92]

---

87) Heidegger, *Poetry, Language, Thought*, 73-74. 하이데거의 언어에 대한 일반적 관점을 살펴보기 위해서는 Megill, *Prophets of Extremity*, 162-70쪽을 참고하라.
88) Megill, *Prophets of Extremity*, 164쪽을 보라.
89) 하이데거는 "단지 말만이 사물이 존재할 수 있게 한다."고 주장한다. Heidegger, "The Essence of Language," in *On the Way to Language*, trans. Peter D. Hertz (New York: Harper & Row, 1971), 62.
90) Heidegger, *What Is Called Thinking?* trans. Fred D. Wieck and J. Glenn Gray (New York: Harper & Row, 1968), 192.
91) Heidegger, "The Nature of Language," 57.
92) Martin Heidegger, *Poetry, Language, Thought*, 199-200.

계몽주의 철학은 의미를 경험하는 것이 알려진 객체에 중심을 이룬다는 가정과 함께 시작된다. 의미는 주체가 객체를 만나고 그것을 알게 될 때 일어난다. 니체는 인식아(knower)를 아주 중요하게 높이는데 그는 예술가로서 언어를 통해서 자신만의 개인적인 세계를 만든다. 하이데거는 언어를 예술가로부터 자유롭게 만들면서 단절시킨다. 그렇게 함으로써 그는 우리에게 신비한 만남으로서 주체도 객체도 아닌 어떤 비평가들이 말하는 '미지의 곳에서부터의 관점'(a view from nowhere)이라 불리는 것을 남겨둔다.[93]

표면적으로 모던주의를 넘어서는 이런 급진적 움직임에도 불구하고 하이데거는 어떤 면에서 계몽주의 프로젝트의 덕을 보고 있다. 그는 자아가 어떤 방식으로든 어떤 초월적 근원에 도달하는 개념에 있어서는 등을 돌렸다. 물론 그는 세상에서 삶 너머 놓여 있는 그런 근원이 있다는 것을 거부한다. 그럼에도 불구하고 하이데거는 후기 계몽주의, 낭만주의 이상인 주체가 자신을 발견한다는 사실을 유지하고 있다. 자아 발견을 위한 자아 연구에 초점을 맞춘 그의 철학은 옛것을 그리워하면서 세계를 지치게 하며, 통일된 전체(unified totality)로서의 자아의 개념에 마지막 희망을 건 방어를 하고 있다.[94]

하이데거를 따랐던 포스트모던 후계자들은 19세기 유토피아주의의 마지막 남은 것을 제거하기 위해서 이런 신비주의적, 반형이상학적 사고를 빌렸다.

---

93) Solomon, *Continental Philosophy since 1750*, 167. 토마스 나젤(Thomas Nagel)은 그의 책 제목에서 이러한 구절을 제시한다. Thomas Nagel, *The View from Nowhere* (New York: Oxford University Press, 1986).
94) Lentricchia, Beyond the New Criticism, 99-100쪽을 보라.

해석학의 재탄생 : 한스-게오르그 가다머

1960년도에 한스-게오르그 가다머(Hans-Georg Gadamer)는 그의 걸작인 *Wahrheit und Methode*(진리와 방법)를 출판하는데, 그는 그 책에서 슐라이어마허가 앞서 사용하였던 '해석학'이라는 용어를 새롭게 사용한다.[95] 그의 관심은 성경 석의의 구체적 과제 영역에만 있었던 것이 아니었다. 가다머는 여기에서 딜타이의 주장을 따르면서 해석학의 철학적 이슈에 관심을 두었다. 특히 그는 세상의 모든 인간 경험을 살펴보면서 칸트의 새로운 질문인 어떻게 이해가 가능한가에 대한 질문을 던지게 되었다.[96]

니체와 하이데거를 생각나게 하는 방법으로 가다머는 예술의 경험(experience of art)에 관심을 돌리게 되는데, 이는 합리성에 중점을 둔 모던주의자의 해석학을 비판하기 위해서였다. 예술 작품을 통해서 우리는 다른 어떤 방식으로 획득할 수 없는 진리를 경험하게 된다고 그는 주장한다. 예술의 경험은 자신의 한계를 인식하는 과학적 의식(scientific consciousness)에 도전한다. 예술의 진리에 관한 정당성(justification of the truth of art)이라는 이런 출발점으로부터 가다머는 지식과 진리에 대한 새로운 이해를 시도한다. 그는 이런 이해는 우리가 세계를 알게 되는 우리 경험의 전체에 대응해야 한다고 말한다.[97] 이런 목표에 이르기 위해서는 그는 두 '이단' – 객관주의와 상대주의 – 사이에서 어떤 행로를 만들려고 하였다.

---

95) 가다머가 쓴 이 책의 2판 서문을 참고하라. Hans-Georg Gadamer, *Truth and Method*, trans. and ed. Garrett Barden and John Cumming (New York: Crossroad, 1984), xvi.
96) 위의 책, xviii.
97) 위의 책, xi-xii.

> 나의 연구의 목적은 해석에 대한 일반적 이론을 제시하는 것이 아니며, 그 방법에 대한 다른 설명을 제시하려는 것도 아니다. …… 오히려 모든 이해의 양식에 있어서 공통적인 것이 무엇인지를 발견하려는 것이고 이해는 주어진 '객체'에 대한 주관적 행위가 결코 아니라는 것을 보이기 위한 것이다. 그러나 그것의 효율적인 역사, 특히 그것이 영향을 끼친 역사, 다른 말로 하면 이해는 그것이 이해되어지는 존재에 속한 것이라는 점을 밝히기 위함이다.
> —한스-게오르그 가다머[98]

가다머는 먼저 옛 객관주의자들의 입장은 더 이상 실용성이 없다는 가정과 함께 시작한다. 더 이상 하나의 무한한 진리가 특별한 관점이나 방법과는 독립적으로 '저 밖'에 존재하지 않으며 과학적인 절차나 개인적인 감정이입으로 발견되기를 기다리고 있지 않다는 것이다. 슐라이어마허와의 신념과는 반대로 가다머는 해석자는 저자의 생각이나 의도를 이해할 수 없다고 주장한다.[99] 그리고 연구자는 과거를 '실제 있었던 그대로' 복원할 수 없다.[100] 가다머는 딜타이가 객관주의 법칙을 역사 전체에 확장하는 것과 해석자가 역사를 전체로서 발견할 수 있다고 결론을 내린 것에 대해서 비난한다.[101]

그는 독일 이상주의자들이 제안한 해법도 거부한다. 이런 19세기 철학자들은 주체(자아)에서 세계의 의미를 찾으려고 했으나 가다머는 그들이 자명한 결과를 보지 못했다고 말한다. 세계 자체는 하나의 '진정한' 의미

---

98) 위의 책, xix.
99) 위의 책, 168.
100) Megill, *Prophets of Extremity*, 22.
101) Gadamer, *Truth and Method*, xxiii.

보다는 서로 다른 의미를 가지고 있다.

객관주의를 피하면서 가다머는 니체와 같은 어떤 전망을 중심으로 한 사상가들의 상대주의 관점을 받아들이려고 하지 않았다.[102] 그들이 '진리'와 같은 것은 있을 수 없다고 주장하는 것은 잘못되었다고 가다머는 지적한다. 세계관이나 변화하는 역사나 문화에서 문화로부터 비교할 수 없는 다양한 진리들에 대해서만 말할 수 있다고 한 그들의 주장을 가다머는 거부한다.

이러한 두 개의 대안 사이에 놓인 길을 걸어가는 것이 거의 불가능해 보이는 시도를 성취하기 위해 가다머는 하이데거의 "세계 가운데 있는 존재"(being-in-the-world)의 개념을 가져온다.[103] 그는 인간의 존재는 철저하게 '세계 안에' 또는 역사 안에 있다는 하이데거의 주장을 받아들인다. 세계 안에 있기 때문에 우리는 결코 역사적 정황을 벗어날 수 없다. 그러나 우리가 세계의 다른 곳에 각기 서 있기 때문에 우리는 자연적으로 세계에 대한 다른 관점과 해석을 개발하게 된다. 이런 점에서 가다머는 역사는 우리와 동떨어진 외부의 객체가 아니라 우리를 포함하여 진행되고 있는 과정이라고 한 하이데거의 주장을 따른다.[104]

그러나 가다머는 이것이 반드시 상대주의로 귀결된다는 사실을 거부한다. 경쟁적인 해석이라는 바벨탑 이면에는 공통된 실재-세계, 언어, 전통-가 존재한다. 이런 공통적 차원 때문에 우리는 '지평의 융합'(fusion of horizons)[105]을 경험하는 것을 기대할 수 있다. 이것은 다양하게 해석을 비

---

102) 위의 책, 308쪽을 참고하라.
103) 위의 책, 227-34.
104) Lentricchia, *After the New Criticism*, 150. 역시 Gadamer, *Truth and Method*, 175, 245, 250, 258, 264-65쪽 등을 참고하라.
105) Gadamer, *Truth and Method*, 273, 337, 340, 358쪽을 참고하라.

교하며 대조하는 대화를 통해 일어난다고 가다머는 말한다. 이런 대화는 공통된 언어를 창조하며 우리가 전에 있었던 곳에 더 이상 머무를 수 없게 만드는 '교섭'(communion)을 부양해 준다.[106]

가다머의 "지평의 융합"이라는 개념은 문헌 텍스트를 해석할 수 있게 하는 출발점을 제공해 준다. 의미라고 하는 것은 단순히 저자가 의도한 것, 본문에 놓여 있는 것, 과학적, 그리고 감정이입적 해석의 방법으로 풀 수 있는 성질의 것이 아니다. 대신에 의미는 본문과 해석자가 대화로 만나는 '해석학적 대화'(hermeneutical conversation)에 의해서 드러나게 된다.[107] 이 대화의 목표는 저자의 지평과 해석자의 지평이 교차하는 교차점이 된다.

의미가 이러한 대화 가운데서 일어나기 때문에 해석학의 목표는 텍스트가 가지고 있는 '단 하나 의미'를 발견하는 것이 아니다. 텍스트의 의미는 엄밀하게 제한되어 있지 않다. 본문이 가지는 의미의 한계는 저자의 의도나 독자의 이해에만 국한되는 것이 아니다.[108] 사실 우리는 어떤 하나의 해석이 '기본적으로' 정확하다고 주장할 수는 없다.[109] 그럼에도 불구하고 각 텍스트는 해석자가 지평의 융합을 경험하는 다양한 경우로 인도할 수 있다.

가다머는 여기서 단지 새로운 문학 이론을 제시하는 것이 아니다. 그의 주장은 실재의 의미 전체에 대해서 더욱 깊은 함의를 가지고 있다. 니체와 하이데거와 같이 그는 언어와 세계의 관계를 이해하기 위해서 예술적 경험에 호소한다. 세상에 대한 우리의 관계는 근본적으로 언어적

---

106) 위의 책, 341.
107) 위의 책, 349.
108) 위의 책, 356-57.
109) 위의 책, 358.

(linguistic)이라고 결론을 내리며, 의미는 예술적, 또는 언어적, 진취적 기상으로부터 나오는 것이라고 주장한다.

> 이제 우리는 그것이 우리가 지향해 왔던 사색적 활동(speculative movement)이었다는 사실을 알 수 있다. …… 예술 작품의 존재는 그것의 외형을 재생하는 것이나 부수적인 것과는 전혀 다른 기본적인 존재(being-in-itself)는 아니다. 두 사물을 부수적으로 주제화함으로 이런 종류의 '미학적 구분'이 가능하도록 만들 수 있게 된다. 유사하게 전통으로부터(from), 혹은 사건의 중요성이나 텍스트의 의미인 전통으로서(as) 우리의 역사적 연구를 위해 제시하는 것은 기본적으로 존재하는 고정된 대상은 아니다. 우리는 그 본질을 단순하게 세워야 한다. 사실 역사적 의식은 과거와 현재 사이의 중재(mediation)를 포함한다. 이러한 중재에 있어서 언어가 보편적으로 우세하다는 점을 보면서 우리는 그 출발점인 미학적이고 역사적 의식에 대한 비평과 그것을 우주적 차원으로 대치할 수 있는 해석학적 접근에서 우리의 질문을 확대시킬 수 있었다. 왜냐하면 세상에 대한 사람들의 관계는 절대적으로, 그리고 근본적으로 그 본질에 있어서 언어적이며 지성적이다.
>
> —한스-게오르그 가다머[110]

함축적으로 말해서 니체나 하이데거와 같이 가다머의 입장은 계몽주의 인식론적 프로그램의 토대를 침식시키는 것이다. 데카르트의 '인식하는 자아'가 그것을 풀어내 주듯이 그것이 드러나기를 기다리면 내재되어 있는 그 의미가 저절로 드러나는 것이 아니다. 인식아는 '이미 존재하는 저 밖의' 의미를 발견하는 것이 아니다. 의미는 해석자가 세상의 '텍스

---

110) 위의 책, 432-33.

트'와의 대화에 참여할 때 드러나는 것이며, 계속되는 해석학적 대화는 해석자와 세계 사이에서 많은 지평의 융합을 경험하게 한다.

그러나 가다머는 데카르트의 자아와 모던주의 지성의 합리성 추구를 해체하기 위한 폭넓은 기초를 제공한다. 포스트모던 철학자들을 예시하는 방식을 따라 가다머는 텍스트와 나누는 우리의 대화는 단순히 게임에 참여하는 것보다는 우리가 주도권을 쥐고 있는 사건이 되지 못하고 있다는 사실을 주장한다.[111] 사실 그의 설명에 의하면 우리는 게임 안으로 들어가는 주도권을 가지고 있지 않다. 오히려 우리로 하여금 게임을 하게 하고, 그 안으로 들어오도록 만드는 것은 게임 자체이다. 이와 비슷한 방식으로 말하면 우리가 언어 게임에 참여하는 것이 아니다. 오히려 언어 게임을 하는 것이 우리에게 말한다. 그리고 우리가 본문을 이해하게 되었을 때 마치 아름다움이 우리를 매혹시키는 것처럼 그 안에 포함하고 있는 의미 있는 것이 우리를 '매혹' 시킨다. 비록 텍스트가 만들고 있는 의미가 무엇인지를 찾으려고 하는 위치에 있기 전이라 할지라도 우리를 그렇게 이끈다.[112]

---

[111] 가다머에 대한 렌트릭치아의 비판은 포스트모더니즘에 대한 다른 연결을 제시한다. "우리는 그가 권위와 전통, 지식, 우리의 조직, 그리고 우리의 태도가 갖는 힘에 대해 무비판적으로 말하는 것이 담고 있는 함축적 의미로 인해 깜짝 놀라게 된다. …… 가다머가 '무명의' 전통적이고 제도상의 권위에 대해 말하기 시작하고 바로 '지식', '이해도'(intelligibility)와 같은 용어는 니체의 관점에서 사용되고 있음이 분명해진다. 그것은 아마도 부지중에 그러한 것 같다. 또한 가다머 자신이 관심을 가졌던 주요 이슈는 힘(power)과 관련된 것이었는데 전통은 이성의 논의를 넘어서는 정당성을 가진다. 다시 말해 이성은 독단적이며, 불합리한(irrational) 특성을 가진다. 힘의 취득에 대한 질문은 지식과 권위의 취득에 대한 질문과는 구분할 수 없다. 권위에 기꺼이 동의하려는 의도는 이성적으로는 명쾌한 행동이 아니다. 오히려 전통과 지식을 규정하고 그것에 어울리는 힘에 복종하는 것이다. 또한 그 영역 안에서 우리의 인식적 이성을 함께 묶어 넣는 힘에 복종하는 것이다." Lentricchia, *After the New Criticism*, 153-54.
[112] Gadamer, *Truth and Method*, 446.

언어의 문제

프리드리히 니체는 결국에는 모던주의를 무너뜨린 포격에서 첫 번째 포탄을 던진 것이다. 계몽주의 철학 구조는 그가 제시한 새로운 질문들에 대해 답변을 제대로 제시하지 못하고 그 공격을 버티어내지 못했다. 이러한 질문들 중에 가장 결정적인 것은 언어적 질문(linguistic questions), 특히 해석에 초점을 맞춘 질문들이었다.

모더니티에 대한 니체의 공격을 받으면서 정신을 차렸을 때 어떤 후계자들은 해석학의 본질을 안고 고심하였다. 다른 사람들은 또 다른 문제에 대해서 씨름했다. 니체의 작품에서 언어 자체의 본질과 관련된 것은 중대한 도전이라는 사실을 발견하였다. 그들은 이러한 도전에 대해 반응하면서 이 문제에 대한 19세기 철학에 급진적인 변화를 주는 전제를 세우게 되었는데, 언어가 사회적으로 구성되었다고 주장했다. 이러한 주장을 하면서 그들은 언어의 본질 자체를 재구성했다.

게임으로서의 언어 : 루드비그 비트겐슈타인

20세기 전반에 일어난 언어의 본질에 대한 재구성은 몇몇 철학자들이 거의 동시적으로 관심을 가지고 연구한 결과였다. 이러한 과정에서 가장 중요한 학자는 오스트리아 출신의 철학자 루드비그 비트겐슈타인(Ludwig Wittgenstein, 1889-1951)이다.

비트겐슈타인의 첫 번째 중요한 저작은 *Tractatus Logico-Philosophicus*(「논리-철학 논고」, 1921)[113]이다. 이 책은 언어의 목적이 '논리 실증주

---

113) 역주/ 이 책은 다음 제목으로 번역 출판되었다. 이영철 역, 「논리-철학 논고」, 비트겐슈타인 선집 1 (서울: 책세상, 2006).

의'라고 불리어온 학파가 일어나면서 영향력 있게 만드는 사실을 진술하는 것이라고 한 그의 기본적 사실과 주장에 초점을 맞추고 있다. 그러나 포스트모던 사상과 관련하여 이것의 중요성은 다른 데 있었다. 비트겐슈타인은 언어는 세계를 '묘사한다'(picture)고 선언한다.[114] 이것을 논증하기 위해서 그는 언어와 사고를 연관시킨다.

전반적으로 그의 책, 『논리-철학 논고』는 논리와 조직 구조의 모델이다. 비트겐슈타인은 놀라울 정도로 신비한 노트에서 이 작업을 끝낸다. 어떤 것은 말로 표현할 수 없다고 하며 "말할 수 없는 것에 대해서 우리는 침묵할 수밖에 없다."고 이야기한다.[115] 어떤 해석자들은 이 문장에서 이 책 전체의 목적을 볼 수 있다고 주장한다. 그들은 비트겐슈타인이 이성적 사고가 초월적이라는 것을 독자들이 알기를 원했다는 점을 깨달아야 한다고 주장한다.[116]

『논리-철학 논고』에서 비트겐슈타인이 제시하려고 했던 것은 그의 나중 작품인 *Blue and Brown Books*[117]와 *Philosophical Investigations*[118]에 더욱 분명하게 나타난다. 이러한 책들은 1930년대와 그 이후에 비트겐슈타인이 경험한 사고의 변화를 반영한다. 가장 급진적인 발달은 그가

---

113) 역주/ 이 책은 다음 제목으로 번역 출판되었다. 이영철 역, 『논리-철학 논고』, 비트겐슈타인 선집 1 (서울: 책세상, 2006).
114) 예를 들어 Ludwig Wittgenstein, *Tractatus Logico-Philosophicus*, 4.021, trans. D. F. Pears and B. F. McGuinness (London: Routledge & Kegan Paul, 1961), 39쪽을 보라.
115) Wittgenstein, *Tractatus Logico-Philosophicus*, 7, 151.
116) Solomon, *Continental Philosophy since 1750*, 147.
117) 역주/ 이 책은 다음 제목으로 번역 출판되었다. 이영철 역, 『청색책, 갈색책』, 비트겐슈타인 선집 3 (서울: 책세상, 2006).
118) 역주/ 이 책은 다음 제목으로 번역 출판되었다. 이영철 역, 『철학적 탐구』, 비트겐슈타인 선집 4 (서울: 책세상, 2006).

『논리-철학 논고』에서 언어가 하나의 목표를 가지고 있다는 사실을 반박한 것일 것이다. 후기 작품들에서 우리는 언어를 통해서 사실을 진술할 뿐 아니라 기도를 드리기 위해서, 요구하기 위해서, 예배 의식에서 인사를 교환하기 위해서 등등 다양하게 언어를 사용한다고 주장한다.

그의 주장에 있어서 이런 변화는 비트겐슈타인으로 하여금 그의 유명한 개념인 '언어 게임'(language games)을 형성하도록 이끌어간다. 본질적으로 언어의 각 사용은 독립적이며 자기 충족적인 시스템 안에서 일어난다고 말한다. 이런 점에서 우리의 언어 사용은 게임을 하는 것과 같다고 비트겐슈타인은 말한다. 언어를 사용하는 목적은 특별한 상황에서 주어지기 때문에 우리는 언어의 효력 있는 규칙과 용어의 중요성에 대한 인식을 필요로 한다. 언어의 각 사용은 분리된 '언어 게임'으로 구성되며 다양한 게임들은 다른 것들과 크게 관계없이 사용된다.[119]

'언어 게임' 개념을 받아들이는 것은 객관적 실재의 사고를 거부하는 방향으로 나아가는 중요한 단계이다. 그의 후기 작품에서 비트겐슈타인은 진리의 개념을 실재와 상응하는 것으로, 혹은 실재를 묘사하는 것으로 이해하는 것을 거부한다. 대신에 그것을 언어의 내적 기능으로 특성화한다. 어떤 전제도 단일 의미에 국한될 수 없다고 주장한다. 왜냐하면 그 의미는 반드시 그것이 나타나는 '언어 게임'이라는 상황에 의존하기 때문이다. 따라서 어떤 문장도 그것이 사용되는 상황 안에서 다양한 의미를 가지고 있다. 논리적인 결론은 우리는 종국의 진리나 다른 어떤 의미에서의 궁극적 진리를 결코 주장할 수 없다. 기껏해야 우리가 말하는 상황 내에서 그것은 진실한 것이 되는 말을 하고 있을 뿐이다.[120]

---

119) 예를 들어 초기 논의를 살펴보기 위해서는 Wittgenstein, *Philosophical Investigations* 1.65, trans. G. E. M. Anscombe (Oxford: Basil Blackwell, 1953), 32쪽을 보라. 역시 Solomon, *Continental Philosophy since 1750*, 150쪽도 참고하라.

비트겐슈타인의 은유는 부가적이며 광범위한 함의를 가져다준다. 언어의 특성을 '게임'으로 보는 것은 언어가 일종의 '사적' 의미를 가질 수 있다는 주장에 대한 미묘한 공격을 의미한다. 언어는 사적인 현상이 아니며 개인적 지성이 진리, 혹은 세상에 대한 사실을 이해할 수 있고 표현할 수 있을 때 일어난다는 점을 가정한다. 그러나 이런 언어는 사회적 현상이며, 사회적인 상호 작용을 통해서 의미를 획득한다. 이런 관찰은 언어에 대한 포스트모던 이해에 대한 기초를 놓는다.

사회적 관습으로서의 언어 : 페르디낭 드 소쉬르

비트겐슈타인은 '언어 게임'이라는 용어를 대중적인 것으로 소개했지만, 그것은 기본적으로 언어에 대한 전적으로 새로운 이해를 위한 기초를 놓지는 못했다. 그러한 과업을 수행한 사람은 비트겐슈타인보다 한 세대나 앞서 살았던 스위스 언어학자 페르디낭 드 소쉬르(Ferdinand de Saussure, 1857-1913)였다.

소쉬르는 그의 생각을 출판한 적이 없었다. 그가 세상을 떠난 후에 학생들이 기록한 노트가 제네바에서 있었던 그의 강의들을 출판하는 데 그 개관을 제공했다. 이것은 1916년 『일반 언어학 강의』(Course in General Linguistics)라는 제목으로 출판되어 '구조주의'(structuralism)라고 알려진 언어학 이론의 유일하며 가장 영향력 있는 자료가 되었다.[121]

---

120) Hilary Lawson, "Stories about Stories," in *Dismantling Truth: Reality in the Post-Modern World*, ed. Hilary Lawson and Lisa Appignanesi (New York: St. Martin's Press, 1989), xxiii-xxiv쪽을 보라.
121) Lentricchia, *After the New Criticism*, 112.
역주/ 구조주의 언어학은 모든 언어 요소가 개별적으로 존재하는 것이 아니라 어떤 큰 틀 속에서 유기적인 관계를 맺고 있다는 구조의 개념을 도입한 언어학이다. 1930년대 직전 미국과 유럽에서 동시적으로 시작됐으며 유럽의 경우 소쉬르의 영향을 강하게 받았다.

소쉬르의 중요성은 19세기에서 지배적이었던 언어학에 관한 '역사적' 이해에 대해 성공적 공격을 한 것에서 기인한다. 이 오래된 관점은 실제 언어 행동, 즉 소쉬르가 '빠롤'(parole)[122]이라고 부르는 인간의 말에 집중하면서 언어 연구를 시도하였다. 그것은 언어의 발달과 표현을 시간에 걸쳐 연구했으며, 지리, 이동, 인구 변화, 그리고 인간 언어 행동에 영향을 미치는 다른 외부 특성들에 대해서 조사했다.[123]

소쉬르는 개별 언어 표현에 관한 역사적 발달에 초점을 맞추기보다는 반역사적 접근을 시도하는데, 그는 언어를 완전히 내적으로 일관된 시스템(랑그)으로 보았다. 이와 같이 그는 '구조주의' 언어 이론을 제시하면서 이전의 '역사주의' 접근을 대체한다.

소쉬르는 언어가 음악 작품과 같다고 말한다. 예를 들어 심포니를 이해하기 위해서 우리는 개별적인 연구보다는 전체적인 연주(여기에서는 음악가 개인의 실수도 포함될 것이다.)에 집중해야 한다.[124] 유사하게 언어를 이해하기 위해서는 우리는 그것을 원자론적으로 개별적인 언어적 표현의 범주로 보는 대신에 '공시적'(synchronically)으로 생각해야 하며 소리와 의미

---

[122] 역주/ 소쉬르는 언어를 설명할 때 실제 사용하고 있는 개인적 발화와 그것에 의미를 부여해 주고 가능케 하는 추상적 체계로 구분한다. 그는 전자를 '빠롤'(parole), 후자를 '랑그'(langue)라고 명명한다. '빠롤'은 개인적 발화 행위이며 체계의 구체적 실현이다. 그것은 개인적 발화이기 때문에 무한하다. '랑그'는 특정 언어가 갖는 추상적인 체계로서 구성원 모두가 공유하고 있는 사회적 약속이다. 그것은 일종의 체계이기 때문에 유한하다. 우리가 말을 할 때 그 발화 행위가 상대방에게 이해되기 위해서는 구성원 모두가 공유하는 사회적 관습이나 약속, 즉 어휘나 문법 체계 등이 있어야 한다. 랑그란 바로 그러한 언어 규칙을 뜻한다. 랑그, 빠롤의 구분은 이후 진행된 모든 구조주의 언어학의 핵심적인 내용을 이룬다.
[123] 예를 들어 에밀리 벤베니스테(Emile Benveniste)의 구분을 참고하라. Emile Benveniste, *Problems in General Linguistics*, trans. Mary Elizabeth Meek (Coral Gables: University of Miami Press, 1971), 4.
[124] Saussure, *Course in General Linguistics*, ed. Charles Bally, Albert Sechehaye, and Albert Riedlinger, trans. Wade Baskin (New York: Philosophical Library, 1959), 18.

들이 밀접한 관련을 맺고 있는 일종의 네트워크로서 이해해야 한다. 소쉬르는 언어를 '밖으로부터' 부분적인 비트나 조각으로 주제를 다루는 전체 계몽주의 접근에 의문을 제기한다. 그는 언어를 자유롭게 서 있는 전체로서 다루기를 원했다. 따라서 그의 접근의 목적지는 '구조주의 언어학'(structural linguistics)이었다.[125]

이런 언어적 방법에 대한 이해는 소쉬르가 포스트모던 사고에 남긴 급진적인 결론에 대한 기초를 제공한다. 그 전임자들은 언어를 고정된, 그리고 발견 가능한 법칙에 따라 발달해 온 자연적 현상으로 이해했다. 그들은 우리의 문장 구조는 사고 과정의 논리를 반영한다고 주장했다. 예를 들어 '실체'(substance)와 '질'(quality)은 문법적 범주인 '명사' 또는 '형용사'를 제공한다. 바꾸어 말하면 우리의 언어가 독립적으로 확인할 수 있는 것을 명명하는 것이라고 말할 수 있으며, 언어는 조직적 명명법(nomenclature)이라고 말할 수 있다.[126] 그와는 반대로 소쉬르는 언어를 사회적 현상이라고 제안한다.[127]

소쉬르의 관점은 19세기 언어 이론뿐만 아니라 계몽주의 인식론을

---

125) Benveniste, *Problems in General Linguistics*, 5, 8쪽을 참고하라. 실제적으로 소쉬르는 언어학의 두 가지 영역에 대해 언급하는데 이것은 서로 다른 주제 영역이었다. 공시적 언어학(diachronic linguistics)이 개별 항목 사이의 연속성의 관계에 관심을 갖는다면 공시적 언어학(synchronic linguistics)은 랑그를 연구한다. "'공시적 언어학'은 함께 공존하는 용어를 함께 묶고, 화자의 집합적 마음(collective mind) 가운데 존재하는 시스템을 형성하는 논리적, 심리학적 관계에 관심을 갖는다. 반대로 '통시적 언어학'은 집합적 마음에 의해 인식되는 것이 아니라 시스템을 형성함이 없이 서로를 위해 대체하는 이어지는 단어를 함께 묶는 관계를 연구하게 된다. Saussure, *Course in General Linguistics*, 100. 소쉬르는 19세기 언어학자들이 단지 역사적 질문에 관심을 기울이는 한019 그들은 언어(랑그)에 대해서는 전혀 관심을 갖지 않은 것이라고 주장했다. David Holdcroft, *Saussure: Signs, System, and Arbitrariness* (Cambridge: Cambridge University Press, 1991), 70쪽을 참고하라.
126) Holdcroft, *Saussure*, 11.
127) 위의 책, 7-8.

깨뜨리는 데 중요한 역할을 수행한다. 왜냐하면 언어가 만약 사회적 현상이라고 한다면 소쉬르가 주장한 대로 각 언어 시스템, 각 언어적 표시의 시스템은 오직 사회적 관습에 의해서만 결정될 수 있을 것이다. 소쉬르의 표현에 의하면 언어는 자율적이다: 언어 구조는 사고 구조의 반영이 아니며 독립적으로 주어진 '사실'을 표현하는 것도 아니다. 그것은 언어 자체에 대해서 전적으로 내재적이다.[128]

더 나아가 만약 언어가 사회적 현상이라면 언어적 표시들은 임의적이다. 우리는 더 이상 단어(또는 언어적 표현)들이 그런 의미를 가지는지에 대해서 어떤 논리적 이유를 설명할 수 없다. 우리가 말할 수 있는 것은 언어가 어떻게 기능하는가에 대한 것뿐이다. 현대적 표현으로 말하면 언어적 표현인 '기표'(시이피앙, signifier)와 표현이 내포하고 있는 것인 '기의'(시니피에, signified) 사이의 연결은 임의적이다. 기표는 기의와 어떤 자연적 연결을 가지고 있지 않다.[129] 우리는 기표(또는 '기호')를 언어 시스템 내에서 그들의 관계성이라는 관점에서만 정의할 수 있다. 이 관계성은 문화적으로 결정된다.[130]

결국 공시적 언어 연구는 근본적으로 사회적 사실에 대한 연구이다. 언어학자들은 언어적 관습과 주어진 시간에서 작동하는 관계를 관찰하는데, 그것은 가지고 있는 가치를 통해 시스템의 기호를 제공한다.[131] 이러한 이해를 유지하기 위해서 소쉬르는 기호(sign)의 특성을 연구하는 새로

---

128) 위의 책, 10.
129) Saussure, *Course in General Linguistics*, 67-69.
역주/ 소쉬르는 기호를 기표(기호 표현)와 기의(기호 내용)로 구분하는데, 기표는 '표시하는 것'이라는 뜻이고, 기의는 '표시되는 것'이라는 뜻이다. 우리가 부르는 '사과'라는 것은 기표이고, '사과'라는 기표가 지시하는 실제 사과는 기의가 된다.
130) Holdcroft, *Saussure*, 2.
131) 위의 책, 135.

운 과학, 즉 '기호학'(semiology)이 필요하다고 주장한다.

> 언어가 선험적으로 존재하는 개념으로 존재한다면 그것들은 의미에 있어서 한 언어에서 다음의 것으로 정확하게 동등한 것을 갖게 될 것이다. 그러나 이것은 사실이 아니다. …… 선험적으로 존재하는 아이디어 대신에…… 우리는…… 시스템으로부터 발생하는 '가치'를 발견하게 된다. 그것들이 개념과 상응한다고 말할 수 있을 때 그 개념은 순전히 특이하게 되는 것과 그것의 긍정적인 내용에 의해서가 아니라 언어 시스템에 따른 다른 용어와의 관계에서 부정적으로 규정되는 것이 이해될 수 있다. 언어의 가장 정확한 특성은 다른 것들이 그렇지 않은 존재 안에서 발견된다. …… 어떤 사항에 대해 표현된 모든 것은 이렇게 요약된다: 언어 안에는 오직 차이가 있을 뿐이다. 보다 중요한 사항은 이것이다: 일반적으로 차이는 그것을 만드는 것들 사이에 존재하는 긍정적 용어를 포함한다. 그러나 언어 안에는 오직 '긍정적 용어(positive term)가 없이' 오직 차이만 존재한다. 우리가 기표와 기의의 형태를 취하든 그렇지 않은지 간에 언어는 아이디어도 아니고 언어 시스템이 있기 전에 존재해 온 단순한 소리도 아니다. 그것은 시스템으로부터 나오는 개념과 음성상으로 다른 차이이다.
>
> —페르디낭 드 소쉬르[132]

소쉬르가 관계에 초점을 맞추는 것은 또 다른 중요한 결과를 낳게 되었는데, 그는 '차이'에 관한 범주를 높였다. 그는 개별적인 단어에 대한 절대적인 정의를 만든다는 것은 불가능하다고 주장한다. 따라서 의미를 찾는 노력에서 그는 용어 사이의 관계의 영역에 관심을 갖는다. 특히 그는 언어는 근본적으로 '관계의 시스템'(a system of relations)이며, 이런 관계의 상황 안에서만 의미가 있다고 주장한다. 본질적으로 그는 언어적 시스

---

132) Saussure, *Course in General Linguistics*, 116, 117, 120.

템은 열거된 소리의 차이와 생각의 차이가 혼합된 것이라고 말한다.[133]

해체된 자아 : 구조주의

소쉬르의 사회적으로 기초한 시스템으로서의 언어 이해는 언어뿐 아니라 일반적으로 인간 현상을 새롭게 바라볼 수 있는 전적으로 새로운 관점에 대한 근간을 제공했다. 이러한 관점은 구조주의로 알려지게 된다.[134] 객관적, 보편적 문화 시스템은 우리의 정신 과정을 '구조화' 하며, 이런 구조는 인간 언어와 사회 기관에서 자명하다는 주장이 구조주의의 중심에 놓여 있다.[135] 이런 광범위한 뜻의 함축(implications) 때문에 구조주의는 언어뿐 아니라 다양한 분야의 전문가들에게 호소력을 가지고 있다.

많은 소쉬르의 초기 추종자들은 '플라톤화된' 구조주의를 개발했다. 그들은 모든 문화는 일반적이며 대개 불변하는 관계의 구조를 반영한다는 가정에서 논의를 펼쳐간다.[136] 그들은 인간 행동의 기본 요소들, 즉 말과 행동에 연구의 초점을 두었는데, 질서화된 관계 안에서 그러한 모든 행동을 가져오는 구조를 발견하려고 하였다.[137]

어떤 구조주의자들은 이런 구조가 모든 언어에 보편적인 우주적인 문법에서 반영되어 있다고 생각한다. 예를 들어 츠베탕 토도로프(Tzvetan Todorov)는 보편적인 문법은 모든 보편적인 것의 원천이라고 주장하면서 사실상 이것은 인류를 규정한다고 주장한다. 이 문법이 보편적인 것은 모든 우주의 의미의 시스템을 알려줄 뿐 아니라 우주 자체의 구조와 부합되

---

133) 위의 책, 120.
134) Lentricchia, *After the New Criticism*, 115.
135) Charlene Spretnak, *States of Grace: The Recovery of Meaning in the Postmodern Age* (San Francisco: HarperCollins, 1991), 259.
136) Reese, *Dictionary of Philosophy and Religion*, 553.
137) 예를 들어 Solomon, *Continental Philosophy since 1750,* 197쪽을 참고하라.

기 때문이다.[138]

 그후에 구조주의자들, 특히 문학 비평의 분야에 있는 이들은 텍스트 해석을 위해 소쉬르의 통찰력의 중요성에 보다 많은 관심을 집중했다. 문학 구조주의자들은 소쉬르의 랑그(langue) 개념에서 문학 작품의 의미를 위해 '문화적 틀'의 개념을 고양시킨다.[139] 그들은 각 특별한 표현 스타일과 분석 스타일의 유형을 각각 자급자족할 수 있는 랑그라고 한다. 따라서 그들은 해석자와 문학 비평가들에게 '번역자'의 역할을 부여한다. 그들은 다른 시대, 다른 사회적 조건에서 저자가 발전시킨 시스템을 그 살고 있는 시대의 '언어'로 표현하는 사람들이다.

 이런 문학 비평은 특별한 작품들의 의미를 만들어내는 구조를 발견하기 위해서 언어학의 범주와 방법론을 사용한다. 이들은 텍스트와 특별한 언어적, 심리 분석적, 형이상학적, 논리적, 사회학적, 또는 수사학적 구조와 과정에 초점을 맞춘다. 그들은 작품 자체의 어떤 내포된 '진정한' 의미나 '정확한' 함축된 의미보다 더 중요한 것으로 의미-묵상 구조(meaning-mediating structure)를 발견하게 된다. 그들은 작품의 언어와 구조에 대해서보다는 저자의 의도에 관심을 갖는다.[140]

---

138) Todorov, *Grammaire du Decameron* (The Hague: Mouton, 1969), 15. 렌트릭치아(Lentricchia)는 우주적인 문법을 아마도 '플라톤화된 소쉬르'의 가장 뛰어난 표현이라고 주장한다. Lentricchia, *After the New Criticism*, 116.

139) 렌트릭치아는 이러한 구조주의 문학가의 유형으로 조나단 쿨러(Jonathan Culler)를 예로 인용한다. 쿨러는 다음과 같이 주장한다. "랑그를 주어진 문화적 틀 안에서 절대적으로 해석 과정을 지배하는 읽기의 시스템 위에 위치시킨다. 그것은 마치 이성주의자 전통에서 개념이 항목 하나하나(the particular)를 지배하는 것과 같다." Lentricchia, *After the New Criticism*, 116; 렌트릭치아는 쿨러의 저작에 대해 다음 책에서 논의하고 있다. Lentricchia, *Structuralist Poetics: Structuralism, Linguistics, and the Study of Literature* (Ithaca, NY: Cornell University Press, 1975).

140) Jonathan Culler, *On Deconstruction: Theory and Criticism after Structuralism* (Ithaca, NY: Cornell University Press, 1982), 21-22.

아마도 포스트모던 사고를 위한 구조주의에서 가장 중요한 함축적 의미는 문학 비평의 컨텍스트에서 이루어졌다. 이러한 영역에서 구조주의는 텍스트의 의미와 인식하는 자아의 의미에 대한 모던 시대의 이해를 뒤집어놓았다.

모더니티의 전복은 언어의 구조 배후로 텍스트의 저자가 사라졌을 때 시작되었다. 구조주의자들은 작품 배후에 단일의 천재는 없다는 가정에서부터 시작한다. 그들은 창조적 자아에 대한 모던의 생각은 개인이 통제할 수 없는 문화적 시스템이 세우는 산물이라고 주장한다. 사회적 상황에서 저자를 해체하는 것에 덧붙여 구조주의자들은 의미를 '가지고 있는' 것으로 텍스트를 이해하는 전통적 견해에 대해 깎아내리는 경향을 취한다. 텍스트는 해석자가 이미 그 안에 존재하는 의미를 밝혀내려는 목적을 가지고 접근하는, 단지 주어진 것이 아니라고 주장한다. 오히려 그것은 읽기의 구조화된 모드가 형태를 부여하는, 일종의 형태가 없는 자료일 뿐이다.[141]

> 텍스트는 티슈를 의미한다. 그러나 지금까지 우리는 이 티슈를 언제나 하나의 작품으로, 즉 다소 감추어진 상태에서 의미가 배후에 놓여 있는 설치된 휘장으로 여겨온 것에 반하여 티슈 안에서 텍스트가 만들어졌고, 영속적인 엮어짐 가운데서 작용하는 생산적인 아이디어에 대해 강조하려고 한다.
> ─롤랜드 바테스[142]

---

141) 렌트릭치아는 텍스트에서 저자의 소멸과 텍스트에서 읽기의 과정에로의 의미의 자리의 변형을 구조주의 근본적인 두 가지 모티프로 인용한다. Lentricchia, *After the New Criticism*, 108.

계몽주의 '자아'(self)의 파괴는 20세기에서 가장 영향력 있는 구조주의자 중 한 사람인 인류학자 클라우드 레비-스트라우스(Claude Lévi-Strauss, 1908-1991)의 작품에서 분명하게 나타난다.[143] 그는 인간 의식 자아(human conscious self)에서 보편적 구조로의 강조점의 구조주의 전환에 대해 누구보다도 충실하게 연구한다.

레비-스트라우스의 저작의 기초는 인간 존재는 문화적이고 개념적 상황(conceptual context) 가운데 온전히 놓여 있다는 가정 하에 세워졌다. 이러한 기초 위에 그는 인간에게 진정으로 무엇이 중요한가를 발견하기 위해서 우리는 그 자체로 인간의 의식이 아니라 인간 문화 표현을 연구해야 한다고 주장한다.

이런 목표를 추구하면서 레비-스트라우스는 구조주의적 언어학의 통찰력과 인류학자의 도구를 함께 묶어나간다. 아주 달라 보이는 인간 사회의 신화, 의식, 그리고 종교적 관습의 기본적인 유사점들에 빛을 주려는 시도와 함께 그리한다. 그의 궁극적인 목표는 모든 사회가 부분적으로, 또는 불완전하게 재생산한다고 그가 믿었던 보편적인 사회적 구조를

---

142) Roland Barthes, *The Pleasure of the Text*, trans. Richard Miller (New York: Hill & Wang, 1975), 64.
143) 레비-스트라우스는 구조주의의 창립자로 평가된다. 예를 들어 Reese, *Dictionary of Philosophy and Religion*, 303, 553쪽을 참고하라.
역주/ 프랑스의 사회인류학자, 구조주의의 선구자인 레비-스트라우스는 문화 체계를 이루는 요소들의 구조적 관계라는 관점에서 문화 체계를 분석하는 구조주의의 선구자가 되었다. 일반적으로 소쉬르 이후의 근대 언어학에서는 음운이나 어휘, 신택스의 시스템으로서의 랑그(코드)와, 이 시스템에 입각하여 언어 공동체 성원 간에 교환되는 빠롤(메시지)을 구별하여 언어의 구조를 분석하는데, 레비-스트라우스는 이와 같은 생각을 적용하여, 집단 간의 혼인 시스템이나 신화의 구조를 해명하여 문화 연구에 새로운 면을 열었다. 그의 구조주의는 문화 체계에 관련된 엄청난 양의 정보를 그가 핵심적인 것이라고 파악한 요소들 사이의 형식적 관계들로 환원시키려는 노력이라고 할 수 있다. 그는 문화를 커뮤니케이션 체계로 보았으며 그 체계들을 해석하기 위해서 구조언어학 · 정보 이론 · 인공두뇌학에 기초를 둔 모델을 설정했다.

드러내는 데 있었다. 그는 이런 사회적 구조가 인간 뇌의 구조를 반영한다고 주장한다.

레비-스트라우스의 분석에 의하면 개인은 모든 사람이 참여하는 사회 구조 속으로 사라진다. 그는 절대적으로 데카르트의 단정-물론 데카르트의 자아 개념을 포함해서- 이 인간 현상을 이해하기 위한 적절한 출발점이라는 주장을 거부한다. 그러나 그가 거부한 것은 단지 자아에 대한 개념만이 아니었다. 그는 역시 주관주의도 거부한다. 그는 인간을 근본적으로 사회적 동물이라고 보았는데, 즉 유전자, 언어, 그리고 문화에 예속된 교육에 의해서 생성된 산물로 보았다. 그는 인문 과학이 인간 존재를 지식의 대상으로 만드는 쪽으로가 아니라 구조적 분석 아래에서 자아가 사라지는 쪽으로 방향을 틀어야 한다고 말한다.

> 인문 과학의 궁극적 목적은 인간을 구성하는 것이 아니라 인간에 관한 의혹을 푸는 것(dissolve)이 되어야 한다고 믿는다.
> -클라우드 레비-스트라우스[144]

레비-스트라우스의 작품에서 분명한 자아의 해체는 소쉬르 언어학에서 나온 논리적 귀결이다. 소쉬르는 인간 언어는 발달하는 역사적 현상이 아니라 관계들로 구성된 나름대로의 뜻을 담고 있는 시스템이며 언어 단위의 의미는 '차이'의 산물이라고 말한다. 구조주의자들은 이런 언어적 주장에서 상응하는 인류학적 주장으로 몇 걸음만 옮겨놓았을 뿐이다. 소

---

144) Claude Lévi-Strauss, *The Savage Mind* (Chicago: University of Chicago Press, 1966), 247

위 언어 단위처럼 정신 언어가 가장 높은 표현을 하는 인간 존재는 본질적으로 교차하는 관계의 구조 가운데 있다.[145] 언어적 표현처럼 자아도 보다 큰 시스템에 자신을 위치시키면서 그 정체성을 발견해 간다.

구조주의의 도래는 계몽주의 자아 개념을 파괴하는 신호탄이 되었다. 그럼에도 불구하고 구조주의자의 접근이 가지는 우월성은 모던에서 포스트모던으로의 완전한 이동을 의미하지는 않는다. 자신들의 위치의 급진적 함의에도 불구하고 구조주의자들은 계몽주의 프로젝트의 잔여물로 남아 있다.

구조주의자들은 그것이 문학 텍스트이든 세계의 '텍스트'이든 간에 텍스트를 해석하는 과업을 계속해서 맡고 있다. 그들은 텍스트 안에 어떤 의미가 있음을 부인함으로 그들의 전임자들을 넘어서지는 않는다. 대신 그들은 특정한 의미를 연구하기 위한 혁신적인 방법을 제시한다. 소쉬르의 말을 인용하여 설명하면 구조주의자들은 언어 시스템 내에서의 문학 작품의 형성과 의미를 설명하는 관계를 발견하려고 한다.

> 시종일관된 사고(cognito)는 이제 더 이상 없다. 사람들은 이제 간극, '텅 빈 항성 사이의 공간'에 거주한다. 그들은 탐구의 대상(object)으로 살지 않으며, 여전히 주체(subject)로 살지도 못하고 있다. 오히려 사람들은 '구조' (structure), 즉 단어와 아이디어 사이의 관계성의 일반적 원칙(generality)에 이끌려산다. 이것은 우리가 순수, 혹은 자연 과학에 반대되는 것으로서 인문학이라고 부르는 것이다.
> —에드워드 사이드[146]

---

145) Taylor, *Deconstructing Theology*, 99.
146) Edward Said, *Beginnings: Intention and Method* (New York: Basic Books, 1975), 286.

계몽주의 프로젝트의 동일한 흔적은 구조주의자들의 인식론에도 놓여 있다. 구조주의자들은 어떤 조직적 지식은 가능하다고 여전히 확신하고 있다. 레비-스트라우스는 보편적 사회 구조를 통해서 그 예를 제시한다. 적어도 그의 연구는 인간 특성에 대한 지식은 가능하다는 확신에서 나온다. 궁극적으로 이런 지식을 향한 그의 연구는 보편적 구조를 발견하려는 레비-스트라우스의 관심에 동기를 준다.

이런 계몽주의의 잔여물들이 있다는 사실은 포스트모던 철학자들이 구조주의의 의제에 대해서 불편하게 생각하도록 만들었다. 이런 불편함은 몇몇을 구조주의에서 '후기 구조주의'로 가게 만들었다.

어떤 철학자들은 구조주의자들의 과제가 본문 그 자체들로 뒤엎어진다는 방법을 지적하며 구조주의자들의 학문적 의제를 거부하기 때문에 후기 구조주의자들이라고 불린다. 더욱 중요한 것은 후기 구조주의자들은 일반적으로 포스트모던 가설을 함께 공유하는 특징을 가진다. 한 가지 그들은 구조주의 동료들을 계몽주의 프로젝트와 연결되도록 만드는 지식에 대한 주장을 거부한다. 후기 구조주의 사상가들은 오직 한 가지만을 알 수 있다고 주장하는데, 그것은 앎에 대한 불가능성이다.[147]

포스트모던 사상가들은 우리가 살펴본 해석학과 언어학의 발달 너머로 한 단계 더 들어간다. 예를 들면 미셸 푸코는 궁극적이고 급진적 결론인 자아를 해체하는 '언어 게임'을 추구해 왔다. 그의 목표는 구조주의 학자들로부터 계몽주의 사상의 망령-관심이 없는 관찰자-을 쫓아내는 데 있었다. 푸코는 학자들이 중립성의 허상을 뒤에 남겨두고 한 시대의 언어 내에서 작자 미상의, 형태가 없는, 익명의 시스템에 빛을 비추는 과제를

---

147) Culler, *On Deconstruction*, 22.

받아들일 것을 요구한다. 이것은 포스트모던 비평이 합리성의 믿음으로부터 자유를 얻을 수 있는 길이다.[148]

---

148) Lawson, "Stories about Stories," xiii.

6

포스트모더니즘 철학자들
The Philosophers of Postmodernism

    1984년 6월 25일, '세상에서 홀로 가장 유명한 지식인'[1]이 숨을 거두었다. 나이 57세의 미셸 푸코(Michel Foucault)의 죽음은 어떤 의미에서 포스트모더니즘 시대의 도래를 의미하는 것이었다. 갑작스럽게 이 포스트모더니즘 건축가의 삶을 특정지을 수 있는 '제한된 경험'을 병렬시키는 콜라주 기법은 하나의 부가적 특징을 더해 준다. 지금 그의 사진에는 한참 활동할 나이에, 그것도 그의 영향력이 최고조에 이르던 시기에 초기 포스트모던 시대의 하늘의 재앙인 후천성 면역 결핍증(AIDS)에 의해 잘려

---

1) James Miller, *The Passion of Michel Foucault* (New York: Simon & Schuster, 1993), 13.

나간 한 인간의 섬뜩한 얼굴을 하고 있다.

포스트모던 철학의 중심에는 모더니즘의 전제와 가정(presupposition)에 대한 지속적인 공격이 담겨 있다. 포스트모던인들은 모더니즘이 자아(self)에 초점을 맞추는 것이 지나치게 과장되어 있다고 그 관점을 거부한다. 그들은 인간의 지식에 대한 모더니즘의 자신감을 조소한다. 모든 사람은 어디에서나 그들이 있는 그대로 궁극적으로 존재한다고 주장하는 모더니즘의 가설에 담겨 있는 본질적인 이중성을 비난한다.[2]

많은 목소리가 포스트모던 합창에 동참했다. 그러나 그들 중에 세 사람이 중심을 이루면서 가장 모범이 되는 단원으로 부상한다. 그들의 이름은 미셸 푸코, 자크 데리다(Jacqeus Derrida), 그리고 리처드 로티(Richard Rorty)였다. 그들은 때로는 단선율로 조화롭게 노래하기도 하고 우리가 포스트모던 시대에 기대할 수 있는 서로 화음이 잘 맞지 않는 음악을 더 많이 내기도 한 포스트모던 예언자 트리오를 구성한다.[3]

이 세 명의 철학자들의 저작에 대해서 완전히 현대적이며 객관적인 설명을 제시하는 대신에 여기에서는 포스트모던 렌즈를 통해 이들을 살펴보려고 한다. 앞으로 이어지는 부분에서 우리는 포스트모더니즘의 상부 구조를 이루는 철학적 기초를 제공하고 있는 그들의 저작 전체를 살펴보면서 그들의 특별한 사상적 가닥을 찾아볼 것이다.

---

2) Robert C. Solomon, *Continental Philosophy since 1750: The Rise and Fall of the Self* (Oxford: Oxford University Press, 1988), 196.
3) 푸코, 데리다, 로티는 모두 복합적인 사상가였다. 세 사람은 각자 아주 많이 다른 방식으로 자기 주장을 펼쳐간다. 이 장에서 우리는 그들이 포스트모더니즘의 전령들로서 그들은 어떻게 섬겨왔는가에 초점을 맞추면서 그들이 공통적으로 주장한 내용에 초점을 맞추어 논의를 펼쳐가고자 한다.

권력으로서의 지식 : 미셸 푸코

미셸 푸코(1926-1984)는 포스트모던 학자의 전형적인 모습을 보여준 사람이다. 그가 죽음을 앞두고 있을 때 사회 비평가들과 학자들은 지식의 한계와 그것이 권력과 어떻게 연결되어 있는가에 대해 그가 제기한 논점을 가지고 논쟁하고 있었다. 그들은 도덕성의 기초에 대해 푸코가 공격한 것을 가지고 논쟁을 벌이고 있었다. 개인 정체성의 특성에 관한 새로운 고찰뿐 아니라 그의 급진적인 역사 연구 과제의 조직화에 대하여도 진지한 토론을 벌이고 있었다.[4]

푸코는 자주 문화 역사가로 분류되지만 그 자신은 '지식 고고학자'(archaeololgist of knowledge)라는 명칭을 선호했다. 인생 거의 끝부분에 그는 자신을 철학자로 언급했다. 그러나 무엇보다도 푸코는 전형적인 니체를 추종하는 학자였다. 그는 "20세기 니체의 가장 진실한 계승자"[5]이자 "가장 위대한 현대 니체의 신봉자"[6]로 불리고 있다. 다양한 면에서 그의 전 생애는 니체 연구자로서의 삶을 살았다.[7]

니체의 가장 진실한 신봉자

1926년 10월 15일에 태어난 미셸 푸코는 '폴 미셸'(Paul Michel)이라

---

4) Miller, *The Passion of Michel Foucault*, 13.
5) Merold Westphal, *Suspicion and Faith: The Religious Uses of Modern Atheism* (Grand Rapids: William B. Eerdmans, 1993), 241.
6) Edward W. Said, "Michel Foucault, 1926-1984," in *After Foucault: Humanist Knowledge, Postmodern Challenges*, ed. Jonathan Arac (New Brunswick, NJ : Rutgers University Press, 1988), 1.
7) 이러한 탐구에 대한 흥미로운 설명을 살펴보기 위해서는 Miller, *The Passion of Michel Foucault*를 보라. 또한 Didier Eribon, *Michel Foucault*, trans. Besty Wing (Cambridge: Harvard University Press, 1991)도 참고하라.

는 세례명을 받았다. 그러나 후에 그는 'Paul' 이라는 이름을 그의 이름에서 떼어내 버리는데 이는 청소년기에 그가 미워하였던 아버지와 같은 이름을 갖고 싶지 않았기 때문이었다.[8] 그의 할아버지에 이어 아버지는 프랑스 푸와티에(Poitiers)에 있는 의과대학의 해부학 교수이자 외과 의사였다. 비록 그의 부모는 명목상으로만 종교를 믿었지만 그들의 둘째와 첫째 아들은 지역의 로마 가톨릭 성당에서 복사(가톨릭 미사 때 신부를 돕는)와 찬양대의 소년 대원으로 활동하였다. 제 2차 세계대전의 어두운 그림자가 지역의 공립학교로까지 드리웠을 때 푸코의 어머니는 그를 중고등학교까지 마치게 하기 위해 가톨릭으로 돌아섰다. 푸코는 가톨릭 학교에서의 3년간의 경험을 통해 종교와 수사(monks)에 대한 증오심을 가지고 종교와 멀어지게 되었다.[9]

역사와 문학에 대한 푸코의 열정은 집안의 전문적인 영역이었던 의학과 멀어지게 한 반면 파리의 명문 고등사범대학(Ecole Normale Supérieure : ENS) 입학시험 준비를 위해 철학 공부로 전환하게 하였다. 이러한 철학에 대한 탐구는 그를 결국 1945년 파리로 이끌었다. 그는 거기서 그의 사상 발달에 가장 영향을 끼친 사상가들, 즉 헤겔, 마르크스, 니체, 그리고 프로이드 등의 저서를 대하게 된다.

이후 푸코는 소르본대학에서 교육을 받는데, 그는 그곳에서 1948년 철학사 학위(Licence de Philosophie)와 1950년에 심리학사 학위(Licence de Psychologie)를 받았다. 최종적으로 1952년 그는 파리대학(Université de Paris)에서 정신병리학 학위를 받았다.

고등사범대학(ENS, 1951-1955)에서 교수로 재직한 후 푸코는 5년 동

---

8) 위의 책, 5.
9) 위의 책, 11.

안 프랑스를 떠났다. 스스로가 선택한 타향살이 기간 동안 1960년대에 끌레르몽 페랑대학교 철학 교수로 부임하기까지 그는 스웨덴, 폴란드, 그리고 독일에서 살았다. 그의 경력의 이 단계에서 그의 정치적인 연관은 적어도 그의 학문적인 훌륭한 솜씨만큼 중요했다. 푸코는 샤를 드골(Charles de Gaulle)의 새 정부에서 특정 외교와 관련하여 젊고 유망한 문화 공사관이었다.

1960년대 중반 푸코는 프랑스 지식 세계에서 새로운 스타로 부상하면서 구조주의의 참신한 빛을 제시한 학자 중의 한 사람으로 명성을 얻어갔다. 그러나 1968년 5월 좌파 학생의 폭동이 드골 정부의 기조를 흔들어놓고 있을 때 그는 급진적인 마오쩌둥 사상을 가진 자와 함께하였다. 1966~1968년 튀니지에서 거류민으로 살다가 푸코는 1969년 콜레쥬 드 프랑스(the Collége de France, 역주/ 현재는 프랑스대학)에서의 석좌교수직을 위한 성공적인 캠페인을 위해 파리로 돌아왔다. 프랑스 아카데믹 시스템의 최고의 자리인 이 석좌교수직에서 그는 저술에 참여하면서 정치적인 활동에도 관여하게 된다. 또한 이란, 폴란드, 미국, 특히 캘리포니아로 여행도 하게 된다.

캘리포니아에서 푸코는 그의 동성애적 욕구를 자유롭게 풀어놓는다. 1975년 봄, 그는 열정적으로 샌프란시스코의 동성애 모임에 뛰어들었고, 그 당시에 베이 시티(Bay City)의 수많은 목욕탕에서 이루어졌던 합의 가학 피학증 관능주의(consensual sado-masochistic eroticism)에 특히 매료되었다.[10] 언젠가 "매일 일상의 삶의 질을 전환하려는" 갈망을 가지고 있던 푸코는 이제 "완성된 총체적 기쁨"[11]을 추구하는데 그것은 죽음으로 연결

---

10) Miller, *The Passion of Michel Foucault*, 253, 27.
11) 위의 책, 253.

되는 '제한된 경험'이었다.[12] 이러한 캘리포니아에서의 한계 경험들을 통해 그의 몸과 영혼은 어떤 면에서 사회적으로 구성되었고, 최소한 그렇게 함으로써 변화를 향해 활짝 열려 있게 되었다.[13]

1983년 가을, 푸코는 그의 마지막 여행이 되었던 샌프란시스코를 향한 여정을 떠났다. 그는 분명히 에이즈에 감염되어 있었고 극심한 질병으로 죽음이 가까이 왔음을 알고 있었다.[14] 광기, 마약, 성, 그리고 에이즈 그 자체를 넘어 죽음은 그에게 궁극적 '한계 경험'이 되었을 것이다. 그 한계 경험은 그의 삶의 끝이 가까워온 시점에서 '생각할 수 있고, 또 생각되어져야 할' 것의 형태, 즉 '진실 게임'(games of truth)을 통해 '역사적으로 구성될' 형태로서 규정되었다.[15]

파리로 돌아와서 푸코는 1984년 6월 2일에 그의 아파트에서 쓰러졌다. 그는 회복 때까지 길거리에 있었던 것으로 추측되고 있다. 6월 25일 그는 세상을 떠나는데 그의 죽음은 충격이었다. 그가 숨을 거둔 병원은 그의 초기 저서 중 하나인 *Madness and Civilization*(광기와 문명, 1961)의 기초를 이루었던 정신병원의 전신이었다.

그의 마지막 입원기간 동안 푸코는 그의 연인이며 작가였던 허브 가이버트(Herve Guibert)의 방문을 반복적으로 받았다. 가이버트는 그들의 대화를 일기로 썼고 후에 그것을 그의 소설, *To the Friend Who Did Not Save My Life*(나의 삶을 구원하지 못했던 내 친구에게, 1990)와 단편 이야기인 "The

---

12) Foucault, "The Minimalist Self," in *Politics, Philosophy, Culture: Interviews and Other Writings, 1977-1984*, ed. Lawrence D. Kritzman, trans. Alan Sheridan et al. (New York: Routledge, 1988), 12.
13) Miller, *The Passion of Michel Foucault*, 273.
14) 위의 책, 29.
15) Foucault, *The Use of Pleasure*, vol. 2 of *The History of Sexuality*, trans. Robert Hurly (New York: Pantheon Books, 1985), 6-7.

Secrets of a Man"(한 남자의 비밀)의 토대로 사용하였다. 푸코의 전기 작가인 제임스 밀러는 그가 죽음의 침상에서 소설가와 작가에게 이야기를 털어놓았을 때 그가 하고 있었던 것을 푸코는 잘 알고 있었을 것이라고 추측한다. 이 행동에서 개인의 실체에 대한 생각을 파헤치는 데 그의 삶을 바쳤던 한 남자는 그가 누구였고 그가 무엇이 되었는지에 관한 진실을 말해야 한다는 의무감에서 탈출할 수 없다는 것을 인정하고 있었다.[16]

> 삶의 방식을 다루는 철학(bios philosophicos)은 도전을 통해 새롭게 되고, 실행을 통해 실천하게 되며, 그리고 스캔들로서 다른 사람 앞에 던져진 인간 존재의 동물성이다.
>
> —미셸 푸코[17]

계몽주의의 거부

푸코는 그가 살아온 방식과 글을 썼던 방식을 통해 그는 철저한 모던 세계관에 대한 거부를 시작했다. 그는 그러한 세계관을 번성케 한 합리주의와 모더니즘의 전망에 대해 끊임없이 비판을 가했다.

1) 자아에 대한 거부

우리가 알고 있는 바와 같이 모더니즘 세계관은 자아의 개념에 그 뿌리를 두고 있다. 그것은 세계를 바라볼 때 인간의 지식으로 접근이 가능한 객체로 이해하며 인간은 자율적인 주체로 이해한다. 모던 철학자들은

---

16) Miller, *The Passion of Michel Foucault*, 358.
17) 미셸 푸코가 콜레쥬 드 프랑스에서 1984 년 3월 14일에 행한 강의에서. 위의 책, 363쪽에서 인용.

탐구하는 자아를 인식하는 것은 외부 세계에 대한 정확한 표현을 제공하며 이 사실에서 그 세계의 지식에 대한 타당한 기초를 제공한다고 추정한다. 푸코의 모더니즘에 대한 비판은 이러한 데카르트-칸트 철학의 시작점에 대한 거부로부터 시작된다.[18]

푸코는 합리주의를 따르기보다는 오히려 실재의 다양성과 풍부함을 강조한 니체의 관점을 끌어온다. 이성과 이성적 담론은 문제가 있다고 그는 주장한다. 왜냐하면 그것들은 우리의 개념을 조절해 주는 인위적 동질성 안에서 실재의 다양성을 우리가 꽉 쥐고 있을 것을 요구하기 때문이다. 이러한 방법에서 이성적 담론은 차이나 '타자'(otherness)를 던져 버리는 대가로 동일한 것과 보편적인 것을 중요하게 여긴다.

푸코는 그것을 뒤집음을 통해 이러한 경향을 드러내려고 하였다. 니체를 따라 그는 특정한 것과 특별한 것을 선호했고, 일반적인 것과 보편적인(universal) 것보다 그것들을 높이 평가하였다.[19] 그의 저술은 동일한 것(sameness)보다 서로 다른 것(otherness)을 더 높이 세운다. 이 작업에서 그의 전략은 가정된 보편성과 영원성의 범주를 그것들의 역사적인 흐름을 되돌림으로써 거부한다.[20]

이성적으로 알기를 원하였던 보편성에 관한 한 모던 시대에 우리

---

18) 이러한 상황에서 우리는 푸코의 *Archaeology of Knowledge*, trans. A. M. Sheridan Smith (London: Tavistock Press, 1972)를 포스트모던 방법에 대한 보고서로보다는 모던 방법에 대한 패러디로 볼 수 있다. 푸코는 전체 주관론자의 관점에서 데카르트 철학을 공격하고 있다. 그는 근원이 되고 있는 모던 과학과 공업 기술을 그러한 관점에서 보았다. Allan Megill, *Prophets of Extremity: Nietzsche, Heidegger, Foucault, Derrida* (Berkeley and Los Angeles: University of California Press, 1985), 228쪽을 보라.
19) Said, "Michel Foucault, 1926-1984," 5-7.
20) 다음 책에 나오는 폴 래비노의 '서론' 부분을 참고하라. Paul Rainbow, "Intro-duction," *The Foucault Reader*, ed. Paul Rainbow (New York: Panth-eon Books, 1984), 4.

가 '인간 본성'(human nature)이라고 불렀던 것보다 더 중요한 것은 없다. 이 개념에 대한 그의 분석에서 푸코는 "인간 본성이 무엇인가?"와 "인간 본성은 존재하는가?"와 같은 추상적인 질문을 회피한다. 대신 푸코는 그런 질문을 던진다. "우리 사회에서 인간 본성의 개념이 어떤 기능을 하는가?" 이러한 방식으로 질문의 틀을 세우는 것은 계몽주의가 추구하는 자아(Enlightenment self) 개념을 공격하기 위한 그의 길을 여는 것이었다.

자아와 주관성에 대한 모던 이해에 대한 푸코의 공격은 그가 구조주의자들로부터 물려받은 거대 담론의 사회적인 면에 초점을 맞춘다. 구조주의자들의 인도를 받아 푸코는 우리의 주관적 경험은 우리가 무의식적으로 내면화한 요소에 의해 사회적으로, 그리고 역사적으로 구성되어진다고 주장한다.[21] 사실 우리의 일도 본질적으로 사회적이다. 예를 들면 개인이 의술을 행하거나 역사를 쓰는 것은 그들이 그 일에 대한 재능을 가지고 있기 때문이 아니라 단순히 그들이 당연하다고 생각하고 존중하는 직업의 규칙을 따를 수 있었기 때문이라고 푸코는 주장한다. 푸코는 사람들이 무엇을 어떻게 생각하며 살고 말하는가를 주관하는 규칙을 지배하는, 그러한 법칙들을 환하게 밝히는 것을 책임으로 떠맡았다.[22]

언어의 구조에 관한 관심은 특히 푸코의 1960년대 저술에서 분명하게 드러난다.[23] 그럼에도 불구하고 그는 순전한 구조주의자는 아니었

---

21) David Couzens Hoy, "Foucault: Modern or Postmodern?" in *After Foucault*, 27.
22) Said, "Michel Foucault, 1926-1984," 10.
23) 그의 이런 연구에 있어서 특히 중요한 것은 Michel Foucault, *The Order of Things: An Archeology of the Human Science* (New York: Random House-Pantheon, 1971); *The Archaeology of Knowledge and the Discourse on Language* (1969), trans. A. M. Sheridan Smith (New York: Pantheon Books, 1972) 등을 들 수 있다.

다.[24] 그들의 혁신에도 불구하고 구조주의자들은 인간 삶의 현상 배후에는 어떤 구조를 가지고 있다는 모던 가설을 그대로 견지한다. 그러나 푸코는 확고한 기반은 있지 않다고 주장한다. 모든 '기표'(시이피앙, signifier)가 궁극적으로 언급할 수 있는 독창적이거나 초월적인 '기의'(시니피에, signified)는 없다는 것이다.[25] 우리가 인문 과학에서 연구하는 사회 구조 안에 진열될 수 있는 인간의 본성은 없다.

이 모든 것은 푸코가 우리로 하여금 구조주의를 넘어 '후기 구조주의'로 나아가게 하고 있음을 알려준다. 그는 우리를 포스트모더니즘(비록 그는 이 용어를 사용하지 않았지만)과 모더니즘 사이의 장벽을 넘어 이동시킨다.[26] 푸코와 같은 포스트모던주의자들은 더 이상 법과 같은 규범에 의해 지배되어지는 주어진 현실과 독립된 자아를 위한 연구에 참여하지 않는다. 그들은 좀 더 텍스트의 뜻을 해석하는 것과 같은 일에 참여하려는 경향을 취한다. 그리고 이런 노력에서 그들은 모든 텍스트가 단일의 통일 구조를 가지고 있는 것이 아니고 대조적으로 텍스트는 거의 극도로 복잡하다고 가정한다. 요약하면 푸코에 의해 예증되었듯이 포스트모던 패러다임은 '복잡성'(complexity)을 찬양한다.[27]

---

24) 그의 사상을 형성하였던 중요한 시기에 푸코는 클라우드 레비-스트라우스, 쟈크 라캉(Jacques Lacan), 롤랑 바르트(Roland Gerard Barthes), 루이 알튀세르(Louis Althusser)에게서 영향을 받았다. 이런 학자들과의 연결 때문에 어떤 비평가들은 푸코에게 구조주의자라는 명칭을 안겨주었을 수도 있다. 예를 들어 다음의 사전에서 푸코에 대한 항목과 구조주의(Structuralism)를 참고하라. William L. Reese's *Dictionary of Philosophy and Religion* (Atlantic Highlands, NJ: Humanities Press, 1980), 553. 푸코 자신은 자신을 이렇게 특성화하는 것에 대해서 열렬히 반대했다. 예를 들어 Foucault, *The Order of Things*, xiv쪽을 참고하라. 구조주의와 푸코의 연관에 대한 논의를 살펴보기 위해서는 Megill, *Prophets of Extremity*, 203-19쪽을 참고하라.
25) Megill, *Prophets of Extremity*, 211.
26) 비슷한 결론에 이르게 되는 논의를 살펴보기 위해서는 David Couzens Hoy, "Foucault: Modern or Postmodern?" 12-41쪽을 참고하라.
27) Hoy, "Foucault: Modern or Postmodern?" 28.

2) 인류학에 대한 거부

푸코가 자아에 대해 거부하는 내용의 핵심에는 인류학에 대한 공격이 담겨 있다. 이러한 관련성에서 그는 다양한 인문 과학에 대한 깊은 연구를 가졌다. 그러나 그는 자신을 인문 과학의 전문가가 아니라 분석가로 이해한다. 그의 관심은 인문 과학이 어떻게 제기되고 그것이 어떻게 형성되는지에 대한 개념, 그것이 어떻게 사용되는지, 그리고 그것이 서구 사회의 문화에 끼친 영향을 결정하는 것인가에 있었다.[28]

푸코의 인류학에 대한 공격의 중심에는 '인류'(아니면 더 오래된 명명법을 따라 '사람')는 상대적으로 최근의 현상이라는 그의 주장이 놓여 있다. 지식의 대상으로서 인간 개인에 관한 우리의 현재 초점은 17세기에 시작된 역사적 전환의 결과라는 데 있다. 이것을 이해하기 위해서 그는 '언어'(language)와 '담론'(discourse) 사이의 구분을 제안한다. '언어'는 그 자신을 '세계'로서 인식한다. 이와는 대조적으로 '담론'은 그 자신을 세계를 '대표하는' 것으로 본다. 담론의 단 하나의 기능은 그것 밖에 서 있는 사물과 생각의 명료한 표현이다.

푸코에 따르면 '언어'는 사라졌고 '담론'이 1600년대 초에 등장하게 된다. 그러나 그후 1700년대 후반 '언어'가 다시 나타났고 인류 '붕괴'의 방아쇠가 당겨졌다.[29]

'인류의 붕괴'라는 표현은 인간 자아에 대한 담론의 사라짐, 우리 지식의 객체로서 인간성의 상실과 관련되어 있다. 푸코는 인간의 자아 추구를 '인류학'이나 '계속 이어지는 역사'라고 부른다. 계속되는 역사에 대한 연구자들은 과거에서 그것의 기원을 밝혀냄으로써 현재의 진실을 확

---

28) Rabinow, "Introduction," in *The Foucault Reader*, 12.
29) Foucault, *The Order of Things*, 81, 235-36, 303-4, 311, 385-86.

인하려고 하였다. 그들 연구의 기반에는 역사의 연속성과 역사라는 필수적인 인류의 속성을 펼쳐 보이고 있다는 가정이 놓여 있다. 인류는 역사의 객체가 될 수 있는데, 심지어 인간은 역사의 주체라고 주장하는 거기까지도 엄밀히 말하면 객체가 될 수 있다.

> 많은 경우에서 한 가지는 분명하다. 인간은 지식 함양을 위해 놓여 있는 가장 오래된 문제도 아니고 가장 오랫동안 지속되어 온 문제도 아니다. 제한된 지리적 영역에서 상대적으로 짧은 연대기적 샘플, 16세기 이래 유럽 문화를 가지고 보면 인간은 최근의 고안물이라는 사실이 분명해진다. …… 사실 사물이나 그 질서에 대한 지식에 영향을 끼쳤던 모든 변화들 가운데…… 한 세기 반 전에 시작되어 우리들 아주 가까이에 놓여 있는 오직 한 가지는 인간 존재가 선명하게 드러날 수 있게 해주었다. 그 외양은 오랜 염려를 풀어주는 것이 아니고, 오랜 관심을 가져온 빛나는 의식 안으로 변환을 가져다주는 것도 아니었다. …… 그것은 지식의 근본적 배열에 있어서 변화의 효과였다. 우리가 가지고 있는 사상의 고고학이 쉽게 보여주는 것처럼 사람은 최근의 고안물은 아니다. 인간은 아마도 그 끝에 가까이 서 있는 존재이다.
> 만약 그것이 나타날 때 그러한 배열이 사라진다고 한다면 한 가지는 분명하게 보증할 수 있는데, 사람은 마치 바닷가의 모래 위에 그린 얼굴처럼 쉬 사라지게 될 것이라는 사실이다.
>
> —미셸 푸코[30]

'인류학'은 칸트 시대 이래로 철학적 사상이 나아갈 길을 결정해 왔지만 이 관점은 이제 우리의 눈앞에서 붕괴되고 있다고 푸코는 주장한

---

30) 위의 책, 386-87.

다.[31] 인류학은 현대 서구 사회에서 지배적으로 영향력을 행사하던 과학의 자리에서 폐위되고 있다. 인간성(humanity)은 더 이상 인간 지식의 중심적 관심이 아니다. 우리는 지금 '인간성'이 그동안 모던 시대 인문 과학이 작성해 온 허구에 지나지 않는다는 것을 깨닫고 있는 중이라고 푸코는 주장한다. 그는 이러한 '환영'에 대한 신뢰성은 현대의 언어학에 대한 관심과 널리 확대되고 있는 회의론에 의해서 파괴되고 있다. 그것은 사실 역사가 인간 존재에 대한 보편적인 이해를 위한 기초를 제공해 줄 수 있을 것이라는 사실에 대한 회의론이다. 자아는 더 이상 언어에 대한 궁극적 원천과 기초로 간주되지 않는다. 이와는 대조적으로 이제 우리는 자아는 언어 속에서, 언어를 통해서 구성된다고 이해하게 되었다.

푸코가 초기에 순진한 형이상학적 확실성을 '넘어서려는' 움직임의 기초를 우리는 니체와 소쉬르에게서 발견하게 된다. 소쉬르의 공헌은 그의 언어 이론에 있었는데, 그것은 의미의 기원과 발견할 수 있는 처소로 여겼던 개인적 주체(individual subject)를 위한 여지를 남겨놓지 않는다. 니체의 공헌은 독특한 인간 자아-지식을 위한 연구를 통해 진리를 규정하려고 했던 모든 철학에 대한 비평에 있었다.[32] 푸코가 제시한 이런 은유적인 언어를 사용하여 니체는 신의 죽음과 초인의 약속이 인류의 죽음의 긴박함을 의미한다는 것을 재발견했다. 결과적으로 우리는 더 이상 인간 자아의 사라짐에 의해 남겨진 공허함을 제외하고는 인간 존재를 생각할 수 없다.

비록 푸코는 다양한 인문 과학을 탐구하지만 그가 인류학의 핵심에 위치시켰던 학문적 훈련에 특별한 관심을 드러낸다. 그것은 바로 '역사'였는데 시간을 통해 자아가 펼쳐지는 것을 연구하는 분야이다. 그의 인류

---

31) 위의 책, 342-43.
32) Christopher Norris, *Derrida* (Cambridge: Harvard University Press, 1988), 218.

학의 다른 차원을 다룬 연구에서 보는 것과 같이 그는 역사 연구의 전문가로서 역사에 다가가지 않는다. 모던 역사가들과는 달리 그의 목표는 헤겔과 같은 사상가를 따르는 것이 아니라 역사의 일반적 이론 연구에 참여하는 것이다. 반대로 그는 그러한 일반적 이론을 오늘날 문제점의 한 부분으로 본다. 그는 역사를 과거 지식에 대한 흥미가 없는 연구로 이해하면서 우리가 진정으로 쉼을 얻기 위해서 필요한 것은 서구 신화라고 말한다.

푸코는 역사학이 그 핵심적인 부분을 의심한다는 사실을 발견한다. 연속성 있는 역사를 나타내기 위해 역사가들은 보편 언어(language of universals) 안에 비연속성과 단일의 사건의 독창성을 녹여왔고 그들의 작업을 숨겨왔다. 그들은 그들 자신의 실재의 본질을 어지럽게 해왔는데, 그들의 연구 가운데 어떤 요소들은 의도적으로 삭제하였다. 그 삭제된 요소들은 특정 시간과 장소, 그들 자신의 개인적 선호와 편견에 의존하였음을 드러낼 수 있는 가능성을 가지고 있을 때 삭제하고는 했다.[33]

> 사람에 대해, 특히 그의 영역과 해방에 대해 연구하기를 원하는 사람들에게, 사람이 본질적으로 무엇인가에 대한 질문을 스스로에게 여전히 던지고 있는 사람들에게, 진리에 이르려는 그들의 시도에 있어서 출발점으로 인간에 대해 살펴보기를 원하는 사람들에게…… 이러한 모든 왜곡되고 꼬여 있는 숙고의 형태에 대해 우리는 오직 철학적 웃음으로 대답을 줄 수밖에 없다-그것은 어떤 점에서는 침묵하는 존재라는 사실을.
>
> —미셸 푸코[34]

---

33) Foucault, "Nietzsche, Genealogy, History," in *Language, Counter-Memory, and Practice: Selected Essays and Interviews*, trans. Donald F. Bouchard and Sherry Simon (Ithaca, NY: Cornell University Press, 1977), 156-57.
34) Michel Foucault, *The Order of Things*, 342-43.

권력으로서의 지식

1968년 학자의 출현은 푸코 사상에 전환점을 가져왔다. 이것은 그로 하여금 반란의 한계와 담화의 법칙이 인간의 삶을 규정하는 범위에 대한 평가로 이끌었다.[35] 그 관점에서부터 그가 몰두하였던 중심적인 내용은 중심 무대를 나타내는데, 그것은 권력에 대한 것이었다.[36]

푸코에 따르면 서구 사회는 지난 3세기 동안 수많은 본질적인 오류를 범해 왔다. 학자들은 잘못된 확신을 가지고 있었는데, 그것은 (1) 지식의 객관적 실체가 존재하며 그것이 밝혀지기를 기다린다고 믿었던 것, (2) 그들은 실제 그러한 지식을 소유하였고 그것은 중립적이거나 탈가치적이라고 믿었던 것, (3) 지식의 추구는 특정 계급에게보다는 전 인류에게 이익이 된다고 믿었던 것 등이 그것이다.[37]

푸코는 이러한 계몽주의 가설을 거부하였다. 그는 관심이 없는 인식아의 모던 이상을 부인하였다. 그는 우리가 역사와 인간 사회 너머에 서 있다는 것을 부인하였다. 분명하고 보편적인 지식을 제공하는 우월한 지점이 있다고 주장하는 것도 거부하였다.[38] 그리고 그는 이론적이고 객관적인 것으로 진리를 이해했던 옛 이해를 거부하는데, 진리는 적절한 학문 공동체에 의해 고안된 절차를 따라 인식될 수 있다고 지식을 중요하게 여겼던 확신을 거부하였다.

하지만 푸코는 계몽주의에 대한 이러한 거부에 그치지 않고 한걸음 더 나아간다. 지식은 세상에 깊이 새겨져 있기 때문에 이것은 권력 투쟁에

---

35) Said, "Michel Foucault, 1926-1984," 6쪽을 참고하라.
36) Sheldon S. Wolin, "On the Theory and Practice of Power," in *After Foucault*, 181.
37) Wolin, "On the Theory and Practice of Power," 186쪽을 보라.
38) Rabinow, "Introduction," in *The Foucault Reader*, 4.

관련되어 있으며, 우리의 세상을 구성하는 것과 부딪치게 되어 있다고 주장하였다. 우리는 논쟁 위에 서는 방법으로 '객관적 지식'이나 '진리'에 호소할 수 없다.[39] 반대로 지식은 임의로 자신만의 진리로 세운 '지식에 대한 의지'(이것은 니체의 권력에의 의지가 떠올려진다.)라고 부른 것의 산물이다. 이러한 방식으로 그는 보다 정확한 정의로 '담론'(discourse)이라는 단어를 제시하는데, 그것은 권력과의 관계에 그 뿌리를 두고 있다. 특히 그러한 권력의 형태는 전문화되고 제도화된 언어 가운데서 구체화된다.[40]

지식이 불가피하게 권력과 연결되어 있는 것은, 그것이 '담론'과 연관되어 있기 때문이다. 즉, 지식은 푸코가 '추론적인 구성'(discursive formation)이라고 부른 것과 관련이 있다. 실행과 제도는 권력의 체재가 유용하다는 지식을 요청하게 된다. 담론은 그것을 규정하고, 특성화하며, 규정하는 것에 대상(objects)을 가져온다. 그 예로 푸코는 정신 병리학을 인용하는데, 그것은 정신분열증은 분명히 존재하고 치료의 대상으로 간주된다는 점을 공표한다.[41]

푸코는 이 모든 것으로부터 '진리'란 만들어진 것이고 허구이며, "진술의 생성, 규정, 배포, 순환, 운용을 위한 조직화된 절차의 시스템"이라고 결론지었다. 이러한 진리의 시스템은 그것을 양산하고 지탱해 주는 권력의 시스템과의 상호 호혜적인 관계성 가운데 세워진다고 주장한다.[42] 진리는

---

39) 위의 책, 6-7.
40) Foucault, *The Archaeology of Knowledge*; Foucault, "The Order of Discourse," in *Untying the Text: A Post-Structuralist Reader*, ed. Robert Young (London: Routledge & Kegan Paul, 1981), 48-78쪽 등을 참고하라.
41) Foucault, *The Archaeology of Knowledge*, 40-49.
42) Foucault, "Truth and Power," in *Power/Knowledge: Selected Interviews and Other Writings, 1972-1977*, trans. Colin Gordon, Leo Marshall, John Mepham, and Kate Soper (New York: Pantheon Books, 1980), 133.

그것을 가능하게 하는 사회 관습의 생산물이다.[43] 지식의 힘은 임의로, 혹은 그것의 목적을 위해 '진리'의 발명에 참여하는 담론 안에서 드러난다.[44] 이러한 식으로 지식은 우리의 실재를 만들어간다고 푸코는 말한다.[45]

분명히 푸코의 견해는 객관적 학문이라는 개념을 무너뜨린다. 사실 그는 '학문'을 '이데올로기'로 규정하며, 이것은 권력과 떨어질 수 없는 관계를 갖고 있다고 주장한다.

인간 담론의 다른 모든 형태와 같이 역사는 탈가치적이고 중립적인 주장을 만들 수 없다. 과거를 알고자 하는 욕구는 지식과 진리를 위한 순수한 탐구에 의해 이루어진다는 사실을 푸코는 부인하였다. 그는 그것은 현재 구조를 정당화하기 위해 과거를 길들이고 통제하려는 욕구로부터 나온다고 주장한다.[46] 과거에 관한 진실을 알고자 외관상으로는 중립적인 태도를 취하는 역사학자들의 시도도 단지 '지식에 대한 의지'를 위한 가면에 불과하다.[47] 이러한 지식/권력에 대한 의지는 다른 것에 대해서는 '특권을 부여'하면서 어떤 대상에 대해서는 일정하게 배척하는 역사적 이야기에서 분명해진다고 푸코는 주장한다. 이것은 그 자신이 역사상 동질성의 외양을 확고히 하기 위해 이질적인 요소들을 고르고 역사적 진보의 외형을 추구하는 역사학자들의 경향을 보여준다.

---

43) Wolin, "On the Theory and Practice of Power," 191-92쪽을 보라.
44) Megill, *Prophets of Extremity*, 191-92.
45) Foucault, *Discipline and Punish: The Birth of the Prison*, trans. Alan Sheridan (New York: Pantheon Books, 1977), 194.
46) H. D. Harootunian, "Foucault, Genealogy, History: The Pursuit of Otherness," in *After Foucault*, 113.
47) Foucault, "Nietzsche, Genealogy, and History," 162.

> 권력은 지식을 양산한다. …… 권력과 지식은 직접적으로 서로를 필요로 한다. …… 지식의 영역에는 상호 관련된 기구가 없이는 권력 관계(power relation)도 이루어지지 않는다. 권력 관계를 동시에 전제하지 않고 구성하지 않는 지식은 없다. 이러한 '권력-지식 관계'는 지식의 주체라는 기초에서 분석되지 않는다. 그 주체는 권력 시스템과의 관계에서 자유로운 사람, 혹은 그렇지 않은 사람일 수 있다. 반대로 아는 것은 주체이며, 알려지는 것은 객체이다. 지식의 양식(modality)은 권력-지식의 근본적 함축의 효과와 역사적 변형의 효과로 간주되어야 한다. 요약하면 권력에 유용하거나 저항하는 지식의 몸통을 양산하는 것은 지식의 주체의 활동이 아니라 권력-지식, 즉 지식의 형태와 가능한 지배 영역을 결정하며, 주의 깊게 고찰하는 과정과 투쟁이 양산된다.
>
> —미셸 푸코[48]

지식과 권력 간의 관계에 대한 푸코의 견해는 베이컨이 계몽주의의 초기에 주장했던 길의 포스트모던이라는 끝을 표시한다. 푸코에 따르면 인간의 지식은 베이컨이 주장한 것처럼 자연에 대한 권력을 행사하도록 허락하지 않는다. 더욱 의미심장하게 지식은 폭력이다. 지식의 행사는 항상 폭력의 행사라고 푸코는 말한다.

이러한 고찰에 기초하여 푸코는 서로를 향해 이론(theory)과 실천(practice)에 관한 사항을 모두 함께 무너뜨린다. 그는 이론적 행위는 언제나 전적으로 실천적 중요성을 가져야 한다고 주장한다.[49] 이론의 목적은 행위를 위해 토대를 제공하는 것이 아니라 그러한 행위를 위한 전략을 형성하는 것이다. 푸코는 학자들의 적절한 행위란 현재 존재하고 있는 체재

---

48) Michel Foucault, *Discipline and Punish: The Birth of the Prison*, trans. Alan Sheridan (New York: Vintage Books, 1977), 27-28.
49) 매길은 이러한 흥미로운 해석을 제시한다. Megill, *Prophets of Extremity*, 232-33.

에 대한 끊임없는 비판을 던지는 것이라고 주장한다. 이러한 비판의 토대를 이루는 것은 그의 역사 이해에서 비롯되는데, 그는 역사를 유용한 신화를 전파하는 수단이라고 이해한다. 그에게 있어서 신화는 질서를 '해체하고' 현재를 '과거'로 돌려놓는 도구이다.[50]

> 지식은 그것의 경험적 뿌리, 즉 그것이 일어나는 초기의 필요로부터 이성의 요구에 대해 순수 사색 주체가 되기 위하여 그 자체를 천천히 떼어내는 것이 아니다. …… 오히려 지식은 그것의 직관적인 폭력에 대해 점진적인 노예성을 만들어낸다.
>
> —미셸 푸코[51]

기존의 구조를 무너뜨리려는 임무에 참여하기 위해 푸코는 '효과적인 역사'(effective history)를 제창하는데, 이것은 역사학자들이 그들의 '역사'가 그들 자신의 관점에 따라 조건지어진다는 사실을 인식하는 역사이다.[52] 푸코 자신의 저서는 이러한 목표를 위해 섬기고 있음을 알 수 있다. 그 저서들에서 그는 역사적 담론의 형태가 어떻게 권력과 지배의 흥미를 보존하고 있는지 보여준다. 그는 그들 자신의 목적을 위해 역사를 사용하였던 사람들에 저항하여 역사의 어휘를 바꾼다.[53] 그리고 그는 역사학자들이 '이성의 지배'로 인해 세워졌던 장벽을 넘어 소통하기 위해 '다른 것'(the Other)을 가져오고자 했던 역사의 측면을 보려고 하였다.

---

50) Foucault, "Two Lectures," in *Power/Knowledge*, 80-81.
51) Michel Foucault, "Nietzsche, Genealogy, History," in *Language, Counter-Memory, and Practice: Selected Essays and Interviews*, ed. Donald F. Bouchard, trans. Donald F. Bouchard and Sherry Simon (Ithaca, NY: Cornell University Press, 1977), 163.
52) 위의 책, 156.
53) 위의 책, 154.

푸코의 작품에서 그가 이 세상을 담론으로 보았다는 사실은 분명하다. 그리고 그것이 사물의 본질이라면 세상을 지배하는 질서는 어떤 다른 질서에 대해 조직적인 의심의 형태를 광범위하게 공격하는 것에 적절하게 맞추어져 있다.[54]

계통학

'질서'에 대한 그의 공격에서 푸코는 니체로부터 받은 강력한 무기인 계통학(genealogy)을 꺼내든다.[55] 그의 목표는 한 실체가 그 자신의 외부에 설 수 있게 하는 것과 이성이 주장하는 '지배적인' 진리에 대항할 수 있는 새로운 담론을 찾는 것이었다. 그의 방법은 지식의 몸체의 '계보를 추적하는 것'을 포함한다. 즉, 어떻게 훈련, 혹은 인문 과학의 개념이 세워졌는지를 탐구하는 것이다. 이것은 우리로 하여금 현재가 어떻게 이러한 모습이 되었는지에 대한 더 나은 이해를 할 수 있게 해준다. 하지만 계통 연구는 현재를 붕괴시키고 혼란시키기도 한다.

> '계통학'이라는 용어를 박식한 지식과 지역적 기억을 연합하는 것이라고 규정하자. 그러한 것은 우리에게 투쟁에 대한 역사적 지식을 세워주며, 이러한 시작이 오늘날도 전략적으로 유용하게 만들어준다. …… 그것이 진정으로 행하는 것은 지역적이고 비연속적이며, 자격이 없고 비합법적인 지식에 주의를 기울이도록 만드는 요구를 즐기는 것이다. 그런 지식은 이론의 단일의 몸을 이루어야 한다는 것에 항거하는데, 과학과 그것의 대상을 세워주는 것인 어떤 진정한 지식과 임의적 아이디어의 이름으로 그것들을 변경하고, 수직적으로 세우며, 질서 있게 만드는 것이다.
>
> —미셸 푸코[56]

푸코의 계통학에 있어서 주된 목표는 모던 서구 사회에서의 삶을 통제하는 사회, 역사, 정치에 대한 이론들을 대통합하는 것이었다.[57] 현대 사상가들의 목표는 인류의 진보나 해방과 같은 주제 아래 놓인 인류 역사의 무엇보다 중요한 서술을 고안해 내는 것이었는데, 엄밀하게 말하면 그것은 푸코가 거부하였던 '세계적 체제 이론'(global systematic theory)이나 환원적인 '참된 담론'(true discourse)이었다.[58] 그러한 이론은 합법적인 현재 사회 체제를 추구하고 그들을 통해 작용하고자 하는 권력에의 의지를 가리는 '진리의 지배'(regimes of truth)로 궁극적으로 작용하게 된다고 주장한다.[59] 그러므로 모던 시대 학문 연구는 지식은 중립적이라고 주장하기 때문에 '참된 담론'의 제안자들은 그들의 학문적 노력에 스며 있는 권력에의 의지에 대해 맹목적이 되게 된다. 이러한 방식으로 모던 학문 연구는 실제로는 진리를 나타내기보다는 오히려 가리는 역할을 하고 있다.[60]

푸코에게 있어서 계통학을 연구하는 학자들의 임무는 더 많은 '진리'를 만들어내는 것이 아니다. 오히려 그것이 존재하도록 만드는 조건들을 결정함으로써, 그리고 그것의 정치적 효력에 빛을 가져다줌으로 '참된 담론'의 모든 형태들을 드러내는 데 있다.[61]

---

54) Megill, *Prophets of Extremity*, 238-39.
55) Foucault, "Nietzsche, Genealogy, History," 152.
56) Michel Foucault, "Two Lectures," in *Power/Knowledge: Selected Interviews and Other Writings, 1972-1977*, trans. Colin Gordon, Leo Marshall, John Mepham, and Kate Soper (New York: Pantheon Books, 1980), 83.
57) Jana Sawicki, "Feminism and the Power of Foucauldian Discourse," in *After Foucault*, 163.
58) Foucault, "Power and Strategies," in *Power/Knowledge*, 145.
59) Foucault, "Truth and Power," in *Power/Knowledge*, 131.
60) Foucault, *The Archaeology of Knowledge*, 219.
61) Isaac D. Balbus, "Discipling Women: Michel Foucault and the Power of Feminist Discourse," in *After Foucault*, 139.

앞에서 언급하였듯이 푸코는 인류학(혹은 계속되는 역사)은 18세기 이래 서구 사회에서 가장 우세했던 '참된 담론'이었다고 주장한다. 역사 공동체에 대한 역사학자들의 헌신은 현재를 거룩하게 하기 위하여 과거를 사용하고, 현재에 대해 우리가 분명하게 과거를 알 수 있는 우월한 지점으로 현재에 특권을 부여한다고 그는 주장한다.

푸코의 목표는 역사학자들이 역사에 관해 포괄적인 관점을 세우기 위해 사용하였던 전통적인 장치의 껍질을 체계적으로 벗기기 위한 것이었다.[62] 그의 프로젝트는 인간 중심의 역사라는 통일적 개념(예를 들어 전통, 영향력, 개발, 진화, 자원, 기원)을 그것과 반대되는 것(단절, 파괴, 경계, 한계, 변형)으로의 대체를 포함한다.[63] 그러므로 그는 연속성에 초점을 맞추었던 전통적인 역사학자들의 관점을 부인하고 현재와 과거의 비연속성에 초점을 맞추는데 전통적인 역사학자들이 제시한 합법화된 현재의 질서를 무너뜨리기 위해서이다.

푸코는 현재란 과거의 필연적인 결과가 아니라 진보와 해방의 계속되는 이야기 속의 단순히 가장 큰 무대가 아니라는 점을 체계적으로 설명하고자 했다. 계통학은 이 점을 분명히 세우기 위해 그가 사용하였던 도구였다. 푸코에 따르면 역사는 운명이나 통제하는 메커니즘에 의해 지배되는 것이 아니라 우연한 충돌(haphazard conflicts)의 산물이라는 사실을 계통학의 연구는 알려준다.[64] 간단히 말해 역사는 아무런 의미를 갖고 있지 않다.[65] 그리고 역사 안에 놓인 의미의 가정을 해체하기 위해 계통학을

---

62) Foucault, "Nietzsche, Genealogy, and History," 153.
63) Douglas Crimp, "On the Museum's Ruins," in *The Anti-Aesthetic: Essays on Postmodern Culture*, ed. Hal Foster (Port Townsend, Wash.: Bay Press, 1983), 45.
64) Foucault, "Nietzsche, Genealogy, and History," 146, 154.
65) Charles C. Lemert and Garth Gillan, *Michel Foucault: Social Theory and Transgression* (New York: Columbia University Press, 1980), 91.

연구하는 학자들은 역사의 가장한 주체(assumed subject of history)인 인류의 수고를 덜어주어야 한다.[66]

그러므로 푸코의 계통학은 전통적인 관점에서 보면 역사 이론은 아니다. 사실 우리는 이것을 '반이론'(anti-theory)이라고 불러야 할 것이다. 계통학자들은 효과를 위해 수립된 이론을 분석하는 방법을 제시해 준다. 푸코의 계통학은 우리가 생각하는 방식이 어떻게 '진리의 생산물'로 우리를 지배하는지를 묘사해 준다.[67] 그들은 실재를 설명하려고 하기보다는 환원적 통합 이론(reductionistic unifying theory) 안에서 실재를 이해하려는 모든 시도를 비판한다.

푸코에 따르면 전통적인 '연속론자'(continuist)인 역사학자들은 현재 체제를 비판하기보다는 인정하려고 하고 과거의 충돌과 분쟁을 감추려고 하는 경향을 가진다. 계통학은 이러한 경향을 뒤집으려고 한다. 푸코의 연구는 역사 가운데 가지 않은 길을, 실현되지 않은 가능성을, 전통적인 역사학자들의 진보에 관한 이야기와는 맞지 않는 사건들에 초점을 맞춘다. 수립된 질서에 대항한 게릴라 전쟁인 '정복된 지식에의 반란' (insurrection of subjugated knowledges)에 불을 붙이는 것과 같은 일에 초점을 맞추는 것이 그의 관심사였다.[68]

기존 질서에 대한 푸코의 공격은 다른 어떤 특정한 질서로 그것을 대체하려는 동기에서 시작된 것이 아니었다. 그는 지배의 위치에서 어떠한 특정한 정복된 지식을 세우려고 하지 않았다. 마르크스와 그의 추종자들

---

66) Foucault, "Truth and Power," in *Power/Knowledge*, 117.
67) Foucault, "Questions of Method: An Interview with Michel Foucault," in *After Philosophy: End of Transformation?* ed. Kenneth Baynes, James Bohman, and Thomas McCarthy (Cambridge: MIT Press, 1987), 108.
68) Foucault, "Two Lectures," in *Power/Knowledge*, 81.

과는 달리 푸코는 계몽주의 유토피아에 대해 별로 흥미가 없었을 뿐 아니라 더 나은 사회를 수립하기 위한 어떤 비전도 제시하지 않았다. 오히려 그는 정복된 지식의 편에서 끝나지 않는 전쟁에 참여하였다.[69] 그는 질서 그 자체에 도전하였다. 그의 공격 목표는 기존의 어떤 사회의 체제뿐만 아니라 질서 자체에 대한 관념이었다. 그는 사상, 해석, 담론, 그리고 언어 등도 사회 체제만큼이나 사람을 노예화시키는 데 커다란 위협으로 자리 잡고 있다고 믿었다.[70]

결국 사상은 담론이 되고 담론은 세상을 세우기도 하고 허물기도 한다.[71] 어떠한 자연의 질서도 사용하는 언어를 통해 우리가 고안한 것 뒤에는 놓여 있지 않다. 이러한 주장을 하면서 푸코는 그 자신을 본질적인 포스트모던 학자로 나타내었다. 포스트모더니즘의 핵심에는 모든 '주어진' 제도 가운데 놓여 있는 허위, 즉 '자연스러운 것'이나 존재론적으로 생생한 것에 거짓된 주장을 벗겨내려는 시도가 놓여 있다.

허구로서의 역사

푸코의 업적은 두 가지로 분류할 수 있는데, 역사의 작품(works of history)과 역사적 작품에 대해 기술하도록 고안된 방법론적 약정(methodological treaties)이 그것이다.[72] 하지만 그가 말하는 역사는 단순히 과거에 관한 것이 아니다. 그의 프로젝트는 1700년대 후반 이후 나타

---

69) 위의 책, 80쪽을 보라.
70) 푸코는 "사상이란 도울 수 있는 것이 아니라 해방시키기도 하고 노예화시키기도 한다"고 선언했다. Foucault, *The Order of Things*, 328.
71) 그의 마지막 연구들 중의 하나에서 푸코는 성(sexuality)에 대한 담론은 성욕을 불러일으킨다고 주장하면서 이러한 생각을 성에 대한 그의 사상에 접목한다. 이러한 논점을 제시하면서 그의 목표는 본성으로부터 성을 떼어놓으려는 데 있었다.
72) Megill, *Prophets of Extremity*, 192.

난 서구 사회의 질서와 배제(exclusion)에 대한 메커니즘을 설명하는 것이었다. 그의 주된 관심은 과거나 현재를 기술하는 것보다는 존재하는 '사물의 질서'(order of things)에 대한 공격을 높이는 것이었다.[73] 결국 푸코는 지식과 권력의 배치의 이동을 연구하는 니체 철학의 담화에 대한 계통학과 직면하게 되었다. 현대 역사학자들의 업적과는 반대로 이 계통학은 과거의 개인 저술가에 초점을 맞추고 있지 않다. 푸코는 현대 픽션으로 단일 저자론의 생각을 부정하였다. 모든 작품은 궁극적으로 사회적으로 생산된다고 그는 주장한다.

푸코는 역사 허구와 같다는 사실을 인정하지만 그것은 신화 창조라는 중요한 기능을 돕고 있다고 주장한다. 지식은 특정한 시각에서 발생한다고 주장하면서 푸코는 객관적 진리를 제공하려고 하지 않으며 오히려 그의 독자들에게 독특하나 충격을 제시하려고 하였다. 푸코는 그가 '실제 역사'(effective history)라고 부르는 것을 세워나가는데, 이것은 우리들이 가지고 있는 준거의 틀에 비연속성(discontinuity)을 소개하고 든든한 삶의 안정에 대한 보증을 앗아간다.[74]

푸코는 역사적 분석을 투쟁에 대한 이론적 분석과 관련지으려는 단순한 시도보다는 진정한 정치적 투쟁의 실제적인 한 부분이 되어야 한다는 전제로부터 그의 연구를 시작한다. 결국 그는 오늘의 현실에 눈을 뜨게 하기 위하여 과거를 '픽션으로' 만든다.[75] 그러므로 그의 작품은 역사처럼-그는 그것을 역사라고 말하기도 한다-읽혀지지만 그것은 양면성을 가지고 있다. 그는 일부러 그의 작품 속에서 모든 역사적 해석에 허구

---

73) 위의 책, 192-93.
74) Foucault, "Nietzsche, Genealogy, and History," 154.
75) 예를 들어 Foucault, "The History of Sexuality," in *Power/Knowledge*, 193쪽을 보라.

적인 특성을 집어넣기도 한다. 이러한 양면성은 그의 작품에 수사학적 힘을 불어넣어 준다.

> 저자는 그의 저작을 넘어서지 못한다. 그는 어떤 기능적인 원리인데 그것을 따라 저자는 우리 문화 가운데서 분명한 하나의 한계를 가지고 배제하기도 하고 선택하기도 한다. 요약하면 누군가 픽션의 자유로운 소통, 자유로운 조종(manipulation), 자유로운 조직, 해체, 재조직을 무엇인가를 통해 방해하고 있다면…… 저자는 이데올로기의 산물이 되었다고 할 수 있다. 그가 적어도 감당해야 할 역사적 실제 기능에 반대되게 자신을 제시하고 있기 때문이다. …… 그러므로 저자는 우리가 의미의 증식을 두려워하는 방식으로 서 있는 이데올로기적인 인물이 된다.
>
> —미셸 푸코[76]

로고스 중심주의 해체 : 자크 데리다

만약 푸코가 포스트모더니즘의 가장 현란한 철학자라면 자크 데리다(Jacques Derrida)는 가장 엄격한 철학자이다.[77] 푸코가 니체의 '가장 진실한' 21세기 제자라면 데리다는 그의 가장 중요한 포스트모던 재해석자이다.

자크 데리다는 1930년 알제리의 엘 비아(El Biar)에서 유대인 부모에게서 태어났다. 그는 대학에서 철학을 공부하여 학사 학위를 받았다. 그는 집을 떠나 군복무를 위해 프랑스로 갔다. 군복무를 다 마친 후 그는 고

---

76) Michel Foucault, "What Is an Author?" in *Textual Strategies: Perspectives in Post-Structuralist Criticism*, ed. Josue V. Harari (Ithaca, NY: Cornell University Press, 1979), 159.
77) 데리다가 사실 포스트모던 철학자인지에 대해서는 약간의 논쟁이 있는 것이 사실이다. 예를 들어 Megill, *Prophets of Extremity*, 263, 337쪽을 참고하라.

등사범대학(Ecole Normale Supérieure)에 들어가기 위해 프랑스에 남았다. 푸코처럼 그는 독일 현상학자 에드문트 후셀(Edmund Husserl, 1859-1938)의 작품 번역자였던 장 이폴리트(Jean Hyppolite) 밑에서 공부하였다. 그의 졸업 논문이 진행되는 동안 데리다는 박사 학위를 위한 논제의 글을 쓰는 것을 단념하였다. 그는 철학과 상대역인 문학 사이에 빚어지는 문제에 대하여 인식하였다. 그는 철학이 문학의 한 장르라는 피할 수 없는 결론과 마주치게 되었다.

데리다는 1955년 대학의 철학 교수직을 시작하였는데, 고등사범대학(ENS)과 소르본느대학의 교수직을 수행했다. 1972년 그는 파리의 대학에서의 교수직과 미국의 존 합킨스와 예일대학교 등에서 교환교수로 교수직을 수행하는 데 그의 시간을 보냈다.

데리다의 작품은 해석하기가 매우 어렵다. 그가 수행한 많은 것의 기초에는 철학이 문학작품의 한 종류라는 주장에 대항하는 동안 다른 문학적 표현을 넘어선 판단을 세우는 경향에 따라 철학을 분류할 수 있는지에 대한 그의 관심이 놓여 있었다. 데리다는 철학자들은 "문학이란 무엇인가?"와 "시란 무엇인가?"와 같은 다른 분야에 관한 기초적 질문을 일으키는 특권을 가진 객관적 탐구자가 되어야 한다는 경향에 반대하였다.

이러한 경향에 대항하여 데리다는 철학의 균형을 벗어던졌다. 그는 문학적 활동의 다른 유형을 넘어서는 우월한 점이 있다는 주장을 하지 않았다. 오히려 다른 유형(시와 같은)을 철학자의 영역으로 끌어옴으로 하나의 서술 유형을 다른 유형에서 분리시키고자 하는 철학적 시도에 간접적이고 신중하게 질문을 던졌다.[78] 이러한 전략은 데리다의 작품에 인습타파

---

78) Peggy Kaumf's remarks in *A Derrida Reader: Between the Blinds*, ed. Peggy Kaumf (New York: Columbia University Press, 1991), 143-44쪽을 보라.

의 자리를 제공하였다. 그들은 기존 문학적 관례의 웃기는 말이나 행동과 계획적인 모방 사이에서 동요하였다.

데리다는 그가 원하는 결과를 성취하기 위하여 다양한 기법을 사용하였다. 그의 많은 작품은 대철학자나 다른 작가들에 의해 쓰여진 작품 시리즈들과 관련성을 가지고 구성되었다. 그의 글은 하나의 양식이나 톤이 다른 것과 병렬되어 있다. 때때로 그는 여러 페이지를 서로 수직적으로 혹은 수평적으로 나누는 방법으로 텍스트를 병렬시키기도 한다. 또 그는 화자가 참여하는 하나의 목소리나 혹은 여러 가지 목소리를 포함하는 대화를 제공하기도 한다. 이 모든 것을 통해 데리다는 이중 암호화(double-coding)와 숨겨진 의미의 대가로서 나타난다. 그는 우리를 새로운 읽기와 쓰기의 길로 불러들인다.

> 선적인 글쓰기의 끝은 그 책의 끝이다. 비록 오늘날조차도 책의 형태 안에는 새로운 글씨기가 그것이 문학적인 것이 되었든 이론적인 것이 되었든지 간에 그 스스로를 최상의 것과 최악의 것으로 용기에 구분해서 넣도록 하는 것처럼 그렇게 행해진다. 책의 행간에 기록된 것을 최종적으로 읽는 것보다는 책의 표지를 어떻게 만들 것인가에 관심을 두고 있는 것이 새로운 글쓰기에 대한 문제가 아니다. 라인이 없이 쓰기 시작하면서 여백의 다른 조직에 따라 옛날의 책을 다시 읽기 시작하는 이유이다. 오늘날 읽기의 문제가 과학의 전면을 지배하고 있다면 그것은 글쓰기의 두 시대 사이에 놓여 있는 긴장감 때문이다. 우리가 글쓰기를 시작했기 때문에, 다르게 쓰기 시작했기 때문에, 우리는 다르게 다시 읽을 수 있어야 한다.
>
> —자크 데리다[79]

---

79) Jacques Derrida, *Of Grammatology*, trans. Gayatri Chakravorty Spivak (Baltimore: The Johns Hopkins University Press, 1976), 86-87.

언어의 본질

푸코는 그가 지식에 대해 모던 환상(modern illusion)으로 규정지은 것에 대하여 공격한다. 특히 그는 '인류'에 대한 학문으로서의 인류학에 대한 그의 관점을 연마하였으며, '사물의 질서'에 대한 합법성을 담고 있는 계통학의 무기를 활용하였다. 그는 지식과 권력 사이의 숨겨진 연결점을 밝히기 위한 담론의 학문적 분야를 탐구하였다. 그와는 달리 모던 프로젝트에 대한 데리다의 공격의 초점은 '로고스 중심주의'(logocentrism)였다.[80]

어떤 점에서 데리다는 칸트가 논의하다가 멈춘 자리에서부터 시작한다. 데리다는 "우리 이성의 사용에 대해 어떤 토대를 우리는 제공할 수 있을까?"라는 질문을 던진다.[81] 하지만 그는 주로 언어의 본질에 대한 무자비한 탐구와 세상에 대한 그것의 관계를 탐구하면서 이성에 대한 모던 시대의 무조건적인 신뢰에 대해 의구심을 품었다. 이러한 진취적인 생각을

---

80) 역주/ 로고스 중심주의(logocentrism)란 플라톤 이래로 지속되어 온 서구 형이상학의 경향을 이르는 말로, 말이나 이성적 진리를 중심으로 이루어진 체계를 말한다. 논리적으로, 수학적으로 잘 짜여진 그러한 체계 위에 모든 것이 세워져야 한다는 생각 때문에 그것을 보편적인 진리로 받아들였다. 그러나 그러한 체계는 다른 가능성들을 배제한다는 약점을 가지는데 보편적 체계와 다른 것은 비체계적인 것으로 간주되어 왔다. 그것은 오직 체계만을 중심에 놓고 생각할 때 생기는 편견의 결과였다. 로고스 중심주의는 결국 어떤 절대적인 체계나 진리를 중심으로 놓고 그것을 기준으로 이성 우월 사상으로 쌓아올린 서양 철학을 상징한다. 포스트모던 철학자들은 그러한 중심이라는 것, 혹은 절대적 진리라는 것이 그것과 반대되는 것을 축출해서 만들어진 허구에 불과하다고 지적한다. 푸코는 '이성'이라고 부르는 것도 정상과 비정상을 구분하고 비정상을 '광기'로 몰아붙이고 억압해서 만들어진 가상에 불과한 것이라고 주장한다. 데리다는 바로 이러한 중심을 허물어뜨려야 한다는 생각에서 '해체'라는 개념을 사용한다. 그에게 있어서 해체는 어떠한 중심도 없고, 비록 중심이 있다고 하더라도 그 중심은 고정된 위치가 아니라 하나의 기능으로 이해한다. 이러한 데리다의 해체주의 전략은 바로 그러한 총체주의적 사고에 대한 해체의 전략이었다.
81) Christopher Norris, *What's Wrong with Postmodernism: Critical Theory and the Ends of Philosophy* (Baltimore: The Johns Hopkins University Press, 1990), 197.

가지고 데리다는 소위 '현실주의'(realist)라고 부르는 언어의 이해에 대해 비판을 가하는데, 그러한 이해는 우리의 진술이 실제로는 인간 행동과는 떨어져 있으면서 세상에 대한 진술이라고 보는 견해였다. 데리다는 언어는 고정된 실재와 관련되어 있는 고정된 의미를 가지고 있다는 의견과 그것이 명확한 진리를 드러낸다는 사실을 부정한다. 그는 우리가 이러한 모던 개념으로부터 벗어나 쓰여진 단어에 대한 '해석학적' 가능성, 즉 텍스트와 함께 계속해서 진행 중인 대화에 참여할 때 일어나는 가능성을 보기를 원하였다.[82]

데리다는 서양의 사상을 규정해 온 문헌들에 대한 잘못된 이해에 대해 대화하기를 원하지만 거기에는 결정적 방해물이 놓여 있음을 보게 된다. 이러한 문제를 극복하기 위해 그는 '말하기'와 '쓰기'의 차이점을 지적한다.[83] '말하기'는 진실과의 직접적인 접촉 가능성을 수반하는 반면 '쓰기'는 우리가 그러한 직접적인 연관을 가지고 있지 않다는 깨달음을 수반한다.

언어에 대한 이 두 가지 차원은 데리다가 설명하고자 했던 대조를 위한 적절한 메타포이다. 바로 그러한 특성을 통해서 보면 '말하기'는 '쓰기'보다 그 출처와 더욱 밀접한 관련을 가진다. 우리가 말을 할 때, 우리가 말하는 것은 세상에 즉시 퍼지고 즉시 사라진다. 그러므로 연설은 즉시성(sense of immediacy)을 가진다. 하지만 우리가 글을 쓸 때 우리가 쓰는 글은 우리에게서 즉시 해방된다. 이것은 더 이상 그 존재에 있어서 우리에게 더 이상 의존하지 않는다. 사실 우리가 쓴 것은 우리가 사라진 뒤

---

82) Megill, *Prophets of Extremity*, 271.
83) 어떤 학자들은 후에 그 자신이 이러한 구분도 "해체시켰다"고 주장한다. Megill, *Prophets of Extremity*, 286쪽을 참고하라.

에도 오랫동안 남아 있을 수 있다. 쓰기가 그것의 기원의 실재에 의존하고 있지 않기 때문에[84] 이것은 말하기가 담고 있는 즉시성으로부터 제거된다.

데리다는 '말하기'를 추구하며 '쓰기'를 삼가는 서양 철학을 비판하였다.[85] 모던 사상가들은 그들의 문학적 노력은 즉각적으로 존재하는 진리나 의미에 빛을 가져다줄 수 있다고 생각하지만, 아이러니하게도 철학은 글쓰기의 양식, 즉 실재(presence)가 아닌 부재(absence)를 나타내는 언어의 양식을 취한다고 데리다는 주장한다.

데리다는 서양 철학이 가지고 있는 이러한 경향에 '로고스 중심주의'라는 명칭을 붙인다. 이 용어가 나타내듯이 '로고스 중심주의'는 의미의 운반자로서 '로고스', 말, 언어, 특히 기록된 언어에 관심을 기울이는 철학 방법을 나타내는 용어이다.

로고스 중심주의는 데리다가 '형이상학적 실재'라고 부른 것과 연결되어 있다. 서양 철학자들은 우리가 사용하는 언어의 기초에는 우리가 알 수 있는 존재 혹은 본질의 '실재'가 놓여 있다고 주장한다.[86] 언어(언어적 '기호'의 체계)는 그것의 근본적인 성질 내에 주어진 현실을 '의미하거나' 표현할 수 있다고 그들은 확신한다. 결과적으로 그들은 우리의 생각, 언어, 경험, 즉 '초월적인 기의'(transcendental signified)를 위한 토대를 보조할 궁극적인 '단어', 존재, 본질, 진리, 혹은 실재를 탐구한다.[87] 그들은 이러한 토대('초월적인 기호 표현')에 많은 명칭-신, 생각, 세계의 영, 자아-을 붙

---

84) Jacques Derrida, *Of Grammatology*, trans. Gayatri Chakravorty Spivak (Baltimore: The Johns Hopkins University Press, 1976), 37.
85) 위의 책, 35.
86) 위의 책, 11-12. 역시 이 책의 스피박(Spivak)의 서문도 참고하라. 위의 책, lxviii.
87) 위의 책, 49.

였다. 이러한 선상에서 몇몇 철학자들은 우리는 신성한 생각, 혹은 신이 갖고 있는 무한한 이해로의 진입로를 가지고 있다고 주장한다. 또 다른 이들은 무한하게 창조적인 주관성의 존재나, 혹은 자아를 나타내거나 완전히 이해하는 인간 자아에 대한 말들을 가정한다.[88]

'실재의 신화'(myth of presence)에 고취되면서 서양 철학 전통은 그것은 확신을 방어하거나 발산, 유지할 수 없다는 주장을 만들어낸다. 이러한 '존재론적·신학적 전통'(onto-theological tradition)은 사실 우리의 생각과 언어의 체계를 위한 근본적인 토대란 존재하지 않는다는 가능성에 대한 고려를 거부한다. 하지만 만약 그러한 초월적인 기호 표현(transcendental signifier)이 존재한다면 그것은 언어적 체계 너머에 존재할 것이라고 데리다는 지적한다. 이것은 언어적 차이에 의해 얼룩지거나 어떤 방식으로든지 고정된 것으로 추측되는 언어끼리 뒤얽힐 수 없다.[89]

이와 같이 데리다는 의미에 대한 질문에 관심을 가졌다: 어떻게 언어가 그것의 의미를 이끌어내는가? 그리고 그는 그 질문에 대한 모더니즘의 대답에 그렇게 만족스럽지 않았다. 그는 서양 철학자들이 객관적이고 주어진 실재를 나타내는 우리의 생각과 진술 능력에 의미를 담으려고 시도한 것은 잘못되었다고 말한다. 그는 또한 글쓰기를 연설의 표현으로 보는 그들의 관점을 비판하였다.[90]

차이와 차연

로고스 중심주의에 대한 데리다의 최초의 공격 대상은 에드문트 후

---

88) 위의 책, 73.
89) Terry Eagleton, *Literary Theory* (Minneapolis: University of Minnesota Press, 1983), 131.
90) Norris, *Derrida*, 121.

셀의 '현상론'(phenomenalism)이었다.

후셀은 이성과 언어를 위한 분명한 토대를 제공하고자 계속되는 모더니즘의 시도를 새롭게 하였다. 데카르트를 회상하면서 그는 사고와 인식(perception)의 최초의 구조를 발견했다고 말한다. 그는 이것이 기억, 예견, 혹은 결여된 경험의 흔적에 기초한 지식을 넘어서 진정한 '자기 실재'로부터 발생하는 지식을 고양시킴으로 촉진된다고 주장한다. 그 차이는 주체가 위치해 있는 '현재', 과거라는 퇴각한 지평과 미래의 범위 사이의 경계 설정을 요구한다.

후셀의 프로젝트에 있어서 중심을 이루었던 것은 언어의 두 양식인 '표현적'(expressive), 그리고 '직설적'(indicative) 형식의 구별이었다. 표현적 기호(expressive signs)는 개인적 의도를 나타낸다. 직설적 기호(indicative signs)는 의미하지만 그러나 고무적인 의도를 전달하는 것은 아니다. 예를 들어 검은 구름은 폭풍을 미리 예보할 수 있지만 계획된 퍼레이드에 비가 왔으면 하는 누군가의 의도는 아니다. 후셀은 표현적 기호(직설적인 기호가 아니라)는 언어의 의미를 이해하는 열쇠를 제공한다고 주장한다.[91] 그는 언어의 연구는 사람 간의 대화의 영역이 아니라 자기 숙고적이며 고독한 의식(solitary consciousness), 즉 개인적 정신 세계에 초점을 맞추어야 한다고 주장한다.

후셀의 '실재의 논리'에 도전을 받으면서 데리다는 소쉬르와 다른 학자들에 의해 선도되었던 '차이'의 개념을 집어들었다.[92] 하지만 그는 여기에 흥미로운 비틀기를 더한다. 그의 예술적 지도 아래, '차이'

---

91) Norris, *What's Wrong with Postmodernism?* 201-202.
92) Derrida, *Of Grammatology*, 52.

(difference)는 '차연'(differance)이 된다.[93]

프랑스어 명사 differance(디페랑스)는 데리다의 신조어이다. 이것의 어원의 뿌리는 동사 differer(디페레)에 있는데, 이는 '다르다' 와 '지연시키다' 라는 두 의미를 동시에 지니고 있다. differance는 difference와 똑같은 발음이 난다. 하지만 어미 -ance를 덧붙임으로 이것은 프랑스에서 동사적 명사가 되며, 데리다는 글자 뜻대로 '다름' 과 '지연' 의 뜻을 지닌 새로운 형태를 만들어냈다.

'디페랑스' 는 후셀의 프로젝트에 대한 데리다의 거부를 구체화한다. 데리다는 언어적 기호 표현(linguistic signifier)-예를 들면 단어와 같은- 은 그 자체의 고정된 의미를 가지고 있는 것이 아니라 언어 체계 안에서 그것들의 관계를 통해 의미가 주어지는 것이라는 소쉬르의 의견을 받아들였다.[94] 의미는 언어 사슬 내에서 기호 표현들 간의 차이에 의하여 만들어진다. 하지만 언어는 독립적으로 의미를 가진 단위의 복합물 그 이상이다. 우리가 어떤 의도를 나타내기 위하여 사용하는 기호는 언어 관계망(network of linguistic relations) 안에서 파악된다. 데리다는 의미란 후셀의 고립된, 자기 숙고적 의식 안에 묻혀 있는 것은 아니라는 사실은 분명하다고 주장한다. 후셀의 '실재' (혹은 현실의 의미)와 자아는 자율적으로 주어지지 않는다. 그것들은 필연적으로 상황적이며, 다른 요소들과의 긍정적이고 부정적인 관계를 통해 주어진다.

하지만 데리다는 여기에서 한 발자국 더 나아간다. '디페랑스' 는

---

93) 디페랑스에 대한 그의 표현의 예를 보기 위해서는 그의 논문, "Differance," in Derrida, *Margins of Philosophy*, trans. Alan Bass (Chicago: University of Chicago Press, 1982), 1-27쪽을 참고하라.
94) Saussure, *Course in General Linguistics*, trans. W. Baskin (New York: Philosophical Library, 1959), 120.

'다름' 뿐만 아니라 '지연' 의 의미를 수반한다.[95]

소쉬르의 주장을 따라 데리다는 소리로 나오는 기표(phonic signifier)-단어 그 자체 등-와 그것에 상응하는 마음으로 생각하는 기의(mental signified)-개념, 아이디어, 인식, 혹은 단어가 관련짓는 감정이 연결되어 있다-를 구분하였다.[96] 마음으로 생각하는 기의를 표현하기 위해 우리가 사용하는 음의 기호 표현은 언어와 주어진 표현을 모색하는 정신적 과정 사이의 결정적인 차이를 만들어낸다. 우리가 사용하는 단어의 의미는 그것들이 사용되는 직접적인 상황(텍스트가 사용되는 자리)과의 관계 속에서 나온다. 이것은 마음으로 생각하는 기의와의 관계가 필연적인 것만은 아니다.

데리다는 결국 언어는 단지 '자기 참조'(self-referential)에 불과하다고 결론을 내린다. 기호는 언제나 다른 기호로 이끌어간다고 그는 주장한다. 그러므로 언어는 또 다른 기표(signifier)와 관련된 기표의 사슬로, 각각의 기표는 다른 언어 표현에 의해 기의(signified)가 된다. 그리고 기표가 위치하는 텍스트의 위치는 끊임없이 바뀌기 때문에 그것의 의미는 결코 완전하게 단정지어질 수 없다. 그래서 데리다는 의미는 결코 정적이거나 단번에 정의내려질 수 있는 것이 아니라고 말한다. 대신 의미는 시간에 따라 변하고 변화하는 상황(context)과 함께 변한다. 이러한 이유로 우리는 의미를 추정하고자 하는 우리의 의도를 끊임없이 '지연'(defer)시키거나 늦추어야 한다.[97]

---

95) 역주/ 그래서 한국말로는 이것을 '차연' 으로 번역한다.
96) 예를 들어 Derrida, *Of Grammatology*, 63쪽을 참고하라. 역시 Charlene Spretnak, *States of Grace: The Recovery of Meaning in the Postmodern Age* (San Francisco: HarperCollins, 1991), 234쪽도 참고하라.
97) Derrida, *Positions*, trans. Alan Bass (Chicago: University of Chicago Press, 1981), 28-29.

의미와 의식 사이의 유사성에 대한 가정은 데리다의 주장에 있어서 아주 중요한 요소이다. 그는 이 두 가지가 언어에 달려 있다고 주장한다. 기표를 떠나 존재하는 기의는 없다— 우리가 그 생각에 연관지어 놓은 단어를 떠나 존재하는 정신적 개념(mental concept)은 없다.[98] 정신 활동과 언어 사이의 관계에 대한 이러한 연관성 때문에 디페랑스(차연, difference)— 수동적인 다름과 적극적인 연기의 상호 작용— 는 문맥을 떠나 실재 존재하는 자아에 대한 개념에 급진적 비판을 가한다. 사실 개념은 언어적 활동의 밑이나 그것을 선행하는 자아는 없다는 사실을 함축한다.

하지만 '지금 여기'(now)에 있는 자아로 존재하는 우리의 경험을 어떻게 설명할 수 있을까? 데리다는 개개인의, 객관적인 '현재'(present)의 경험은 하나의 환상이라고 주장한다. 우리가 현재 경험하고 있는 것들은 사실 끊임없이 변하고 있는 복합적 거미줄과 같이 얽혀 있는 의미의 결과물이다. 언어와 개념을 통하여 우리는 경험의 흐름 가운데서 객관적인 의미에 대한 감각을 부과하게 된다.

이것이 어떻게 그렇게 되는 것인지를 보기 위해 내가 방 안에 있는 책상 위에 놓인 찻잔을 보고 있다고 가정해 보자. 우리의 성향은 이것은 하나의 객관적이고 주어진 사건이라고 가정한다. 하지만 경험을 객관적으로 묘사하고 있는 어떠한 정확한 진술도 없다. 반대로, 나는 이것에 대해 가능한 다양한 기술을 할 수 있다. 그리고 각각의 묘사는 경험 자체를 바꾸거나 색을 칠할 수 있다. 상황에 따라 나의 작업장에서 신선한 음료를 즐기는 것을 예상하거나, 나의 아들이 어지럽히는 것을 예상할 수도 있고, 나를 위협하는 이에게 던질 수 있는 미사일로서 예상할 수 있는 정

---

[98] Frank Lentricchia, *After the New Criticism* (Chicago: University of Chicago Press, 1980), 168.

황을 그려볼 수도 있을 것이다.[99]

데리다의 목표는 이러한 언어의 차원, 특히 기록된 언어에 빛을 가져다주는 것이었다. 그는 경험의 흐름에 고정된 의미를 부여하고자 하였던 모던 시대의 주장들을 억제하길 원하였다.

'차이'(difference)에서 '차연'(differance)으로의 변화는 또 다른 기능을 하고 있다. e의 a로의 대치는 말할 때에는 즉시 눈에 띄지 않는 변화이다. 이것은 오직 글로 쓸 때에만 분명해진다. 그러므로 데리다의 '차이'라는 개념의 사용은 쓰기는 단순히 말하기의 표현으로 더욱 기능적이고 즉각적이라고 주장하는 고전적인 서구의 사상에 대한 암시적인 비판을 담고 있다. 이러한 식으로 그는 생각에서 말하기, 기록된 언어로의 이동에 대한 의미의 고전적인 이론을 타파하고자 하였다.[100]

여기에서 또 하나의 함축적 의미가 등장한다. 데리다의 시종일관된 디페랑스(차연)의 사용은 독자들로 하여금 '차이'라는 용어가 그것의 의미가 더 적합함에도 불구하고 본문에서 사용되고 있지 않다는 사실을 상기시킨다.[101] 이러한 현상은 쓰기의 의미는 존재와 부재 사이의 상호 작용으로부터 일어난다는 데리다의 생각을 받쳐주는데, 그것은 하이데거로부터 나온 것이다. 의미는 현재 부재하는 실재(reality)의 '흔적'에 대한 존재, 혹은 다른 요소와의 이전 관계의 흔적 때문에 생겨난다. 글쓰기에 대한 데리다의 새로운 양식은 이러한 상황을 나타낸다.

---

99) 이러한 예시에 대한 기본적 내용을 보기 위해서는 Hilary Lawson, "Stories about Stories," in *Dismantling Truth: Reality in the Post-Modern World*, ed. Hilary Lawson and Lisa Appignanesi (New York: St. Martin's Press, 1989), xxv쪽을 참고하라.
100) Jonathan Culler, *On Deconstruction: Theory and Criticism after Structuralism* (Ithaca, NY: Cornell University Press, 1982), 97.
101) 다음 책의 스피박(Spivak)의 서문을 참고하라. Spivak, *Of Grammatology*, xliii.

> 글쓰기에 대한 새로운 개념을 산출하는 것에 대한…… 질문이 있다. 이러한 개념은 '그람'(gram)[102] 혹은 '디페랑스'(differance)라고 불려질 수 있다. …… 그것이 구두 담론 혹은 기록된 담론이든 간에 어떤 요소도 다른 요소와 관련되지 않고는 기호로서 기능할 수 없고, 존재할 수도 없다. 이렇게 서로 얽혀 있음은 각 '요소'(element), 그것이 음소(音素, phoneme)이든 혹은 문자소(文字素, grapheme)이든 간에 서로 연결되어 있는 고리 혹은 시스템의 다른 요소 가운데서 흔적(trace)을 기초로 하여 구성된다. 이러한 얽임 혹은 직물(textile)의 구조는 다른 텍스트의 변형 가운데서만 생성되는 텍스트이다. 다른 요소 사이에서도 아니고 다른 시스템 안에서도 아니고 단순히 존재하고, 부재하는 것은 어디에도 없다. 어디에든 차이만 있을 뿐이고 흔적의 흔적(traces of traces)만 있을 뿐이다. 이렇게 '그람'은 기호학의 가장 일반적인 개념이며, 그것은 이렇게 해서 문자학(grammatology)이 된다.
>
> ─자크 데리다[103]

'현재'(present)라는 후셀의 개념에 대한 데리다의 공격은 '현재의 모음'(예를 들면 역사)의 선적인 연속이라는 생각을 흔들어놓는다. 이러한 연결점을 가지고 데리다는 살아온 경험의 집합체인 글쓰기 혹은 '책'에 대한 주장을 서서히 공격해 들어간다.[104] 데리다에게 있어서 '텍스트의 바깥쪽'은 존재하지 않는다. 우리가 가진 모든 것은 텍스트 그 자체이지 텍스

---

102) 역주/ 이것은 데리다가 문자학(grammatology)이라는 개념을 설명하기 위해 사용한 조어로 그람(gram)은 단자적이고 기계적인 미케니컬한 개념을 전제로 한다. 기호의 가장 기본적인 단위를 의미하기 위하여 사용한 개념이다.
103) Jacques Derrida, *Positions*, trans. Alan Bass (Chicago: University of Chicago Press, 1981), 26.
104) Derrida, *Of Grammatology*, 86.

트가 가리키는 어떤 외적 의미는 아니다.[105] 그 '책'이라는 것은 사실은 실제로는 텍스트에 대한 우리의 '읽기'이다.

포스트모던은 이러한 데리다의 주장으로부터 중요한 함축을 이끌어낸다. 그들은 그의 비판에서 유일한 의미라는 개념에 대한 반박을 발견한다. 텍스트는 언어적 기표 그 이상의 것으로 구성되는 것은 아니라고 그들은 말한다. 언어적 행위(linguistic play)를 위한 형이상학적 한계를 세우기 위한 것으로부터 나오는 담론 밖의 공간은 존재하지 않는다.[106] 하지만 이것은 텍스트는 유동체라는 사실을 의미한다. 그것은 고정된 기원이나 정체성, 그리고 결말을 가지고 있지 않다. 더욱이 텍스트의 해석 과정은 결코 결론에 도달할 수 없다. 텍스트를 읽는 각각의 행위는 다음 것에 대한 서문에 불과하다.[107] 우리는 해석의 행위를 되풀이하는 것이고, 해석은 존재론적 닻에서 벗어나 순전하게 자유로운 행위가 된다.

> 초월적 기의(signified)의 부재는 의미의 영역과 활동을 무한적으로 확장한다.
>
> —자크 데리다[108]

---

105) 위의 책, 158.
106) Lentricchia, *After the New Criticism*, 160.
107) 다음 책의 스피박(Spivak)의 서문을 참고하라. Spivak, *Of Grammatology*, xii.
108) Jacques Derrida, *Writing and Difference*, trans. Alan Bass (Chicago: University of Chicago Press, 1978), 280. 다른 곳에서 데리다는 다음과 같이 쓰고 있다. "의미(signification)의 영역과 상호 작용은 무한대(ad infinitum)로 확장된다." Derrida, "Structure, Sign, and Play in the Discourse of the Human Science," in *Structuralist Controversy: The Language of Criticism and the Sciences of Man*, ed. Richard Macksey and Eugenio Donato (Baltimore: The Johns Hopkins University Press, 1972), 249. 또한 Derrida, *Of Grammatology*, 50쪽도 보라.

그러므로 푸코의 의제와 같이 데리다의 프로그램은 모던 시대 서구 사상이 지배하였던 질서에 대해 의문을 갖게 한다. 하지만 그 상황에 대한 그의 평가는 그의 동료들이 평가한 것과는 다르다. 푸코는 '사물의 질서'는 권위 있는 '특권'이라는 과거의 선택적인 읽기의 산물이라고 주장한다. 데리다는 문제는 더 깊은 곳에 놓여 있다고 주장한다. 그것은 이성의 사용을 가능하게 하는 데 필연적이라고 생각하게 하는 로고스 중심적 구조로부터 나온다고 주장한다. 우리는 이러한 질서에 대해 의문을 품어야만 한다고 데리다는 제의한다. 하지만 우리는 그 질서 자체 내에서부터 그러한 일을 할 수 있다. 이것이 데리다의 목표이다. 그는 이성에 의해, 이성에 대한 전략적인 의문 제기를 필요로 하는데, "전통으로부터 우리가 물려받은 도구를 사용하여" 서구의 형이상학적 전통에 대한 가차 없는 질문을 불러일으켰다.

> 이성의 질서가 가지는 능가할 수 없고, 독특하며, 장엄한 위엄은 다른 실제적 질서나 구조를 만드는 것은 아닌데, 이것은 결정된 역사적 구조이며 다른 가능한 것 가운데 하나이다. 그러한 위엄은 그것 자체를 위해 존재하는 것을 제외하고는 그것에 대항하여 말할 수 없다.
> 이러한 필요성을 벗어날 수 있는 사람이 아무도 없다면, 그래서 그것에 응하는 것에 대해 어떤 책임을 가진 사람이 아무도 없다면, 그것에 대항하는 모든 방식은 동일한 타당성을 가진다는 것을 의미하지 않는다. 담론의 질과 풍부함은 비평적인 엄격함을 통해 산정되어야 하는데, 형이상학의 역사와 물려받은 개념에 대한 이러한 관계는 그런 비평적 엄격함을 통해 숙고되어야 한다. 여기에 사회 과학 언어에 대한 비평적 관계와 담론 자체의 비평적 책임감에 대한 질문이 있다. 담론의 상태에 대한 질문을 명백하게, 그리고 조직적으로 제시하는 것이다. 그러한 담론은 물려받은 전통 자체에 대한 해체를 위해 필요한 자원을 전통으로부터 빌려온다.
> —자크 데리다[109]

해체

인류학에 대한 푸코의 공격에서 그의 수호성인은 니체였고, 그의 무기는 계통학이었으며, 그의 목표는 현재의 질서를 꾸준히 뒤집어엎을 수 있는 새로운 신화인 '실제 역사'를 만드는 것이었다. 언어에 대한 데리다의 공격에 있어 그의 스승은 하이데거였는데, 더욱 정확히 말하면 하이데거가 책을 통해서 만난 니체였다.[110]

하지만 앞선 선구자들과는 반대로 데리다는 새로운 신화를 만들지 않았다.[111] 그는 옛 기초 위에 새로운 어떤 구조를 세우려고 하지 않았다. 오히려 그의 목표는 더욱 부정적이고 파괴적이었는데, 로고스 중심주의에 사로잡혀 있는 서구 전통으로 하여금 스스로 깨닫게 하는 것이었다. 데리다는 철학을 순수하고 청렴한 탐구로 보는 현대적 이상을 해체하고 언어와 외부 세계 간의 바른 대응이 있을 것이라는 공통된 개념을 거부하길 원하였다. 이러한 목표를 성취하기 위하여 데리다가 의존하였던 무기는 '해체'(deconstruction)였다.

'해체'란 규정하기가 쉽지 않은 용어이다. 사실 이것은 정의(definition) 자체를 어렵게 만드는데, 데리다가 빈틈없이 길을 따라 장애물을 놓았다. 해체는 문학을 비판하는 하나의 방법, 기술, 양식, 혹은 텍스트

---

109) Jacques Derrida, *Writing and Difference*, 36, 289.
110) 하이데거에 대한 데리다의 평가 내용을 보기 위해서는 Derrida, *Of Spirit : Heidegger and the Question*, trans. Geoffrey Bennington and Rachel Bowlby (Chicago: University of Chicago Press, 1989)를 보라. 니체에 대한 데리다의 인용의 예를 보기 위해서는 그의 다음의 논문을 참고하라. Derrida, "The Ends of Man," in *Margins of Philosophy*, 109-36. 하이데거를 읽으면서 데리다가 니체에 대해 묘사한 내용에 대해서는 다음 책의 스피박의 서문을 참고하라. Spivak, "Preface," *Of Grammatology*, xxxiii.
111) Megill, *Prophets of Extremity*, 333쪽을 참고하라.

해석을 위한 절차가 아니라고 그는 주장한다.[112] 그는 우리에게 해체적 읽기의 실제 활동을 그 활동에 대한 묘사나 개념화된 이해로 대체하지 말라고 경고하였다.[113]

이 용어에 대해 정의를 내리는 데에 어려움이 있음에도 불구하고 우리는 해체에 관한 어떤 내용에 대해 말할 수 있다. 그 핵심에는 해체는 언어에 대해 관심을 갖는다. 데리다가 말하기를 해체란 그것이 아니라고 말하는 모든 것이다. 즉, 해체 비평은 로고스 중심주의에 대한 비난을 가하기 위한 특정한 철학이나 언어적 가정의 사용을 포함한다. 여기에는 진실한 진술이 되도록 하기 위해 모든 기록된 저서는 그것의 주장을 입증하는 것과 관련될 수 있는 언어적 기호 너머에 무엇인가 놓여 있다는 가정으로 이해한다.[114]

데리다의 주된 목표는 실재와 우리의 언어적 표현 간의 분명한 선을 그리는 것에 대한 불가능성을 보여줌으로 우리에게서 로고스 중심주의를 벗기고자 하는 것이었다. 물론 그의 주된 초점은 기록된 언어인 텍스트에 있었다. 그는 우리가 텍스트 안에 본래부터 가지고 있는 의미를 발견할 수 있다고 너무 빠르게 가정하는 것을 단념시키기를 원했다. 그는 이것을 단일 목소리로 의미를 규정하는 어떤 이론이 가지는 어려움을 드러냄으로써 이러한 작업을 하고 있는데, 작가가 의도한 것이나 문학적 관례가 확정한 것, 독자가 경험하는 것 등을 선명하게 각인시킴으로써 그리하고

---

112) Derrida, "Letter to a Japanese Friend," *A Derrida Reader: Between the Blinds*, ed. Peggy Kamuf (New York: Columbia University Press, 1991), 273.
113) Norris, *Derrida*, 20쪽을 보라.
114) Walter Truett Anderson, *Reality Isn't What It Used to Be: Theatrical Politics, Ready-to-Wear Religion, Global Myths, Primitive Chic, and Other Wonders of the Postmodern World* (San Francisco: Harper & Row, 1990), 90쪽을 참고하라.

있다.[115] 우리의 모든 이론화 후에 '의미의 자유로운 움직임'(the free play of meaning), 즉 데리다가 '세상의 움직임'(the play of the world)이라고 부른 것의 결과가 여전히 남아 있다. 텍스트는 언제나 더 나아가서 연관성, 상호 관계, 문맥을 제공하고, 언제나 더 나아가서 의미의 잠재성을 제공한다.

해체의 직접적인 대상은 철학이다. 데리다는 서구의 철학 전통은 절망적으로 로고스 중심적이거나 객관주의적(objectivistic)이라고 믿었다. 이것은 우리 언어의 궁극적인 바탕을 찾는 것에 고정되어 있다. 하지만 기록되지 않은 어떤 작품도 형이상학 닻에 의해 정적인 채로 있지는 않는다고 데리다는 말한다. 글쓰기는 언어 영역 밖의 대상이 아니다. 결과적으로 그러한 지시 대상을 세우고자 하는 시도는 말을 벗어나 만들어진 허구 이상의 것을 제공할 수 없다. 데리다에 따르면 철학의 '첫 번째 원칙'은 모든 언어를 통합하고자 하는 환상이 되어서는 안 되고, 언어 밖의 어떤 것으로도 지지되지 않는 상징 체계가 되어야 한다. 더 나아가 철학의 목적은 이러한 체계를 방어하거나 설명하는 것이 아닌 그것을 해체하는 것이 되어야만 한다고 주장한다.[116]

> 해체는 그 스스로 중립화에 제한할 수 없고 즉각적으로 그것을 향해 나아가지도 않는다. 그것은 이중의 제스처, 이중의 과학, 이중의 글쓰기의 수단을 통해 고전적인 대립(opposition)을 '뒤집거나' 시스템의 일반적인 '전이'(displacement)를 실행해야만 한다. 해체는 그 자체가 그것이 비판하는

---

115) Culler, *On Deconstruction*, 131-34
116) Anderson, *Reality Isn't What It Used to Be*, 91; Solomon, *Continental Philosophy since 1750*, 201.

어떤 대립 영역에 '개입하는' 수단을 제공한다는 조건에서 시작된다. 더욱이 각 개념은 조직적인 연결고리 안에 존재하며 그 자체로 단정의 시스템(system of predicate)을 형성한다. 그 자체 안에, 그 자체를 위하여 형이상학적 개념이 존재하는 것은 아니다. 개념적 시스템에서-형이상학적으로, 혹은 그렇지 않기도 하지만-작용하기도 한다. 해체는 한 개념에서 다른 개념으로 지나가는 형식으로 구성되지 않는다. 개념의 체계(conceptual order)를 뒤집거나 바꾸어놓는데, 그 체계를 설명하기 위해 사용되는 비개념적 체계도 그 대상에 포함된다. 예를 들면 고전적 개념으로서 글쓰기는 그것을 분석하는 데 필요해서 종속되기도 하고, 배제하기도 하며, 강제로 견지하기도 하는 단정하는 내용을 견지한다. (내가 언급한 적이 있기도 하지만) 단정하는 그것이 가지는 일반성, 일반화, 생식력의 힘이 그 스스로 해방시키고 글쓰기의 새로운 개념으로 접목시키게 한다. 그것은 이전의 힘의 구조에 대해 저항하는 것과 상응하는 내용이다. 로고스 중심주의의 수직적 관계를 형성해 온 우세한 힘에 대해서 단순화할 수 없는 '나머지'(remainder)를 형성한다. 이러한 새로운 개념으로 떠나기 위해 글쓰기의 옛 이름은 접목, 전이, 구성된 역사적 영역에 있어서 효과적 중재를 위해 없어서는 안 될 주장의 구조를 유지한다. 또한 해체가 일어나도록 하기 위해 그것은 작용하는 모든 것에 기회, 힘, '커뮤니케이션'의 능력을 제공해 준다.

그러나 말함이 없이 진행되는 것은…… 만약 커뮤니케이션이 가능하다면, 그리고 존재하지 않는다고 한다면 모든 변형, 글쓰기에 따라 실재(존재)로부터 '유리된' 채로 널리 보급된 것으로 성급하게 이해될 수 있다. 혹은 여기에서 가장 있을 법하지 않는 조짐의 형태 가운데 겨우 존재할 수 있다.

—자크 데리다[117]

---

117) Jacques Derrida, "Signature Event Context," in Derrida, *Margins of Philosophy*, trans. Alan Bass (Chicago: University of Chicago Press, 1982), 329-30.

하지만 해체에 함축된 의미는 더 심오하다. 소쉬르는 언어적 의미는 음과 뜻 사이의 이상적인 대응(ideal correspondence)으로부터보다는 관계의 구조로부터 발생한다고 주장한다. 반면 데리다는 이러한 통찰은 단지 기록된 언어보다 더한 어떤 것과 더욱 관련성이 있다고 주장한다. 이것의 모든 형태에서 언어는 항상 차별된 기호의 체계이다. 글쓰기에 대한 고전적 정의는 모든 언어의 형식에 적용되는데, 심지어 생각하는 것 자체에도 적용된다고 데리다는 주장한다.[118]

이러한 이유로 데리다는 우리는 언어의 차별된 활동 밖이나 너머에 존재하는 의미에 대한 로고스 중심적인 탐구, 즉 '초월적 기의'(transcendental signified)에 대한 탐구를 삼가해야 한다고 주장한다. 해체는 생각과 대상의 대응이라는 직접적 경험의 가정이 아닌 쓰기('기호의 기호')와 함께하는 언어의 기원을 끊임없이 생각나게 하는 그 무엇이다. 생각은 언어 체계가 제공하는 끝없는 보충을 벗어날 수조차 없다.

데리다의 작품 흔적에 대하여 아방가르드 포스트모던 학자들은 우리는 더 이상 특정한 지식을 위한 존재론적 근원을 가정할 수 없다고 결론짓는다. '중심'(center)에 대한 데리다의 공격은 작가의 의도에 대한 전통적인 호소를 영원히 파괴할 것이라고 그들은 말한다. 사실 이것은 텍스트 너머에 존재하는 것들에 대한 주장을 해쳐왔다(undermined).

이러한 상황에서 우리는 무엇을 해야만 하는가? 데리다의 추종자들은 우리에게 로고스 중심주의에 대한 그의 해체 비평으로부터 얻은 결론에 대한 불안과 실재에 대한 원리 체계의 붕괴를 안고 살아가는 방법을 배우라고 조언한다. 우리는 글 읽기에 대한 오래된 과거의 이해를 버려야만 하는데, 과거에는 읽기를 의미를 이해하기 위하여 텍스트로 늘어가는 신

---

118) Derrida, *Of Grammatology*, 50.

입로를 찾으려는 시도로서 이해했다. 대신 읽기란 텍스트를 정복하는 맹렬한 행위라는 생각을 받아들여야만 한다.[119]

실용주의 유토피아 : 리처드 로티

1994년 3월 19일 토요일 저녁, 버지니아대학의 인류학 교수는 밴쿠버에 있는 브리티시 콜롬비아대학(University of British Columbia)에서 강의를 하기로 되어 있었다. 이러한 학문적 이벤트는 많은 흥미를 불러모아 시작하기 30분 전에 강의실이 수용할 수 있는 수를 훨씬 넘어 가득 차게 되었다. 너무 많이 모인 사람들을 위해 대학 측은 가까운 강의실 두 곳에 TV를 설치해야만 했다. 그 강의의 강사였던 리처드 로티(Richard Rorty)는 북미주에서 가장 유명한 현대 철학자 중의 한 사람으로 떠오르고 있었다.

로티는 그 자신의 관점에 대해 이름표를 붙이는 것을 꺼려하지 않았다. 한번은 포스트모더니즘을 주장하는 학자로 스스로 위치시키는데, 자신의 입장을 '부르주아적 자유주의 포스트모더니스트'라고 스스로 언급하기도 하였다.[120] 그는 '포스트모던'이라는 용어가 너무 남용되고 있고 우리는 문화를 '구분해서는' 안 된다고 주장하였다.[121] 그러나 로티가 꾸

---

119) Lentricchia, *After the New Criticism*, 179.
120) 로티는 이 용어를 그의 논문의 제목의 하나로 사용하였다. 그 논문에서 그의 스승이었던 존 듀이를 "로티의 시대 이전의 포스트모더니스트"로 언급한다. Richard Rorty, "Postmodernist Bourgeois Liberalism," in *Objectivity, Relativism, and Truth* (Cambridge: Cambridge University Press, 1991), 201.
121) Rorty, "Introduction: Pragmatism and Post-Nietzschean Philo-sophy," in *Essays on Heidegger and Others* (Cambridge: Cambridge University Press, 1991), 1.

준히 환영하였던 한 가지가 있었는데 그것은 '실용주의'였다.

새로운 실용주의

만약 푸코가 니체의 가장 충실한 21세기의 제자였고, 데리다의 수호성인이 하이데거였다면, 리처드 로티는 존 듀이의 겁이 없는 부하(protégé)였다.[122] 중요한 것은 로티가 "미국 실용주의자들의 전통에서 새로워진 관심 배후에 있는 주요 인물"로서 환영받아 왔다는 것이다.[123]

만약 푸코가 이해하기가 어렵고 데리다를 파악하기가 거의 불가능하다면 로티의 선명한 문장은 마치 신선한 공기를 호흡하는 것과 같은 느낌이 들게 한다. 하지만 그가 '실용주의'라고 부르는 것이 가지는 타당성을 독자들에게 납득시키기 위한 수단으로 글과 철학적 논쟁들을 사용한 그 미국의 철학자로부터 우리가 기대할 수 있는 것은 무엇일까?[124]

1) 실용주의자들의 견해

실용주의자 전통의 핵심에는 진리의 본질에 대한 특별한 이해가 놓여 있다. 로티의 실용주의의 정수는 계몽주의 이래 철학을 지배해 왔던 생각들, 즉 지성은 '자연의 거울'(mind is the mirror of nature)이라는 생각을 폐기하는 데 있었다.[125] 우리는 로티가 그의 글을 통해 제시한 일련의 비교

---

122) 로티는 반복해서 그가 듀이에게 깊이 의존하고 있음을 인식하였다. 예를 들어 Rorty, "Introduction: Antirepresentationalism, Ethnocentrism, and Liberalism," in *Objectivity, Relativism, and Truth*, 16-17쪽을 참고하라.
123) Hilary Lawson's Introduction to "Stories about Truth," in *Dismantling Truth*, 4쪽을 보라.
124) 그가 주장하는 실용주의에 대해 로티가 3가지 항목으로 요약한 내용을 보기 위해서는 Rorty, "Pragmatism, Relativism, and Irrationalism," in *The Consequences of Pragmatism* (Minneapolis: University of Minnesota Press, 1982), 160-66쪽을 보라.
125) 이것은 로티의 주요 논문의 중심 논지이다. Rorty, *Philosophy and the Mirror of Nature* (Princeton: Princeton University Press, 1979).

들을 통해 제안하였던 생각들에서 거대한 변화를 찾아볼 수 있다.

진리에 관한 실용주의자들의 관점은 실재론자(realist)라기보다는 비실재론자의 주장과 같았다. 실재론자의 관점은 우리가 세상을 향한 직접적 접근 통로를 가지고 있고, 그 독립적인 언어는 주어진 객관적인 세상에 대한 우리의 관찰로부터 나온다는 가정으로부터 나온다. 그러므로 우리는 "눈은 하얗다."라고 말하는데, 실제 세상에서 눈은 사실 하얗기 때문이다. 다시 말해 진리란 '객관적 실재를 정확하게 나타내는 것'을 의미하는 형이상학적인 용어이다.

이에 반해 비실재론자들은 세상에 대한 접근은 언어에 의해 통제된다는 가정으로부터 시작한다. 우리가 "눈은 하얗다"라고 말하는 것은 우리의 여러 범주 내에서 이러한 방식으로 그 단어를 선택하였기 때문이다. 결과적으로 진리란 형이상학적인 개념이 아니라 인류 간의 약속의 문제라고 이해한다.[126]

비실재주의자가 되는 데 있어서 추가적으로 실용주의자들은 진리를 이해하는 데 있어서 본질주의자(essentialist)보다는 비본질주의자의 입장을 견지한다. 본질주의자들은 사물이나 대상은 '본질적'(intrinsic) 특성과 '상관적'(relational) 특성 모두를 지녔다고 믿는다. 본질적 특성은 그 사물이 그 사물일 수 있도록 해주는 본질적인 속성이고, 상관적인 속성은 단지 다른 것들, 특히 인간의 욕망이나 흥미와 관계된 속성이다.

비본질주의자들은 상관적인 특성에 초점을 맞춘다. 그들은 한 대상에 대하여 고립된 상태로는 그 대상의 본질적 본성에 대하여 말할 수 없고, 그것은 다만 다른 대상들과의 관계 내에서만 가능하다고 주장한다. 그러므로 로티와 같은 비본질주의자들에게 '대상'이란 우리에게 주어진

---

126) Rorty, *The Consequences of Pragmatism*, xvi-xvii.

자극에 대처하기 위해 설명하기 유용한 것을 발견한 바로 그것이다.[127]

로티는 그 자신의 비본질주의와 소쉬르나 비트겐슈타인, 그들의 사상을 이어받은 데리다까지 새로운 언어학의 선구자들 사이에 관련을 지었다.[128] 그는 언어 철학자들이 언어 영역에서 본질주의자들의 이해를 거부한 것에 대해 높이 칭찬한다. 그들은 어떤 문장의 의미는 다른 문장들 간의 연결 고리에서 이끌어낼 수 있다고 주장한다. 그것은 어떤 믿음의 의미와 욕망의 의미는 다른 믿음과 욕망의 연결 고리에서 이끌어낼 수 있는 것과 같다. 그러므로 그들은 언어의 기호와 생각은 민감한 상황과 연결된다고 주장한다. 그 기호와 생각들은 본질적 특성과 함께하는 '사물'이 아니라 관계의 연결고리의 한마디와 같다.

로티의 목표는 이러한 언어적 기호에서 우리의 담론에 있어서 모든 대상에 이르기까지 이러한 주장을 확대하는 것이다. 소립자인 쿼크[129]와 모든 자료를 일목요연하게 배열한 테이블에서부터 사람들과 사회적 기관에 이르기까지 모든 것에 이러한 주장을 확대하는 것이다.[130] 실용주의에 관한 그의 해석은 철학적 이론의 모든 '대상' – 언어뿐만 아니라 진실, 지식, 도덕성 – 에 적용되는 단순한 비본질주의이다.[131]

부가적으로 실용주의자들은 진리를 이해하는 데 있어 표상주의자

---

127) Rorty, "Inquiry as Recontextualization: An Anti-dualist Account of Interpretation," in *Objectivity, Relativism, and Truth*, 106-7.
128) 로티와 데리다에 대한 논의를 살펴보기 위해서는 Norris, *Derrida*, 150-55; Culler, *On Deconstruction*, 153쪽 등을 참고하라.
129) 역주/ 강한 상호 작용을 하는 소립자인 하드론(hadron)의 구성 요소로 되어 있는 입자를 지칭하는 물리학의 용어이다.
130) Rorty, "De Man and the American Cultural Left," in *Essays on Heidegger and Others*, 130-31.
131) Rorty, "Pragmatism, Relativism and Irrationalism," in *The Consequences of Pragmatism*, 162.

(representationalist)이기보다는 비표상주의자(nonrepresentationalist)를 표방한다. 표상주의자들은 세상에 대해서뿐만 아니라 인간의 언어에 대해서도 분명한 객관성을 부여한다. 그들은 우리의 담론이 이 세상을 있는 그대로 나타낼 수 있다고 가정한다. '실제'(real) 세상을 정확하게 나타내는 어떤 제안은 진실하다. 그러한 진술은 어떤 주장이 정확하게 진술되고 있다는 것은 '다시 제시한다'(re-presents)—그것은 엄밀히 말해서 사상가나 말하는 사람의 현재로 이끌고가는 것이다. 다시 말해 지식이란 정확한 제안의 편집물이다.

비표상주의자들은 언어가 이러한 식으로 세상을 표현하는 능력을 가지고 있다는 것을 부정한다. 표현(representation)이라는 것이 '재표현'(re-presentation)을 의미할 수 없다고 그들은 말하는데, 언어라는 것이 우리 존재에 부재하고 있는 것들을 가져다줄 수 없기 때문에 그렇다. 비표상주의자들로서 로티와 같은 실용주의자들은 지식을 '실재를 정확히 인식하는 것'으로 보지 않는다. 대신에 그들은 실재에 대처하기 위한 행동의 관습을 획득하려고 했다.[132]

비현실주의자, 비본질주의자, 비표상주의자이기 때문에 실용주의자의 진리에 대한 관점은 대응(correspondence)보다는 결합(coherence)에 더 치중한다. 모던 인식론의 프로젝트는 진리에 대한 대응 이론에 그 기초를 둔다. 로티는 이 이론의 목표를 본질적으로 존재하는 그 자체로서 어떤 대상을 얼핏 보기 위해 외양의 베일을 벗기는 것에 두었다. 대응의 기준을 따라 산정하면서 진술은 언제나 분명한 진리 가치를 가진다. 그것은 진실이거나, 혹은 거짓 중의 하나이다. 그리고 우리는 설명하고자 하였던

---

132) Rorty, "Introduction: Antirepresentationalism, Ethnocentrism, and Liberalism," 1.

것이 실재에 부합하는지 아닌지를 점검함으로 얻게 되는 주장의 진실성을 발견할 수 있다.

듀이를 따라 로티는 대응 이론을 '지식의 관찰자 이론'(spectator theory of knowledge)으로 간주하면서 이것이 실행 불가능한 것으로 결말을 내렸다. 이것은 우리가 세상 밖에서부터 관점을 얻을 수 있다고 추정하는데, 그러한 관점은 힐러리 푸트남(Hilary Putnam)이 "사물에 대한 하나님 눈의 관점"이라고 부른 것이다.[133]

로티는 우리에게 유용한 방향을 지시해 준다는 점에서 듀이를 신뢰한다. 듀이는 믿음이 실재를 나타낸다는 가정 하에 믿음은 현실을 다루는 도구라는 생각을 더했다. 믿음은 그들을 지탱해 주는 하나의 행동을 가리키는 주관적 실천 원칙(maxims)이 되었다.[134]

듀이의 뒤를 이어 로티는 진리에 대한 대응 이론을 거부하고 진실에 대한 어떠한 특정한 이론을 제시하는 아이디어를 삼가면서 결합 이론(coherence theory)을 지지하였다.[135] 비트겐슈타인의 주장들을 받아들이면서 그는 모든 진술은 그것이 우리가 견지하고 있는 믿음의 전체적 시스템-'표현 형식'(vocabulary)-과 일치하는 한 '진실된' 것이라 선언하였다. 즉, 탐구의 목표는 우리의 믿음과 욕망이 일관되도록 만드는 것이다.[136]

더욱 중요하게 실용주의자들은 진리를 이론적으로 옳은가보다는 어

---

133) Putnam, *Reason, Truth, and History* (Cambridge: Cambridge University Press, 1981), 49-50.
134) 다음 책의 로티의 서문을 참고하라. John P. Murphy, *Pragmatism: From Peirce to Davidson* (Boulder: Westview Press, 1990), 2.
135) Rorty, "Solidarity or *Objectivity*," in *Objectivity, Relativism, and Truth*, 24.
136) Rorty, "Inquiry as Recontextualization," 106.

떠한 것을 하는지의 관점으로 이해하려 한다. 로티에 따르면 실용주의는 이론이라기보다는 실행의 '표현 형식'이다. 이것은 정관(靜觀, contemplation)보다는 행위에 초점을 맞춘다.[137] 실용주의자들은 무엇이 "유용한가?"라는 관점에서 무엇이 "옳은 것인가?"에 대한 질문을 던진다.[138] 그들은 "어떠한 차이가 이 믿음을 우리의 행위로 만들 것인가?"라고 묻는다.[139] 이것은 로티가 '교화 철학'(edifying philosophy)을 주창한 근거가 되고 있다.[140]

철학적인 모험이라는 측면에서 보면 실용주의자들은 유명론자들(nominalists)이다. 그들은 단어란 본질적인 의미를 갖고 있지 않은, 단지 합의에 불과한 기호와 음성의 정규적 사용일 뿐이라고 주장한다. 언어란 하나의 도구로 인간이 그들이 원하는 것을 얻고자 기호와 소리를 사용하는 것이다.[141]

로티의 실용주의는 과학적·진취적 기상에 있어서 중요한 함축적 의미를 갖는다. 토마스 쿤과 존 듀이를 인용하면서 로티는 우리에게 과학의 목표가 실재에 완벽하게 부합하는 모델을 생성하는 것이라는 생각을 포기해야 한다고 제안한다. 대신에 우리는 과학적 담론은 단지 많은 표현 방식 중에 하나라는 것을 이해해야 한다. 그러므로 우리가 던지는 질문은 "어떠한 표현 방식이 우리가 가진 관점 내의 목표를 이루는 데 있어서 다

---

137) Rorty, "Pragmatism, Relativism and Irrationalism," 162.
138) Rorty, "Introduction: Pragmatism and Post-Nietzschean Philo-sophy," in *Essays on Heidegger and Others*, 4-5.
139) 다음 책의 로티의 서문을 참고하라. Rorty, *Essays on Heidegger and Others*, 2.
140) Rorty, *Philosophy and the Mirror of Nature*, 373.
141) Rorty, "Is Derrida a Transcendental Philosopher?" in *Essays on Heidegger and Others*, 126.

른 것들보다 더 적절할 것인가?"가 되어야만 한다.[142]

이러한 종류의 실용주의는 로티로 하여금 서양 철학의 '존재론적 신학적 관습'으로부터의 탈출을 추구하기 위해 하이데거와 데리다를 질책하도록 자극시켰다. 전형적인 실용주의자들의 방식에 그는 전통 '전부'를 버리는 대신에 전통의 어떠한 '부분'이 현재의 목적에 유용할 수 있는지를 발견할 것을 제안하였다.[143]

2) 포스트모던 실용주의

하지만 로티가 이전의 실용주의를 단순히 다시 포장하고 있는 것은 아니다. 그는 듀이나 다른 학자들에 의해 개척된 전통에 특이하게 포스트모던적 방식을 제공한다.

우리의 진술은 우리의 전체 믿음의 시스템과 부합하는 한 진실이라는 주장을 진전시키면서 로티는 내적으로 완벽하게 일치하는 믿음의 시스템을 얻을 수 있다는 생각을 획득할 수 있다는 데서 더 나아가지는 않는다. 우리는 세상 밖에서의 시각에 접근하는 방법을 갖고 있지 않기에 우리가 그 표현 방식을 판단할 수 있는 것으로부터 우리 자신의 특별하게 역사적으로 결정된 표현 방식 밖의 객관적 합리성이나 도덕성에 접근할 방법을 가지고 있지 않다.[144]

---

142) Rorty, "Method, Social Science, and Social Hope," in *The Consequences of Pragmatism*, 193.
143) Rorty, "Deconstruction and Circumvention," in *Essays on Heidegger and Others*, 87.
144) Rorty, "The Contingency of Community," *London Review of Books,* 24 July 1986, 10.

> 하나의 표현 양식이 다른 것보다 실재에 더 가깝다고 말하는 것은 소용없는 일이다. 왜냐하면 각기 다른 표현 양식은 다른 목적을 위해서 사용되는 것이며 다른 것보다 실재에 더 가까운 목적과 같은 것은 있지 않다. …… 어떤 것도 행성의 움직임을 예언하는 표현 양식이 어떤 행성이 천문학적 영향력을 위해 거기에 놓여 있다고 말하는 표현 양식보다 사물이 어떻게 실제적으로 존재하는가에 있어서 더 마음에 와 닿는다고 말한다고 해서 거기에서 전달되는 것은 별로 없다. 왜냐하면 천문학이 실재를 넘어선 학문이라고 말하는 것은 왜 천문학이 소용없는지를 설명할 수 없기 때문이다. 그것은 잘못 사용된 표상주의자들의 용어에서 사실을 단지 재진술하는 것이다.
>
> —리처드 로티[145]

새로운 언어학의 계승자들과 같이 로티는 '서술의 선택에 있어서 물성(thinghood)의 상대성'[146]을 당연한 것으로 받아들였다. 특성이란 분리된 대상 가운데 존재하지 않고 오히려 사물의 특성은 그것을 표현하기 위해 우리가 사용하는 언어에 의존한다. 로티는 결국 진리는 본질적으로 우리를 위한 진리가 된다는 것을 쉽게 받아들였다.[147]

로티의 포스트모던 실용주의는 무엇이 되어야 하는가에 대한 진리와 그것이 무엇인가에 대한 진리 사이에 어떤 인식론적 차이도 발견하지 못한다. 도덕과 과학 사이의 어떤 형이상학적인 차이도 인정하지 않는다. 또한 윤리학과 물리학을 동일하게 객관적 대상으로 이해하며, 과학자들

---

145) Rorty, "Introduction," John P. Murphy, *Pragmatism: From Peirce to Davidson* (Boulder: Westview Press, 1990), 3.
146) Rorty, "Introduction," *Essays on Heidegger and Others*, 4-5.
147) Rorty, "The Contingency of Community," 10.

은 어느 누구보다도 더욱 객관적이고 논리적이고 체계적인 사람들이라고 높이며 다른 것들보다 진리에 주의를 기울이는 존재로 높이는 모던 경향에 동의하지 않는다. 그는 학문 분야 중 과학이 칭송받는 단 한 가지 이유는 과학적 기관이 관용(혹은 자발적 동의)과 인류 결속의 문화에 모델이 되기 때문이라 생각하였다.[148]

이러한 자연 과학과 인문 과학 사이의 땅 고르기는 로티의 유명론에 포스트모던의 방식을 제공하였다. 이 기다란 전통의 다른 대표자들과 함께 로티는 언어를 우리의 다양한 필요, 음식, 성, 우주의 기원에 관한 이해, 인류 결속의 향상된 정신, 그리고 자신만의 개인적인 부분을 계발함으로써 얻게 되는 개인적 정체성, 자율적인 철학적 언어 등을 만족시키기 위해 사용하는 하나의 도구로 보았다. 로티는 하나의 표현 형식이 우리의 다양한 목표를 섬기게 하지만 포스트모던 양식에서는 우리가 포함할 수 있는 모든 다양한 유형의 담론 아래 '거대한 메타 표현 형식'(meta-vocabulary)의 존재에 관해 의문을 품었다. 그는 "이러한 다양한 목적을 위해 우리가 사용하는 다양한 기호와 소리의 모든 다양한 사용"이라는 언어의 범주에 하나로 총괄해야 할 이유를 발견하지 못한다.[149]

실용주의자의 자아와 인간 공동체

과학에 대해 평가하면서 로티는 자아와 공동체에 대한 그의 이해를 소개한다. 바로 여기에서 그의 사상 중에 포스트모던 감성이 날카롭게 빛난다.

---

148) Rorty, "Science as Solidarity," in *Objectivity, Relativism, and Truth*, 39.
149) Rorty, "Is Derrida a Transcendental Philosopher?" 126-27.

먼저 로티는 모더니즘의 자아 개념에 대한 포스트모던 비판에 참여하였다. 그는 자아를 자율적으로 생각하는 실체로 보았던 데카르트의 관점을 거부하고 대신 그것을 행동을 만들어내는 믿음과 욕망의 중심이 없고 변화무쌍한 망(a centerless and everchanging web of beliefs and desires)이라 규정지었다.[150]

나아가 로티는 보편적 인간 자아에 대한 칸트의 탐구 역시 거부한다. 칸트는 우리가 속해 있는 모든 인종에게 들어맞는 일관된 이미지를 찾는 탐구의 형태를 취하였다. 대신에 로티는 우리 자신의 행동을 위한 기초가 되어줄 수 있는 우리 자신을 위한 일관된 개인 자아에 맞추어 만들라고 격려한다.[151] 그는 만약 우리가 우리의 삶을 커다란 역사적 담론 내의 하나의 에피소드로 볼 때 이러한 과제는 촉진된다고 주장한다.

개인 정체성을 탐구하는 상황에서 '내러티브'에 대한 개념을 소개하면서 로티는 사회적 정황 속에서 진리와 마찬가지로 개인을 위치시켜야 한다는 설명을 제시한다. 참으로 로티는 우리가 생각하고 행동하는 방식은 우리의 현세적이고 문화적 상황 가운데서 완전하게 놓여진다고 주장한다. 결과적으로 그는 진리에 대한 주장의 정당성에 대하여 '자민족 중심주의'(ethnocentric) 관점을 제공한다.[152] 어떤 사람은 그가 속한 사회의 정당성의 절차를 넘어서서 갈 수 없다고 주장한다. 진실과 합리성에 대해 말할 수 있는 모든 것은 우리가 살고 있는 사회의 독특한 이해와 개념에

---

150) Rorty, "Introduction," *Essays on Heidegger and Others*, 1쪽과 Rorty, *Objectivity, Relativism, and Truth*, 93쪽을 보라. 역시 Rorty, "The Contingency of Selfhood," *Contingency, Irony, and Solidarity*, 2장을 참고하라.
151) Rorty, "Freud and Moral Reflection," in *Essays on Heidegger and Others*, 162.
152) Rorty, "Solidarity or Objectivity," 23.

새겨져 있다.[153]

하지만 로티는 자아에 대한 사회적 관점을 위한 철학적 기초를 분명하게 놓는 것에 대해서는 그렇게 크게 관심을 갖지 않는다. 오히려 그는 서구 철학과 문화의 유효하지 못한 경향에 대해 지적하는 것과는 반대되는 방향으로 진행한다. 서구 철학과 문화는 그동안 인식아(knowing self)는 역사적 상황의 성쇠를 넘어서 자리매김을 할 수 있다고 가정하고 있었다. 서양의 '플라톤주의자들'은 실재란 근본적으로 역사와 관계가 없고 본질적으로 인간적 차원을 넘어서는 것이라 주장하였다고 로티는 말한다. 그들은 그들 자신의 시간에 대한 표현 방식과 실행을 초월하여 보편적이고, 영원하며, 필수적이고, 역사를 초월한 '진리'를 발견할 수 있다고 그릇되게 생각한다. "왜 진리로 받아들여지는 것들을 믿어야 하는가?" "왜 내가 올바르다고 생각하는 것을 행해야 하는가?"와 같은 질문의 답을 찾으며 그들은 일반적인 것을 넘어선 절대적인 것, 그들의 역사와 사회적 배경에 놓여 있는 명확한 이유들에게 호소할 필요가 있다는 것을 발견한다.[154]

로티는 영원한 진리의 영역에 이르기 위해 서양의 사상가들이 제안하였던 많은 방법들을 인용한다. 기독교인들은 우리가 마음으로 하나님의 음성에 조화될 수 있어야 한다고 제안한다. 데카르트의 후예들은 의심스러운 모든 전제들로 가득 찬 마음을 비우고 의심할 수 없는 것을 발견하려고 시도한다. 칸트의 후예들은 탐구와 언어, 사회적 생활의 기초적 구조를 찾으려 한다.

로티는 그러한 모든 시도를 삼간다. 그는 우리의 일시적인 상황의 우

---

153) Rorty, "Science as Solidarity," 11.
154) Rorty, "Pragmatism," in *The Consequences of Pragmatism*, 165.

연성 뒤에 놓은 우리의 담론을 위한 시작점을 찾는 것은 불가능하다고 주장한다. 특히 우리는 인류 공동체를 벗어나는 것은 불가능하다고 말한다.[155] 그는 우리가 영원하고 보편적인 권위를 가지고 어떤 해석을 제시하려는 것에 대해 경고한다.[156]

하지만 초월적인 이익의 손실에 대하여 슬퍼하는 대신에 로티는 새로운 상황을 환영하며 받아들였다. 그것은 우리에게 공동체 의식을 심어주기 때문에 유익한 것이라고 그는 말한다. 우리가 시작 지점의 가능성(contingency)을 인식할 때 우리의 유산과 인류와 함께하는 대화만이 우리를 인도하는 유일한 원천이라는 사실을 깨닫는다.[157] 이러한 사실을 인식하는 것은 계속되는 우리의 탐구 여정에서 대결에서 대화로 나아가도록 도움을 줄 수 있다고 주장한다.[158]

지식과 진리에 대한 객관적인 출발점에 대해 로티가 부정하는 그 배후에 위치하는 것은 지식 이론(즉, 인식론)에 대한 탐구를 광범위하게 거부하는 데 영향을 미쳤다. 적어도 계몽주의 시대 이후로 철학은 개개인의 명백한 차이와 대립되는 의견이 존재함에도 불구하고 우리는 보편적인 합리성에 의해 연합되어 있다는 확신에 의해 움직여왔다. 이러한 확신에 이끌리면서 철학자들은 사람들의 담론을 평가하기 위해, 즉 우리 모두가 공유하고 있는 숨겨진 합리성에 빛을 가져다주는 지식에 대한 이론을 평가하기 위해 고정된 중립적 구조(fixed neutral framework)의 윤곽을 정하려고 하였다.

---

155) Rorty, "Science as Solidarity," 38.
156) Rorty, "Freud and Moral Reflection," 163.
157) Rorty, "Pragmatism," 165.
158) Rorty, *Philosophy and the Mirror of Nature*, 163.

우리가 적절하게 기획된 기계와 같이 되는 희망을 포기하게 되면 우리는 니체가 '형이상학적 안도감'이라는 것을 상실하게 될 것이다. 그러나 우리는 새로운 공동체 의식을 얻게 될 것이다. 우리가 우리의 공동체를 자연적으로 주어진 것으로보다는 우리의 것으로, 발견되는 것보다는 조성되는 것으로, 사람이 조성할 수 있는 많은 것들 중의 하나로 인식할 때 공동체-우리 사회, 정치적 전통, 지적 유산 등-와 함께하면서 갖게 되는 우리의 정체성은 고양된다. 결국 실용주의자들은 우리에게 말해 주는데, 문제가 되는 것은 어두움 가운데 놓여 있는 다른 인간 존재에 대한 우리의 성실함이다. 일을 바르게 하고자 하는 우리의 희망이 문제가 되는 것은 아니다.

-리차드 로티[159]

하지만 로티는 반토대주의자(antifoundationalist)이다. 그는 철학자들이 진실이나 특정한 지식의 발견을 위한 토대를 제공하는 합리성의 표준이나 '첫 번째 원칙' 등을 제정할 수 있다는 사실을 부정한다. 그가 말하길 우리는 우리의 탐구, 정신, 언어의 체계 등의 대상의 본질에 호소함으로 인간의 담론을 위한 기초를 이끌어낼 수 없다고 말한다. 그 학문적 기획은 더 이상 보통 객관적인 여타 문화적 구속(objective extracultural constraints)에 의해 지배되지 않는다. 우리는 합리성의 일련의 지배 아래서 단순히 인간의 담론을 가져올 수 없다: 대립되는 주장을 해결하기 위한 선택을 도울 수 있는 일련의 초월적인 법칙은 존재하지 않는다.[160]

---

159) Rorty, "Pragmatism," in *The Consequences of Pragmatism* (Minneapolis: University of Minnesota Press, 1982), 166.
160) Rorty, *Philosophy and the Mirror of Nature*, 315-17

우리는 진리를 향한 인류의 탐구를 위한 객관적이고 외적인 토대를 추구해서는 안 된다고 로티는 말한다. 우리는 우리 동료 탐구자들과의 대화를 통해 일어나는 강제적 제한에 우리 자신들을 순응시키면 된다.[161] 우리가 하나로 모을 수 있는 단 한 가지 확실한 지침은 우리가 참여하고 있는 공동체이다. 우리가 정리할 수 있는 단 하나의 토대는 경쟁하는 해석들 사이에 주고받는 대화이다. 철학의 타당한 목표는 객관적인 진리를 밝히는 것이 아니라 이러한 다른 해석들 사이의 논쟁을 유지하는 것이다.[162]

반토대주의자로서 로티는 인식론에서 해석학에로의 이동을 요청한다.[163] 계속적인 대화에 참여하는 것을 좋아하는 보편적 지식론에 대한 탐구를 버릴 것을 요청하면서 로티는 자기 자신만이 슐라이어마허와 딜타이로부터 시작해서 하이데거와 가다머를 거쳐 푸코와 데리다에게 나아가는 지적 궤도의 진정한 후계자라고 주장한다. 로티는 지식으로부터의 해석으로 나아가는 포스트모던 선회를 완성하였다. 여러 해석들이 서로 경쟁하면서 만들어내는 조화되지 않은 소음 속에서 철학자들은 더 이상 중립적 중재자의 역할을 수행해서는 안 된다고 로티는 주장한다. 포스트모던 철학자는 오직 "관점을 갖는 것에 대해 어떤 관점을 갖는 것을 피하는 동안 관점을 갖는 것에 대한 견해를 비방"할 수 있다.[164]

새로운 유토피아적 이상주의

푸코의 '사물의 질서'(the order of things)에 대한 공격은 '정복된 지식'을 위하여 끝나지 않는 포위 공격을 열었다. 데리다의 로고스 중심주

---

161) Rorty, "Pragmatism," 165.
162) Rorty, *Philosophy and the Mirror of Nature*, 377.
163) 위의 책, 315-16.
164) 위의 책, 371.

의 요새에 대한 공격은 우리를 중심 없는 세상에서 살아가면서 생성되는 걱정과 불안에 직면하는 것보다 더한 것을 할 수 있는 것이 없게 만드는 위치에 우리를 남겨놓는다. 얼핏 보기에는 냉혹하게 여겨지는 다른 이들의 암시와는 반대로 로티의 실용주의는 상쾌한 희망을 보여주는 형태를 띤다. 데리다의 반유토피아(anti-utopia) 경향이나 푸코의 부정적 유토피아와는 달리 로티는 그의 추종자들을 새로운 포스트모던 유토피아적 이상주의(utopianism)로 이끈다.

로티의 유토피아적 이상주의는 상대주의에 대한 그의 강경한 거부에서 분명하게 나타난다. 상대주의에 대한 비판은 종종 로티가 한 것으로 돌려지고 있다. 그는 공동체 안에서 '진리'를 깊이 새기는 것에 대한 이해를 위해 토대주의를 통상 거래하듯 떠넘기는 것은 자기 논박적 상대주의(self-refuting relativism)로 이끈다는 사실을 단호하게 부인한다. 그의 명제는 우리는 선택권이 없고 우리의 정체성을 알 수 있는 공동체와 자신들을 찾을 수 있는 사회적 그물망 안에서 시작해야 한다는 것이다. 하지만 그는 이것이 다른 모든 것과 같이 공동체를 좋게 만든다는 제안을 거부한다. 만약 우리가 이러한 종류의 상대주의를 가정한다면 우리는 그가 우리에게 주의하라고 경고하던 바로 그 자세를 명백하게 받아들이는 것이 된다고 주장한다. 우리는 역사 위에 서도록 하고 하나님의 관점으로 세상을 보도록 요구한다. 오직 하나님만이 모든 공동체가 똑같이 선하다는 결정을 내릴 수 있다.[165]

비록 로티의 유토피아적 이상주의는 상대주의를 거부한다는 것은 분명함에도 불구하고 그 기초는 다른 곳에 있다. 로티는 유토피아 철학자이다. 왜냐하면 탐구는 긍정적인 목표로 이끌어주고, 그 목표는 포스트모던

---

165) Rorty, "Postmodernist Bourgeois Liberalism," 202.

시대에서 성취될 수 있다고 그는 믿었기 때문이다. 그는 이 목표를 "자발적인 동의와 관대한 반대가 적절하게 혼합되어 이룬 경지"로 규정지었다.

로티는 헌법 민주주의를 가능하게 만드는 관용의 정신을 유지하는 완벽한 문화 다원론(cultural pluralism)과 같은 것을 주장하였다. 그는 이러한 문화 다원론은 인류 존재의 목적이나 목표에 관한 중심적인 질문에 있어 중립의 상태를 유지하는 범위 내에서만 가능하다고 주장하였다.[166] 하지만 진리에 관한 그의 민족 중심적 관점에 대해 분명한 점은 로티는 이 다원론의 상황 가운데서 동의와 반대의 '적절한 조합'이라는 시행착오를 통해 사회 공동체가 결정된다고 보았다.[167]

로티는 실용주의자의 진취적 고안은 우리 사회를 괴롭히고 있는 걱정거리들을 제거해 줄 수 있을 거라고 확신하였다. 실용주의 원칙을 따르므로 우리는 진리의 대응 모델에서뿐만 아니라 탐구의 주체-개체 모델과 도덕적 의무와 관련한 '아이-부모' 모델도 벗어버릴 수 있다고 로티는 주장한다.[168]

진정한 이상주의자와 같이 로티는 실용주의자들의 낙원은 벌써 시작되고 있다고 보았다. 그는 데리다의 본질주의(essentialism)와 로고스 중심주의에 대한 공격을 포함하여 유럽의 포스트모던 업적들을 환영하였다. 로티는 실용주의와 대륙 철학이 공동의 과제, 즉 철학의 지배적인 개념화에 대한 폭로를 일으키는 것에 함께 동참하고 있는 것으로 보았다. 그들은 철학이란 인간 삶에 있어서 궁극적인 의미와 같은 이슈를 결정하는 능력을 부여하는 것이 아니라는 데 동의하면서 철학자는 모든 것

---

166) Rorty, "De Man and the American Cultural Left," 133.
167) Rorty, "Science as Solidarity," 16-17.
168) 위의 책, 17-18.

을 해결할 수 있는 '슈퍼-과학자'(super-scientist)는 아니라는 사실에 동의한다.[169]

로티는 모더니즘의 관점에 대한 오늘날의 공격은 우주의 나머지 부분과 궤도에 대한 관계를 이해함에 있어서 점진적이고 계속적인 발전에서 가장 최종적인 단계라고 주장한다. 그러한 궤도는 신들을 찬양하는 것으로부터 철인을 예배하는 것으로, 즉 경험적 과학의 탐구자를 예배하는 것으로 나아가는 궤도이다. 로티는 이 궤도가 한 단계 한 단계 더 나아지기를 바랬고, 우리가 무엇인가를 찬미하는 것으로부터 스스로를 해방시키기를 바랬다.[170]

이러한 목표에 대한 그의 헌신은 철학자들에 의해 사라진 문화의 역할에 대한 자연 과학자들의 시도에 대한 그의 비판 뒤에 놓여 있다. 실용주의자들의 이상적인 사회 안에서 슈퍼 과학자들의 역할은 영원히 채워지지 않은 채로 남아 있어야만 한다.[171]

로티는 실용주의자들의 유토피아에 도달하기 위해 우리가 귀중한 무엇인가를 희생해야만 한다는 사실에 그렇게 관심을 기울이지 않는다. 그는 단지 문화적 다원주의가 꽃을 피웠을 때의 이점들을 보았다. '높은 제단'(high-altars)이 사라진 후 문화의 건전한 측면들-화랑, 책, 영화, 콘서트, 박물관-이 증대하게 될 것이라고 주장하였다. 특별히 선별된 중심적 훈련, 혹은 실행보다 더한 어떤 것도 그 배후에 남지 않게 될 것이다.[172]

---

169) Rorty, "Pragmatism without Method," in *Objectivity, Relativism, and Truth*, 75.
170) Rorty, "De Man and the American Cultural Left," 132.
171) Rorty, "Pragmatism," 75.
172) Rorty, "De Man and the American Cultural Left," 132-33.

7

복음과 포스트모던 상황
The Gospel and the Postmodern Context

　복음주의는 모더니티와 긴밀한 유대감을 가져왔다. 종교개혁, 경건주의, 부흥주의(Revivalism), 복음주의 운동을 통해 태동된 것은 모두 모던 시대 초기에 태어났다. 북미의 복음주의는 모던 시대의 최고봉에 이르렀던 20세 중반에 놀랍게 발전되었다.

　모던 시대의 사상가로서 복음주의자들은 과학적 방법, 실재에 대한 경험적 접근, 상식적인 현실주의(realism)와 같은 모더니티의 도구들을 사용하였다.[1] 이러한 도구들은 20세기에 특히 중요한 요소로 작용하게

---

1) George M. Marsden, "Evangelicals, History, and Modernity," in *Evangelicalism and Modern America*, ed. George M. Marsden (Grand Rapids: William B. Eerdmans, 1984), 98.

되었는데, 복음적 지성들이 모더니티 후기의 세계관인 세속주의로 인해 기인된 도전을 향해 눈을 돌리면서 복음을 이해하고 설명하려고 했던 때였다.

20세기 복음주의자들은 이성을 영광스럽게 여기며 과학을 신성시하는 문화 가운데 기독교 신앙의 신빙성을 드러내는 과제를 수행하는 데 있어 많은 에너지를 가지고 있었고 전적으로 헌신되어 있었다. 복음에 대한 복음주의적 제시는 이성적 변증론에 의해서 수행되었다. 그것은 하나님의 존재와 성경의 신빙성, 예수님의 부활에 대한 역사성에 대한 어떤 증거들을 제시하려고 하였다. 복음주의를 표방하는 조직신학자들은 신앙에 대한 명제적 내용에 초점을 맞추었고, 기독교 교리에 대해 논리적으로 설명하려고 노력하였다.

요약하면 모던 시대의 복음주의자들은 초기 "스타 트랙" 사회를 위한 기독교 신앙의 비전을 발전시키는 일에 있어서 그 역할을 잘 수행하였다.

그러나 우리는 지금 새로운 상황으로 옮겨가고 있다. 팝 문화에서 학문적 분위기로 나아가고 있는 서구 세계는 모더니티를 위한 기초를 형성해 온 계몽주의 원칙들을 버리고 있다. 우리는 지금 포스트모던 세계로 진입하고 있다.

포스트모던 풍조(ethos)는 특히 새로 부상하고 있는 세대(emerging generation) 가운데 영향력을 드러내고 있다. 그 세대는 정보화 시대와 채널이 한없이 늘어나는 케이블 텔레비전, MTV 등을 당연한 것으로 여기고 있는 젊은 성인 그룹이다. 이 세대는 "스타 트랙"에서 구현된 계몽주의 프로젝트에 충실하게 형성된 상황에서 양육되었다기보다는 "스타 트랙 : 다음 세대"에 나타나는 포스트모던 비전에 의해서 형성된 상황에서 자라난 세대이다. 이러한 새로운 상황에서 푸코는 '기존 질서'에 대해 의구심을 품는 것과 이성에 의한 이성에 대해 질문을 던지는 데리다의 주장들, 로티의 완벽한 실용주의는 그들에게 일반적으로 회자되고 공유되는 어투가 되었다. 그러한 것은 비록 포스트모던 문화에 대해서 철학적 권위자들이 이런 학자들의 이름도 결코 들어본 적이 없는 사람들에게조차도 이것은 일반적으로 받아들여지고 있는 상황이다.

익숙했던 모더니티의 영역으로부터 포스트모더니티의 미지의 지형으로 나아가게 하는 이전 변환은 새로운 상황 가운데서 그리스도의 제자로서의 삶을 살려고 하는 사람들에게는 거대한 함축적 의미를 지닌다. 우리는 서구 사회에서 일어나고 있는 현상적인 변화에 대한 여러 분야의 주장(ramification)을 통해 깊이 생각해야 하는데, 기독교 신앙에 대한 우리의 이해와 다음 세대에게 복음을 전하기 위해서는 필요한 작업이 아닐 수 없다.

새롭게 대두되는 포스트모던 세계의 지적인 풍토에 대해 우리는 어떻게 응답해야 하는가? 이러한 질문에 대해 촉진하려는 견해와 함께 포스트모던 현상에 대한 나의 기초적인 평가를 제시하면서 포스트모더니즘에 대한 나의 연구의 결론을 맺고자 한다.[2]

모더니즘에 대한 포스트모던 비판

반복해서 언급했듯이 모더니티의 계몽주의 프로젝트를 버리기 위한 탐구는 포스트모더니즘의 기초로서 작용하고 있다. 그것이 결국 무엇이

---

[2] 복음주의와 복음주의 신학의 미래 형태에 대한 보다 상세한 논의를 살펴보기 위해서는 다음 본인의 저서를 참고하라. Stanley J. Grenz, *Revisioning Evangelical Theology* (Downers Grove, Ill.: InterVarsity Press, 1993).

되었든지 포스트모더니즘은 모더니티의 상태에서 시작된 모더니즘의 사고방식에 대한 거부로부터 시작된다. 대략적인 부정적 방침을 견지하면서 즉각적인 과거 포스트모던 지성의 이러한 거부는 점점 어떤 건설적인 새로운 제안을 제공하는 것을 추구하지 않게 되었다. 그들의 목표는 그들의 강조하는 원칙에 기초하여 계몽주의 프로젝트에 대한 신랄한 비판을 가하는 데 주로 맞추어졌다. 이러한 비평에 대해 우리는 어떻게 평가해야 할 것인가?

우리의 기초 위에 서서 : 메타내러티브에 대한 거부를 반대하면서

먼저 푸코, 데리다, 로티와 같은 사상가들의 주장에 우선적으로 대면했던 그리스도인들은 계몽주의 프로젝트에 대한 포스트모더니즘의 거부가 너무 멀리 갔다는 점을 두려워하면서 공포감을 가지고 움츠려 드는 경향이 있다.

포스트모던 논제의 중요한 하나의 측면에 대해서 그러한 두려움은 조성될 수 있다. 포스트모더니즘은 객관적 진리를 내던져 버렸다. 적어도 고전적으로 이해하는 측면에서 그렇다. 푸코, 데리다, 로티가 여러 세기 동안 지배적인 인식론적 원칙이 되어왔던 것을 대항하였다. 그 원칙은 진리에 대한 대응 이론(correspondence theory)이었는데, 진리는 '거기의 다른' 세상에 대한 주장과 대응을 구성한다는 확신이었다. 대응 이론에 대한 거부는 일반적으로 객관적 진리 개념을 침해하는 회의론으로 이끌어 갈 뿐만 아니라 우리의 교리적 형식이 객관적 진리를 진술하는 기독교의 주장도 역시 무너뜨린다.

그러나 기독교 헤아림(Christian sympathies)과 포스트모더니즘의 충돌은 우리가 따르고 있는 인식론 이론에 대한 논쟁보다도 더 깊은 차원을 달리고 있다. 진리에 대한 대응 이론보다 더 과격한 것은 모든 것을 포용하는 진리를 발견하려는 연구에 대한 포스트모던의 실망이다. 사실 포스트모던 에토스는 우리가 '실재'(reality)라고 부를 수 있는 통일된 전체는 있을 수 없다는 가정으로부터 일어났다. 포스트모던 사상가들은 우주적이고, 궁극적 진리를 찾는 것을 포기했다. 왜냐하면 그들은 많은 충돌하는 해석이나 언어학상으로 창조된 세계의 무한성보다 더한 것을 발견할 수 있는 것은 없다고 확신하기 때문이다.

보편적 진리에서의 확신의 포기는 현대의 지적 영역에서 완성하는 실재의 다양한 해석을 평가하는 어떤 최종적 기준의 상실을 포함한다. 이러한 상황에서 모든 인간의 해석-기독교 세계관을 포함하여-은 타당한데, 그것은 모든 것이 다 동일하게 타당하지 않기 때문이다(사실 '타당한' [valid]과 '타당하지 않은' [invalid]이라는 말이 해석에 대해서 객관적으로 서술하는 형용사이기 때문에 사실은 의미 없는 용어가 된다). 포스트모던인들이 말한 대로 기껏해야 우리는 이러한 해석을 실용주의적 기준을 기초로 하여, 즉 '무엇이 유용한가'를 기초로 하여 이러한 해석을 판단할 수 있기 때문이다.

그러므로 포스트모던 회의론은 경쟁적인 해석 이론 사이에서 끝이 없는 갈등에 의해 특징지어진 세상에 우리를 남겨놓는다. 그것은 모두에게 대해 모든 사람의 전쟁이라는 토마스 홉스의 주장이 생각나게 하는 상황에 우리를 세워놓는다.

그리스도 가운데서 우리에게 계시된 하나님께 드리는 우리의 헌신은 포스트모더니즘의 급진적 회의론의 한 측면, 혹은 성취적인 측면, '중심'의 상실이라는 측면에 대항하여 정면으로 서 있다.

그리스도인으로서 우리는 데리다와 어떤 부분까지는, 예를 들어 '실재의 형이상학'과 '로고스 숭심주의'에 대한 그의 무사비한 공격에 내해서까지는 함께할 수 있다. 포스트모던 사상과는 대조적으로 우리는 실재에 대한 통일하는 중심(unifying center)이 있다는 사실을 믿는다. 보다 특별히 말해서 우리는 이 중심이 나사렛 예수 그리스도에게서 나타나고 있다는 사실을 알고 있다. 그분은 영원하신 말씀이 육신이 되어 우리 가운데 거하신 분이시다.

이것을 다른 방식으로 설명하면 우리는 그리스도에 대한 믿음 때문에 리요타르가 규정한 포스트모더니즘의 중심적인 주장-메타내러티브에 대한 거부-을 받아들일 수가 없다. 우리는 리요타르의 분석의 주요 관심, 즉 소위 과학적·진취적 기상에 대해 적용해 볼 때 그의 결론을 환영하면서 받아들일 수 있을지도 모르겠다. 실로 우리는 지식의 진보와 같은 신화가 없이도 잘 살 수 있다. 그러나 우리는 실재에 대한 리요타르의 논지의 확대에 대해 전체적으로는 동의할 수 없다.

우리가 사는 세상은 서로 조화되지 않고 경쟁적인 지역 내러티브(local narratives)의 모음 그 이상의 것이다. 리요타르의 논지가 담고 있는 함축적 의미에 반대로 우리는 많은 인간 공동체의 지역 내러티브가 단일의 거대 내러티브, 즉 인류의 스토리(the story of humankind) 안으로 함께 맞추어가는 것이라고 우리는 확고하게 믿고 있다. 모든 인간과 모든 시간을 포괄하는 단일의 메타내러티브가 '존재한다.'

그리스도인으로서 우리는 그 거대 내러티브(grand narrative)가 무엇인지를 알아야 한다. 그것은 타락한 인간의 구원과 하나님의 창조 완성을 위해 역사 가운데 들어오셔서 역사하신 하나님의 구원 행동의 스토리이다. 우리는 이 메타내러티브의 초점은 나사렛 예수 그리스도의 스토리라는 사실을 담대하게 선포한다. 그 예수님은 삼위 하나님의 두 번째 위격을 가지신 성육신하신 하나님의 아들이시다.

포스트모던 사상가들은 보편적 진리를 단지 이성에 호소함으로 계몽주의 시도의 순진함에 대해서 정확하게 경고해 준다. 궁극적으로 우리가 선포하는 메타내러티브는 발견하고 평가하는 이성의 경계를 넘어서 존재해야 한다. 그러므로 이 세상에서 우리는 갈등하는 내러티브와 실재에 대한 해석 사이에서 노력(struggle)을 증언해야 한다. 모든 해석이 어떤 면에서 유효하지 못하다 할지라도 그것들 모두가 다 '동일하게' 유효하지 못한 것은 아니라는 사실을 추가해야 한다. 서로 충돌하는 해석은 하나의 기준에 의해서 평가될 수 있다는 것을 믿는다. 그 기준은 어떤 점에서 모든 것을 초월한다. 예수 그리스도 안에서 '말씀이 육신이 된 것'을 믿기 때문에 우리는 이 기준이 나사렛 예수 그리스도 안에서 나타난 하나님의 스토리라는 것을 확신할 수 있다.

요약하면 우리는 단순히 기독교를 다른 것들 중에서 하나의 종교로 그 지위를 좌천시키는 것을 허락할 수 없다. 복음은 본질적으로 확장적인 선교적 메시지이다. 우리는 성경의 내러티브가 우리를 위해 깨달아질 뿐만 아니라 모두를 위한 좋은 소식이라는 사실을 믿는다. 그것은 모든 사람의 갈망과 염원을 충족시켜 준다. 그것은 오직 하나의 진리를 구현한다. 그것은 온 인류를 위한, 온 인류의 진리이다.

공통 기반 : 계몽주의 인식론의 거부

그리스도인으로서 우리는 포스트모더니즘의 메타내러티브에 대한 거부에 대항하여 서야 한다. 우리는 새롭게 대두되는 시대에 대한 과격한 회의론으로 이끌어가는 보편성의 상실 위에 단순히 절망감을 나눌 필요는 없다. 동시에 우리가 모더니티에 대한 비판의 타당성에 대해서는 눈을 감아버린 채로 이런 중심적인 사항에 대해서는 포스트모더니즘에 대해 철저한 "아니오!"를 외치자는 것도 아니다. 반대로 현상에 대한 보다 긴밀한 점검을 통해 우리가 모던 정신 사조와 그 밑바닥에 깔려 있는 계몽주의 인식론에 대한 포스트모더니즘의 거부에 대해 근본적으로 동의한다는 점을 확신할 수 있어야 한다.[3]

앞서 언급한 대로 모더니티는 지식은 확실하며, 객관적이고, 선한 것이라는 가정 위에 세워졌다. 포스트모더니즘은 이러한 전제를 거부한다. 어떤 점에서는 포스트모던 비판이 기독교 신학의 이해와 더 긴밀하게 연결되어 있음에도 불구하고 불행하게도 복음주의자들은 종종 지식에 대한 모더니즘의 관점을 무비판적으로 받아들이는 것을 본다.

1) 지식의 확실성

포스트모더니즘은 지식이 확실하며 확실성을 위한 기준이 인간의 이성적 능력에 달려 있다는 계몽주의의 가정에 의문을 제기한다.

비슷한 방식으로 기독교 신앙은 이성적 과학 방법이야말로 진리의 유일한 도구라는 것을 부인한다. 진리의 어떤 측면은 이성을 넘어서 존재하며 이성으로는 산정할 수 없는 영역이 있음을 확신한다. 블레즈 파스칼(Blaise Pascal)이 언급한 대로 "마음(heart)은 이성이 알 수 없는 그것만의 이성을 가지고 있다."

부가적으로 그리스도인들은 인간 이성을 향한 조심스러우면서도 회의적인 자세를 가진다. 인류의 타락 때문에 죄는 인간의 지성(mind)을 가려놓았다. 그리고 우리는 인간의 지성을 따르는 것은 종종 하나님과 진리를 떠나게 만든다는 사실을 깨닫게 된다.

2) 진리의 객관성

비슷하게 우리는 지식은 객관적이며 그러므로 감정에 의해 흔들리지

---

3) 여러 복음주의자들은 최근에 포스트모더니즘에 대한 공감을 표명하고 있다. 예를 들어 Jonathan Ingleby, "Two Cheers for Postmodernism," *Third Way*, 15 (May 1992): 25쪽을 참고하라.

않게 한다는 계몽주의 가정에 대한 포스트모더니즘의 의문에 대해 수정을 가해야 한다.

우리가 살펴본 대로 모더니즘 인식론은 외적 대상(external object)으로 뉴턴의 우주론과 만나면서 데카르트의 자아 모델 위에 세워졌다. 감정에 의해 흔들리지 않는 관찰자에 대한 모더니즘의 이상과는 반대로 어떤 관찰자도 역사적 과정을 벗어나서 설 수 있는 사람은 없다는 포스트모던 발견을 우리는 확언하게 된다. 우리 가운데 제약을 받지 않는 전문가로서 보편적이고 문화적으로 중립적인 지식을 얻을 수 있는 사람은 아무도 없다. 반대로 우리의 역사적, 문화적 상황에 우리 모두는 참여자들이다. 그리고 우리의 모든 지적 노력은 그러한 참여에 의해 피할 수 없이 조건지어진다.

포스트모던 인식론자들은 그들이 우리의 개인적 확신과 헌신이 지식에 대한 우리의 탐구를 윤색할 뿐만 아니라 이해의 과정을 촉진시킨다고 주장할 때 실제로 그들은 어거스틴의 주장을 되풀이하고 있는 것이다.

3) 지식의 선함

마지막으로 우리는 지식이란 본질적으로 선한 것이라는 계몽주의 가정에 대해 포스트모더니즘의 거부를 확인할 수 있다.

20세기 사건들은 그것의 유익에도 불구하고 지식의 폭발은 유토피아를 세울 수 없다는 사실을 통렬하게 증언하고 있다. 기술 문명의 진보는 선의 가능성뿐만 아니라 악의 가능성도 함께 가져왔다. 분명한 예로 우리는 원자 분열을 들 수 있다. 이러한 발견은 핵무기라는 아마겟돈의 문을 활짝 열어놓았고, 폐기 불가의 쓰레기의 새로운 형태를 만들어놓았다. 인간 유전 구조(genetic structure) 조사에 실로 무서운 결과가 넘쳐나고 있다는 사실이 이상할 수 있다.

인간 상황에 대한 기독교적 이해는 지식은 본질적으로 선하다는 계몽주의의 가정을 거부하는 것에 대한 그 기초를 제공한다. 인간의 문제는 단지 무시의 문제가 아니라 잘못된 의지의 문제라는 사실을 우리는 믿고 있다. 무지를 추방함으로 황금 시대를 열 수 있다고 확신하는 지식의 신화(myth of knowledge)는 위험한 반쪽짜리 진리(half-truth)에 기초를 두고 있다. 우리의 무지로부터 구원받아야 할 뿐만 아니라 우리의 의지가 새롭게 되고 방향을 재설정하는 것이 수행되어야 한다.

포스트모던 복음의 윤곽

기독교 소명의 일부에는 하나님의 백성으로 살도록 믿는 자들을 부르신 하나님의 부르심이 일어나고 있는 문화를 형성하는 새로운 에토스를 평가하는 일이 놓여 있다. 이러한 과제의 하나의 목표는 교회로 하여금 그러한 문화 상황에서 복음을 분명하게 설명하고 구현하도록 준비시키는 일이다. 오늘날 우리는 문화의 한복판에서 그리스도인들이 온전한 헌신을 하는 삶을 살 것과 점점 포스트모던 사고를 하는 세대에게 복음을 전하도록 도전을 받고 있다.

이러한 명령은 포스트모던 상황에서 복음의 윤곽을 우리가 탐구할 것을 요구한다. 하나님의 구원하시는 역사에 대한 성경적 강조는 새롭게 대두되는 세대의 바램과 관심에 대해 무엇을 말해 주는가? 새로운 사회적 상황이라는 부문에서 우리는 복음을 어떻게 표현할 수 있을 것인가?

포스트모던 상황은 복음을 구현하는 방식을 새롭게 요구하고 있는데, '탈개인주의, 탈이성주의, 탈이원론, 탈지성 중심' 의 방식이 그것이다.

탈개인주의 복음

첫째, 기독교 복음을 포스트모던 시대에서 설명하는 방식은 탈개인주의적 특성을 가질 것이다. 모더니티의 표식의 하나는 개인을 높인다는 점이다. 모던 세계는 개인주의적 세계이며, 인간의 본질적 권리로 부여된 인간의 자율성의 영역이 그것이다.

이러한 모더니즘의 초점은 성경의 가르침의 분명한 중심적 차원과 상응한다. 결과적으로 우리는 모더니티의 개개인의 직설법(individual human person indicative)의 중요성에 강조점을 두는 것을 전적으로 상실하지 않는다. 실로 우리는 언제나 각 개인에 대한 하나님의 관심, 하나님 앞에서 모든 인간의 책임, 구원의 메시지 안에 놓여 있는 개인적 소개라는 성경적 주제를 놓치지 않아야 한다.

부가적으로 20세기 전체주의(totalitarianism)의 예는 우리가 계속해서 모든 다양한 형태로 주어지는 집단의 폭정에 대항하여 서야 한다는 사실을 날카롭게 상기시킨다.

복음을 제시함에 있어서 개인에 초점을 맞추는 것을 유지하는 동안 우리는 모던 정신 사조의 특성을 나타내는 과격한 개인주의로부터 느슨하게 우리 자신을 흔들지 않아야 한다. 우리는 포스트모던 사상가들과 함께 지식-하나님에 대한 지식까지 포함하여-은 단지 객관적이 아니며 중립적인 인식아(knowing self)에 의해 단순히 발견되는 것도 아니라는 사실을 확정해야 한다.

여기에서 우리는 현대 공산주의 학자로 배울 수 있는 것이 있는데, 그들은 모던 인식론의 아성에 대한 포스트모던 공격에 가담했던 사람들이다. 그들은 자아 숙고적(self-reflective), 자아 설성석(self-determining), 자율적 주체에 초점을 맞추면서 모던 패러다임에 대해 반대하는데, 어떤 전통이나 공동체 밖에 서 있던 사람들이다. 그러한 자리에서 새로운 공산주의자들은 건설적인 대안을 제시하는데, 공동체 안의 개인의 중요성을 강조한다.

공산주의자들은 인간 삶에서 공동체, 혹은 사회적 네트워크의 피할 수 없는 역할에 대해 지적한다. 예를 들어 그들은 공동체가 인식 과정에 필수적이라고 주장한다. 개인은 그들이 참여하고 있는 공동체가 중재하는 인식 구조의 방식을 따라 지식의 차원에 이르게 된다. 비슷하게 참여의 공동체는 어떤 형성 구조를 규정하는 데 중요하다. 개인적 정체성 의식은 개인적 내러티브를 말함으로 발전해 가는데, 그것은 우리가 참여하고 있는 공동체의 이야기 가운데 위치하는 내러티브이다.[4] 공동체는 그 구성원들에게 초월적 이야기(transcendent story)를 중재하는데, 그 이야기에는 덕, 공동의 선, 그리고 궁극적 의미의 전통을 담고 있다.[5]

우리는 아주 신중하게 현대 공산주의의 발견을 고려해 보아야 한다.[6] 그들은 위대한 성경의 주제를 강조하는 듯한데, 하나님의 프로그램의 목표는 가장 최고의 관점에서 공동체를 수립하는 데 있다.

포스트모던 세계에서 우리는 더 이상 모더니티의 인도를 따를 수는 없을 것이며, 중심되는 자리에 개인을 올려놓을 수도 없을 것이다. 대신

---

4) Robert Bellah et al., *Habits of the Heart: Individualism and Commitment in American Life* (Berkeley and Los Angeles: University of California Press, 1985), 81쪽을 보라. 역시 Alasdair MacIntyre, *After Virtue*, 2d ed. (Notre Dame, Ind.: University of Notre Dame Press, 1984), 221쪽도 참고하라.
5) George A. Lindbeck, "Confession and Community: An Israel-like View of the Church," *Christian Century* (9 May 1990): 495.
6) 예를 들어 이러한 내용을 좀 더 살펴보기 위해서는 Daniel A. Helminiak, "Human Solidarity and Collective Union in Christ," *Anglican Theological Review*, 70 (January 1988): 37쪽을 참고하라.
역주/ 저자가 여기에서 강조하는 공산주의 철학을 옹호하는 것이라기보다는 공동체성을 상실한 포스트모던 상황에서 공동체 가운데서의 개인에 대한 이야기를 강조한 내용으로 이해할 수 있다.

우리의 신앙은 대단히 사회적이라는 사실을 우리 자신이 기억해야 한다. 성부, 성자, 성령 삼위 하나님은 사회적 특성을 가지신 분(social Trinity)이라는 사실은 우리에게 창조를 위한 하나님의 목적은 서로 관계 가운데 있는 개인(individual-in-relationship)을 지향한다는 어떤 암시를 제공해 준다. 우리가 증거하는 복음은 사람들이 위치하고 있는 공동체의 상황 가운데 있는 인간에 대해 알려준다.

공동체에 대한 이러한 강조점과 함께 포스트모던 세계는 우리로 하여금 이 세상에 복음을 증거하려고 노력할 때 믿음의 공동체의 중요성을 인식할 수 있게 해준다. 다음 세대의 구성원은 말로 증거하는 복음에 대해서 그렇게 감동을 받지 않는다. 그들이 보기를 원하는 것은 전체적이고, 확실한, 그리고 치유의 관계성 가운데서 함께 어울려 살아가는 사람들을 보기를 원한다. 예수 그리스도와 사도들의 본보기에 초점을 맞추면서 포스트모던 시대의 기독교 복음은 다른 사람들은 그들 최고의 충성을 예수 그리스도 안에서 계시된 하나님께 돌리는 사람들의 공동체에 참여하도록 초청하게 될 것이다. 이렇게 초청하는 공동체에 참여하는 사람들은 그들이 나누는 친교 가운데서 그 복음을 구현해 보임으로써 다른 사람들을 그리스도께 인도하려고 해야 할 것이다.

탈이성주의적 복음

탈개인주의적이 된다는 것에 부가하여 기독교 복음에 대한 포스트모던적인 제시는 탈이성주의적 특성을 갖게 된다.

모더니티의 두 번째 중요한 특징은 이성을 아주 중요하게 생각한다는 것이다. 논리적 논증과 과학적 방법론에 대한 강조는 모던 이전(premodern)의 사람들을 재앙으로 몰아넣었던 거대한 미신으로부터 자유롭게 만들어주었다. 이러한 강조는 모던 사회를 세우는 데 필요한 도구를 우리들에게 제공해 주었는데, 그 사회의 구성원들에게 실로 많은 유익을 가져다주었다.

이성의 시대에 그리스도인들을 혼란스럽게 만들었던 믿음에 대한 도전에도 불구하고 기독교는 모던 세계에서 어떤 안식처를 발견할 수 있었다. 모던 시대의 복음주의자들은 이러한 과정에 큰 도움을 주었다. 그들은 기독교 신앙이 반드시 비이성적인 것이 아니라는 사실을 고통스럽게 그 시대 가운데 드러내었다. 모던 회의론자들에 대한 응답으로 그들은 기독교인이 되기 위해 이성적 사고는 다 내려놓고서야 신앙의 세계로 나아갈 수 있다고 생각하는 지적 자살(intellectual suicide)을 어느 누구도 감행할 필요는 없다는 사실을 담대하게 주장한다.

포스트모던 시대에 복음을 구현하는 것은 반지성적이 되어야 하고 계몽주의가 이룩한 것들은 다 던져 버려야만 할 필요는 없다. 모더니티에 대한 포스트모던 비판은 우리 인간성이 단지 우리의 인식적 차원만 구성하는 것은 아니라는 점을 반드시 상기시키는 데 필요한 도구가 되어야 한다. 우리는 지성적 존재이다. 그러나 우리는 아리스토텔레스가 인간을 '이성적 동물'이라고 한 것 이상의 차원으로 나아가야 한다. 지적인 숙고와 과학적 추구는 모든 실재의 차원과 연결될 수도 없고 하나님의 진리의 모든 측면을 발견할 수 있도록 인도해 주는 것은 아니라는 사실을 인식해야만 한다.

이것은 우리가 진리를 단순히 모더니티의 전형적 특징인 이성적 확실성(rational certainty)의 범주로 끌어내려서는 안 된다는 점을 의미한다. 기독교 신앙을 이해하고 설명하는 데 있어서 우리는 '신비'의 영역을 남겨두어야 한다. 그것은 이성적 차원에 대해서 비이성적 합성물로서가 아니라 하나님의 근본적 실재는 인간의 이성을 초월한다는 것을 일깨우는 것으로서의 신비이다. 그러므로 우리가 이성적인 상태로 남아 있다는 것은 우리가 증거하는 복음이 인간 존재의 지성적 차원에만 제한되어서는 안 된다는 말이다. 복음의 증거는 우리 인간 존재의 다른 차원도 함께 포함해야 한다.

포스트모던 상황에서 믿음을 통하여 사고하는 우리의 과제에 중심을 이루는 것은 진리, 혹은 명제에 대한 단언의 기능을 하는 재사고의 당위성이다. 이성적 담론의 근본적 중요성을 인식해야 한다. 그러나 우리 믿음의 이해는 기독교 진리를 옳은 교리 혹은 교리적 진리(doctrinal truth) 정도로 보는 명제론자의 접근에 고정되어 있어서는 안 된다.

우리는 포스트모던 사회 이론가들에게서 이러한 임무에 대한 도움을 얻을 수 있다. 이러한 사상가들은 모던 서구 사회의 사상의 개인주의적 토대를 가진 이성주의를 사회적으로, 언어적으로 구성된 것으로 그것을 바라보는 지식과 확신에 대한 이해로 대체하려고 시도하였다.[7] 그러한 방식을 따라 그들은 우리들 삶에 있어서 명제의 역할에 대한 도움이 되는 통찰력을 제공해 준다.

어떤 경험도 진공 상태에서 일어나는 것은 아니다. 우리가 가지고 오는 개념들 — '신뢰의 망'(web of belief) — 에 의해 촉진되는 해석으로부터 떨어져서 주어지는 변화도 없다. 반대로 경험과 해석적 개념은 상호 관련이 되어 있다. 우리의 개념은 삶 속에서 우리가 가지고 있는 경험의 이해를 촉진시키며 우리의 경험은 우리들의 삶에 대해 말할 때 우리가 도입하는 해석적 개념을 형성한다.

그리스도인이 된다는 것의 그 핵심에는 그리스도 안에서 우리를 지으시고 조성하신 하나님과의 개인적 만남의 사건이 놓여 있다. 이러한 만남을 기초로 하여 우리는 어떤 범주에 호소함으로 우리 개인적 삶의 나앙

---

7) Lindbeck, "Confession and Community," 495쪽을 보라.

한 영역을 이해할 수 있는 전체로 가지고 나아가기를 구하여야 한다. 이러한 것들 중에서 가장 현저한 것은 '죄'와 '은혜', '타락'과 '화해', '무력함'과 '하나님의 권능', '전에는 잃어버린 바 되었으나' '이제는 구원받음' 등이 현저하게 등장한다. 교리적 명제가 그 중요성을 발견하는 것은 삶의 변형을 가져오는 종교적 경험에 대한 이야기를 되뇌임을 통해 삶을 인식해 가는 상황 가운데 놓여 있다. 이와 같이 그리스도 안에서 하나님과의 만남은 본질적으로 명제적인 범주에 의해서 촉진되고 그 안에서 표현된다. 이러한 경험을 위한 요람을 형성하는 범주는 믿는 사람들이 삶의 모든 것을 볼 수 있도록 만들어주는 도표(grid)를 구성한다.

이와 같이 명제는 두 번째로 중요성을 가진다고 말할 수 있다. 그들은 회심 경험을 갖도록 도와주며 신앙인으로서의 새로운 지위로부터 일어난다. 결과적으로 복음을 선포하는 일에 있어서 우리의 목표는 다른 사람들에게 정확한 명제의 리스트를 제시하여 확신을 갖게 하는 데 있지 않다. 오히려 우리는 '죄'와 '은혜'와 같은 신학적 명제를 도입해야 하는데, 이것은 다른 사람들이 그리스도 안에서 하나님을 만나게 하기 위해서이며, 모든 생명을 위해 그러한 만남의 의미를 이해하기 위한 거대한 여정에 참여하는 것이다.

복음에 대한 포스트모던 설명은 탈이성주의적이어야 한다. 기독교 신앙의 중심 내용에 있어서 명제에 더 이상 초점을 맞추지 않는다. 대신에 그것은 심각하게 인간 경험의 지적 차원의 역할에 대한 역동적 이해와 삶을 이해하려는 우리의 시도를 신중하게 가져야 한다.

탈이원론적 복음

세 번째로 복음에 대한 포스트모던 설명은 역시 탈이원론적인 특성을 가져야 한다. 모던 이원론에 대한 포스트모던 비판으로부터 성경적 전체주의를 발전시키는 데 용기를 끌어낼 수 있어야 한다.

계몽주의 프로젝트는 실재에 대한 이해를 '정신'과 '사물'로 분립한 것 위에 세워졌다. 이러한 근본적인 이원론은 인간 존재를 '영'(생각하는 실체)과 '육'(육체적 실체)에 대한 계몽주의 관점에 영향을 미쳤다.

이러한 이원론이 기독교적 사고에 오랫동안 영향을 끼쳐 왔음은 부인할 수 없다. 계몽주의 조망에 영향을 받은 그리스도인들은 이원론적 복음으로 설명한다. 그들의 주요 관심은 영혼 구원에 있다. 그들은 '육체'에 대해서는 이차적으로 관심을 갖는데, 인간의 육체적 차원은 영원한 중요성을 갖지 않는다.

그러나 우리가 포스트모던 상황에서 사역하고 있다면 우리는 다음 세대가 점점 통일된 전체로서 인간 존재에 점점 관심을 기울이고 있다는 사실을 깨달아야 한다. 우리가 선포하는 복음은 인간 존재 전체에 증거되어야 한다. 이것은 이성적 특성을 벗어나 삶의 정서적, 혹은 감정적 차원에 보다 강조점을 두어야 한다는 의미가 아니다. 오히려 그것은 인간 존재 안에 육체적-감각적이어야 할 뿐만 아니라 감정적-정서적이어야 하고, 지성적-이성적 차원을 함께 가져야 한다. "스타 트랙 : 다음 세대"의 용어를 빌려 다른 말로 표현하면 우리 각자 안에서 카운슬러 트로이(Counselor Troi), 스포크(Spock) 혹은 다터(Data)가 상호 의존적이 되어야 함을 인식할 필요가 있다.

그러나 포스트모던 기독교 전체주의는 계몽주의 영향 하에서 산산이 조각났던 영과 육을 재결합하는 것 이상으로 나아갈 수 있어야 한다. 앞서 언급한 대로 복음은 우리를 형성하고 양육한 사회적, 환경적 상황 가운데로 인간 존재를 끌고 나아간다. 우리는 단지 고립된 개인으로 거해서도 안 될 뿐만 아니라 관계 가운데 있는 개인으로 거해야 한다.

우리의 인류학은 신중하게 성경적 진리를 끌어오는데, 우리의 정체성은 자연과의 관계성을 포함하며, 다른 사람과 하나님과의 관계성을 역시 포함한다. 결과적으로 우리 자신과의 진정한 관계를 포함한다. 이러한 모든 강조는 주님의 사역 가운데서 분명해지는데, 예수님은 전 존재, 관계성 가운데 있는 존재로 사람들에게 말씀을 전하셨고 돌보셨다.

탈지성 중심의 복음

마지막으로 복음에 대한 포스트모던 설명은 탈지성 중심이 되어야 할 것이다. 말하자면 우리의 복음은 우리 존재의 목표가 지식을 축적하는 것 이상의 것을 포함한다는 사실을 확인시켜 준다. 우리는 바른 교리의 목적은 '지혜'의 차원에 도달하기 위해 섬겨야 한다는 사실을 선언해야 한다.

계몽주의는 지식의 고양을 통해 인류에게 위대한 유산을 남겨준다. 그것은 지식에 대한 탐구에 있어서 인간의 노력에 초점을 맞추는데 지식은 본질적인 선으로서 간주되어 왔다.

대신 지식은 '하나의' 선(a good)이다. 계몽주의의 기독교 계승자들과 같이 우리는 다양한 형태로 하나님에 관한 지식을 발견하기 위한 지적 노력을 중심에 두어야 한다. 우리는 역시 바른 생각이 성화의 과정에 중요한 목표라는 것을 확인할 수 있다. 왜냐하면 우리는 바른 믿음, 바른 교리는 그리스도인의 삶에 있어서 절대로 필요하다는 사실을 확신하기 때문이다.

그러나 우리는 우리의 목표를 그 자체로 지식의 부를 축적하는 것에 제한해서는 안 된다. 또한 지식을 소유하는 것-그것이 성경적 지식이든 혹은 바른 교리에 대한 것이든-이 본질적으로 선한 것이라는 환상에 빠져 있어서도 안 된다. 바울은 고린도 교회 가운데 그러한 믿음을 가지고 있는 사람들에 대해 열렬하게 반대한다(고전 8:1). 지식은 좋은 결과를 촉진할 때만 선한 것이다. 특히 그것은 사람들 가운데 지혜(혹은 영성)를 고양하는 것일 때 그러하다.

탈지성 중심의 기독교 복음은 삶의 모든 차원에서의 믿음의 상관성을 강조한다. 단지 지성적 노력에 안주하는 것, 바른 명제에 이르기 위한 차원에서 그리스도께서 헌신하는 것을 거부한다. 그리스도에 대한 헌신은 역시 마음(heart)에서 이루어지는 것이 되어야 한다. 사실 포스트모던 세계는 바른 머리는 바른 가슴으로부터 그렇게 멀리 떨어져 있지 않다는 옛 경건주의자들의 확신을 재평가하도록 이끌어준다. 기독교 복음은 우리의 지적 차원의 헌신의 재구성뿐만 아니라 우리의 인격의 변형과 믿는 사람으로서의 우리들 전체 삶의 갱신에 대해 관심을 갖는다.

끝으로 탈지성 중심의 복음은 행동(activism)과 침묵(quietism)의 적절한 배열을 권장한다. 우리는 이제 더 이상 모던 시대의 조망을 따를 수 없다. 그것은 영성의 단순한 척도로서 명백한 행위, 행동, 혹은 특별한 결정을 중요하게 여겼다. 끝으로 이러한 강조는 영적 건조함과 소진으로 이끌어간다. 포스트모던 에토스는 행동은 내적 자원으로부터 일어나야 한다고 명확하게 이해한다. 포스트모던 복음은 성령님의 자원으로부터 흘러나올 때 우리가 바른 행동을 견지할 수 있을 것이라고 우리에게 깨우쳐 준다.

이러한 초점은 우리로 하여금 지식의 부차적 역할로 돌아가게 한다. 믿음은 우리의 행동을 형성하기 때문에 중요하다. 우리의 근본적 믿음의 구조는 우리의 행동에 영향을 미친다. 그리스도인으로서 우리는 우리의 삶 속에서 하나님을 기쁘시게 하는 삶을 위한 지혜를 얻기 '위해서는' 지식을 얻는 것과 바른 교리를 견지하는 일에 관심을 가져야 한다.

많은 의견이 주어지면서 우리 사회는 기념비적인 변환에 몰두하고 있는데, 모더니티에서 포스트모더니티로의 움직임이 그것이다. 그것이 도움이 되기도 하고 해가 되기도 했는데, 다음 세대-"스타 트랙 : 다음 세대"의 세계에 속한 사람들이며 그 계승자들인-는 포스트모던 정신의 많은 측면과 함께 널리 확대되고 있다. 우리의 임무는 모더니즘을 변호하거나 지적 흐름을 계몽주의로 돌리는 것이 아니다. 오히려 우리는 새로운 지적 기상도를 이해할 것과 기독교적인 시각으로 그것을 바라볼 것을 요청받고 있다.

이러한 프로젝트는 포스트모던 에토스의 강점과 약점을 평가하기 위하여 우리의 믿음의 도구를 사용하는 것을 포함한다. 포스트모더니즘은 많은 요소로 함축하여 정리할 수 있다. 그러므로 우리는 단순히 '시대와 함께 움직이는 것' 도 아니며 최근의 지적 경향을 무비판적으로 받아들이자는 것도 아니다. 동시에 포스트모더니즘에 대한 비판적 참여는 전체적 시대정신을 단순히 거부하는 것으로 끝나지 않는다. 우리의 비판적 숙고는 우리를 포스트모던 시대를 사는 사람들의 가슴에 전해야 할 복음의 윤곽을 결정하도록 이끌어간다. 우리는 기독교 신앙을 다음 세대에 어떻게 하면 가장 잘 설명해 줄 수 있을 것인지를 분간해야 하기 때문에 포스트모더니즘에 참여해야만 한다.

예수 그리스도의 복음은 인간의 마음을 되돌이키게 하는 힘을 가지고 각 시대를 지내왔다. 오늘날 이 복음은 포스트모던 세대의 갈망에 대한 해답이다. 그리스도의 제자들로서 우리의 임무는 결코 변치 않는 복된 소식, 구원을 가져오는 복된 소식을 새롭게 대두되는 세대가 이해할 수 있는 방식으로 구현하고 설명하는 것이다. 오직 그때 우리는 모든 인간 삶에 진정한 의미를 가져다주었던 삼위 하나님과의 삶을 변화시키는 만남을 그들이 경험할 수 있도록 하기 위한 성령님의 도구가 될 수 있을 것이다.

참고문헌

Allen, Diogenes, *Christian Belief in a Postmodern World: The Full Wealth of Conviction*, Louisville: Westminster/John Knox Press, 1989.

Altizer, Thomas J. J, and William Hamilton, *Radical Theology and the Death of God*, Indianapolis: Bobbs-Merrill, 1966.

Anderson, Walter Truett, *Reality Isn't What It Used to Be: Theatrical Politics, Ready-to-Wear Religion, Global Myths, Primitive Chic, and Other Wonders of the Post-modern World*, San Francisco: Harper & Row, 1990.

Artaud, Antonin, "The Theatre of Cruelty: Second Manifesto," *The Theatre and Its Double*, trans. Victor Corti, London: Calder & Boyers, 1970.

Barber, Benjamin, "Jihad vs. McWorld," *Atlantic Monthly* (March 1992): 53-63.

Barth, John, "The Literature of Replenishment, Postmodernist

Fiction," *Atlantic Monthly* (January 1980): 65-71

Barthes, Roland, *The Pleasure of the Text*, trans. Richard Miller, New York: Hill & Wang, 1975.

Baynes, Kenneth, James Bohman and Thomas McCarthy, eds., *After Philosophy: End of Transformation?*, Cambridge: MIT Press, 1987.

Becker, Carl L., *The Heavenly City of the Eighteenth-Century Philosophers*, New Haven: Yale University Press, 1932.

Bellah, Robert, et al., *Habits of the Heart: Individualism and Commitment in American Life*, Berkeley and Los Angeles: University of California Press, 1985.

Benamou, Michel and Charles Caramello, eds., "Presence at Play," *Performance in Postmodern Culture*, ed. Michel Benamou and Charles Caramello, Milwaukee: Center for Twentieth Century Studies, 1977.

Benjamin, Walter, "The Work of Art in the Age of Mechanical Reproduction," *Illuminations*, trans. Harry Zohn, ed. Hannah Arndt, London: Fontana, 1970.

Benveniste, Emile, *Problems in General Linguistics*, trans. Mary Elizabeth Meek, Coral Cables, FL: University of Miami Press, 1971.

Berlin, Isaiah, *The Age of Enlightenment: The Eighteenth Century Philosophers*, New York: New American Library, Mentor Books, 1956.

Bohm, David, "Postmodern Science and a Postmodern World," *The Reenchantment of Science: Postmodern Proposals*, ed. David Ray Griffin, Albany: State University of New York Press, 1988.
Burnham, Frederic B., ed., *Postmodern Theology: Christian Faith in a Pluralist World*, San Francisco: Harper & Row, 1989.

Clive, Geoffrey, *The Philosophy of Nietzsche*, New York: Mentor Books, 1965.

Connor, Steven, *Postmodernist Culture: An In troduction to Theories of the Contemporary*, Oxford: Basil Blackwell, 1989.

Conrads, Ulrich, eds., *Programmes and Manifestos on Twentieth-Century Architecture*, trans. Michael Bullock, London: Lund Humphries, 1970.

Crimp, Douglas, "The Photographic Activity of Postmodernism," *October* 15(Winter 1980): 91-101.

_____, "On the Museum's Ruins," *The Anti-Aesthetic: Essay on Postmodern Culture*, ed. Hal Foster, Port Townsend, Wash: Bay Press, 1983.

Culler, Jonathan, *On Destruction: Theory and Criticism after Structuralism*, Ithaca, NY: Cornell University Press, 1982.

_____, *Structuralist Poetics: Structuralism, Linguistics, and the Study of Literature*, Ithaca, NY: Cornell University Press, 1975.

Davaney, Sheila Greeve, eds., *Theology at the End of Modernity: Essays in Honor of Gordon D. Kaufman*, Philadelphia: Trinity Press International, 1991.

de Santillana, Giorgio, *The Age of Adventure: The Renaissance Philosophers*, New York: New American Library of Workd Literature, 1956.

Derrida, Jacques, *A Derrida Reader: Between the Blinds*, ed. Peggy Kamuf, New York: Columbia University Press, 1991.

_____, *Structuralist Poetics: Structuralism, Linguistics, and the Study of Literature*, Ithaca, NY: Cornell University Press, 1975.

_____, *Of Grammatology*, trans. Gaytri Chakravorty Spivak, Baltimore: Johns Hopkins University Press, 1976.

_____, *Margins of Philosophy*, trans. Alan Bass, Chicago: University of Chicago Press, 1982.

_____, *Positions*, trans. Alan Bass, Chicago: University of Chicago Press, 1981.

_____, "Signature Event Context," *Margins of Philosophy*, trans. Alan Bass, Chicago: University of Chicago Press, 1982.

_____, *Writing and Difference*, trans. Alan Bass, Chicago: University of Chicago Press, 1978.

Descartes, René, *Discourse on the Method*, part 4, trans. Laurence J. Lafleur, Indianapolis: Bonns-Merrill, 1960.

_____, *The Philosophical Works of Descartes*, trans. Elizabeth S. Haldane and G. R. T. Ross, New York: Dover Publications, 1931.

Dilthey, Wilhelm, *Dilthey: Selected Writings*, ed. H. P. Rickman, Cambridge: Cambridge University Press, 1976.

Diogenes, Allen, *Christian Belief in a Postmodern World: The Full Wealth of Conviction*, Louisville: Westminster/John Knox, 1989.

Dockery, David, ed., *The Challenge of Postmodernism: An Evangelical Engagement*, Wheaton: BridgePoint, 1995.

Dort, Bernard, "The Liberated Performance," trans. Barbara Kerslake, in *Modern Drama*, 25 (1982).

Eagleton, Terry, "Awakening from Modernity," *Times Literary Supplement* (20 February 1987).

_____, *Literary Theory: An Introduction*, Minneapolis: University of Minnesota Press, 1983.

Eco, Umberto, "Postmodernism, Irony, the Enjoyable," *Postscript to 'The Name of the Rose*," New York: Harcourt Brace Jovanovich, 1984.

Eribon, Didier, *Michel Foucault*, trans. Betsy Wing, Cambridge:

Harvard University Press, 1991.

Ferre, Frederick, *Hellfire and Lighting Rods: Liberating Science, Technology, and Religion*, Maryknoll, NY: Orbis Books, 1993.

Fichte, Johann, *Science of Knowledge*, trans. Peter Heath and John Lachs, New York: Appleton-Century-Crofts, 1970.

Fiedler, Leslie A., "The New Mutants," *The Collected Essays of Leslie Fiedler*, vol. 2, New York: Stein & Day, 1971.

Foster, Hal, ed., *The Anti-Aestetic: Essays on Posmodern Culture*, Port Townsend, WA: Bay Press, 1983.

Foucault, Michel, *The Archaeology of Knowledge and Discourse on Language*, trans. A. M. Sheridan Smith, New York: Pantheon Books, 1972.

_____, *Discipline and Punish: The Birth of the Prison*, trans. Alan Sheridan, New York: Pantheon Books, 1977.

_____, *The Foucault Reader*, ed. Paul Rainbow, New York: Pantheon Books, 1984.

_____, *Language, Counter-Memory, and Practice: Selected Essays and Interviews*, trans. Donald F. Bouchard and Sherry Simon, Ithaca, NY: Cornell University Press, 1977.

_____, "Questions of Method: An Interview with Michel Foucault," *After Philosophy: End of Transformation?*, ed. Kenneth Baynes, James Bohman and Thomas McCarthy, Cambridge: MIT Press, 1987.

_____, "The Minimalist Self," *Politics, Philosophy, Culture: Interview and Others Writings, 1977-1984*, ed. Lawrence D. Kritzman, trans. Alan Sheridan, et al, New York: Routledge, 1988.

_____, "The Order of Discourse," *Untying the Text: A Post-struct-*

uralist Reader, ed. Robert Young, London: Routledge & Kegan Paul, 1981.

_____, *The Order of Things: An Archaeology of the Human Sciences*, New York: Pantheon Books, 1971.

_____, "Truth and Power," *Power/Knowledge: Selected Interviews and Other Writings, 1972-1977*, trans. Colin Gordon, Leo Marshall, John Mepham, and Kate Soper, New York: Pantheon Books, 1980.

_____, "What Is an Auther?" *Textual Strategies Perspectives in Post-Structuralist Criticism*, ed. Josue V. Harar, Ithaca, NY: Cornell University Press, 1979.

Foucault, Michel, *The Use of Pleasure*, Volum 2 of The History of Sexuality, trans. Robert Hurley, New York: Pantheon Books, 1985.

Frascina, Francis, ed., *Pollock and After: The Critical Debate*, London: Harper & Row, 1985.

Gadamer, Hans-Georg, *Truth and Method*, trans. Garrett Barden and John Cumming, New York: Crossroad, 1984.

Garvin, Harry R. ed., *Romanticism, Modernism, Post-modernism*, Lewisburg, PA: Buck-nell University Press, 1980.

Gelder, Craig Van, "Postmodernism as an Emerging Worldview," *Calvin Theological Journal*, vol. 26(1999).

Gonzales, Justo L., *A History of Christian Thought*, Nashville: Abingdon Press, 1970.

Greenberg, Clement, "Modernist Painting," *Postmodern Perspectives: Issues in Contemporary Art*, ed. Howard Risatti, Englewood Cliffs: Prentice Hall, 1990.

_____, "Towards a Newer Laocoon," *Pollock and After: The Critical*

Debate, ed. Francis Frascina, London: Harper & Row, 1985.

Grenz, Stanley J., *Revisioning Evangelical Theology*, Downers Grove, IL: InterVarsity Press, 1992.

Grenz, Stanley J. and Roger E. Olson, *Twentieth-Century Theology: God and the World in a Transitional Age*, Downers Grove, IL: InterVarsity Press, 1992.

Griffin, David Ray, *God and Religion in the Postmodern World: Essays in Postmodern Theology*, Albany, NY: State University of New York Press, 1989.

_____, ed., *The Reenchantment of Science: Postmodern Proposals*, Albany, NY: State University of New York Press, 1988.

Grossberg, Lawrence, "The In-Difference of Television," *Screen*, 28/2 (Spring 1987): 28-45.

Hampshire, Stuart, *The Age of Reason: Seventeenth Century Philosophers*, New York: New Americaman Library, 1956.

Hassan, Ihab, *The Dismemberment of Orpheus: Towards a Postmodern Literature*, New York: Oxford University Press, 1971.

_____, "The Question of Postmodernism," *Romanticism, Modernism, Postmodernism*, ed. Harry R. Garvin, Toronto: Bucknell University Press, 1980.

Hedwick, Klaus, "The Philosophical Presuppositions of Postmodernity," *Communio* 17: 167-80 (Summer 1990).

Heidegger, Martin, *An Introduction to Metaphysics*, trans. Ralph Manheim, New York: Doubleday-Anchor, 1961

_____, *Basic Problems of Phenomenology*, trans. Albert Hofstadter, Bloomington, IN: Indiana University Press, 1982.

_____, *Being and Time*, trans. John Macquarrie and Edward Robinson, New York: Harper & Row, 1962.

Heidegger, Martin, *Discourse on Thinking*, trans. John M. Anderson and E. Hans Freund, New York : Harper & Row, 1966.

_____, "Letter on Humanism," *Basic Writings*, ed. David Farrell Krell, New York: Harper & Row, 1977.

_____, "Metaphysics as History of Being," *The End of Philosophy*, trans. Joan Stambaugh, New York: Harper & Row, 1973.

_____, *Poetry, Language, Thought*, trans. Albert Hofstadter, New York: Harper & Row, 1971.

_____, *An Introduction to Metaphysics*, trans. Ralph Manheim, Garden City, NY: Doubleday/Anchor, 1961.

_____, *On Time and Being*, trans. Joan Stambaugh, New York: Harper & Row, 1972.

_____, "The Essence of Language," *On the Way to Language*, trans. Peter D. Hertz, New York: Harper & Row, 1971.

_____, "The Word of Nietzsche: 'God Is Dead,'" *"The Question concerning Technology" and Other Essays*, trans. William Lovitt, New York: Harper & Row, 1977.

_____, *What Is Called Thinking?*, trans. Fred D. Wieck and J. Glenn Gray, New York: Harper & Row, 1968.

Helminiak, Daniel A., "Human Solidarity and Collective Union in Christ", *Anglican Theological Review*, 70/1 (January 1988): 34-59.

Hodges, H. A., *The Philosophy of Wilhelm Dilthey*, London: Routledge & Kegan Paul, 1952, Reprint edition, Westport, CN: Greenwood Press, 1974.

Holdcroft, David, *Saussure: Signs, System, and Arbitrariness*, Cambridge: Cambridge University Press, 1991.

Ingleby, Jonathan, "Two Cheers for Postmodernism," *Third Way*, 15/4

(May 1992): 24-27

Jameson, Fredic, "Postmodernism and Consumer Society," *The Anti-Aesthetic: Essays on Postmodern Culture*, ed. Hal Foster, Port Townsend: Bay Press, 1983.

Jencks, Charles A., *The Language of Post-Modern Architecture*, 4th ed., London: Academy Editions, 1984.

_____, ed., *The Post-Modern Reader*, New York: St. Martin's Press, 1992.

_____, ed., *What Is Post-Modernism?*, 3rd ed. New York: St. Martin's Press, 1989.

_____, ed., *The Post-Avant-Garde: Paining in the Eighties*, London: Academy Editions, 1987.

Kant, Immanuel, *Critique of Pure Reason*, trans. Norman Kemp Smith, New York: St. Martin's Press, 1929

_____, *Foundations of the Metaphysics of Morals*, New York: Liberal Arts Press, 1959.

_____, *Fundamental Principles of the Metaphysic*, trans. Thomas K. Abbott, Indianapolis: Bobbs-Merrill, 1949.

_____, *Prolegomena to Any Future Metaphysics*, trans. and ed. Paul Carus, Peru, IL: Open Court, 1967.

Kee, James M., "Postmodern Thinking and the Status of the Religions," *Religion and Literature*, 22/2-3 (Summer-Autumn, 1990): 47-60.

Kroker, Arthur and David Cook, *The Postmodern Scene: Excremental Culture and Hyper-Aesthetics*, New York: St. Martin's Press, 1986.

Kroker, Arthur, Marilouise Kroker, and David Cook, "Panic Alphabet," *Panic Encyclopedia: The Definitive Guide to the Postmodern*

Scene, Montreal: New World Perspective, 1989.

Kuhn, Thomas S., *The Structure of Scientific Revolutions*, 2nd ed., Chicago: University of Chicago Press, 1970.

Lawson, Hilary, "Stories about Stories," *Dismantling Truth: Reality in the Post-Modern World*, ed. Hilary Lawson and Lisa Appignanesi, New York: St. Martin's Press, 1989.

_____, *Reflexivity: The Post-Modern Predicament*, London: Hutchinson, 1985.

Lawson, Hilary, and Lisa Appignanes, eds., *Dismantling Truth: Reality in the Post-Modern World*, New York: St. Martin's Press, 1989.

Lemert, Charles C. and Garth Gillan, *Michel Foucault: Social Theory as Transgression*, New York: Columbia University Press, 1982.

Lentricchia, Frank, *After the New Criticism*, Chicago: University of Chicago Press, 1980.

_____, *Structuralist Poetics: Structuralism, Linguistics, and the Study of Literature*, Ithaca, NY: Cornell University Press, 1975.

Levinas, Emmaunel, *Existence and Existents*, trans. Alphonso Lingis. The Hague: Martinus Nijhoff, 1978.

Levi-Straus, Claude, *The Savage Mind*, Chicago: University of Chicago Press, 1966.

Lindbeck, George A., "Confession and Community: An Israel-like View of the Church," *Christian Century*, 107/16 (May 9, 1990): 492-96.

Luecke, Richard, "The Oral, the Local and the Timely," *Christian Century*, 107/27 (October 3, 1990): 875-78.

Lyotard, JeanFrancois, *The Postmodern Condition: A Report on Knowledge*, trans. Geoff Bennington and Brian Massumi, Minneapolis: University of Minnesota Press, 1984.

MacIntyre, Alasdair, *After Virtue*, 2nd ed., Notre Dame, IN: University of Notre Dame Press, 1984.

MacIver, R. M., *The Web of Government*, New York: Macmillan, 1947.

Macksey, Richard and Eugenio Donato, eds., *The Structuralist Controversy: The Language of Criticism and the Sciences of Man*, Baltimore : The Johns Hopkins University Press, 1972.

Marsden, George M., eds., "Evangelicals, History, and Modernity," *Evangelicalism and Modern America*, Grand Rapids, MI: William B. Eerdmans, 1984.

Matthews, Robert, *Unravelling the Mind of God: Mysteries at the Frontier of Science*, London: Virgin Books, 1992.

McFague, Sallie, *Metaphorical Theology: Models of God in Religious Language*, Philadelphia: Fortress Press, 1982.

McGiffert, Arthur Cushman, *Protestant Thought before Kant*, London: Duckworth, 1911.

McHale, Brian, *Postmodernist Fiction*, New York: Methuen, 1987.

Mead, George H. *Movements of Thought in the Nineteenth Century*, ed. Merritt H., Moore, Chicago: University of Chicago Press, 1936.

Megill, Allan, *Prophets of Extremity: Nietzsche, Heidegger, Foucault, Derrida*, Berkeley University of California Press, 1985.

Miller, James B., "The Emerging Postmodern World," *Postmodern Theology: Christian Faith in a Pluralist World*, San Franci-sco: Harper & Row, 1989.

_____, *The Passion of Michel Foucault*, New York: Simon & Schuster, 1993.

Moore, Charles, *Conversations with Architects*, eds. John Cook and Heinrich Klotz, New York: Praeger, 1973.

Nagel, Thomas, *The View from Nowhere*, New York: Oxford

University Press, 1986.

Nietzsche, Friedrich, *Beyond Good and Evil*, trans. Helen Zimmern, in *The Philosophy of Nietzsche,* New York: Random House, 1937.

_____, *The Birth of Tragedy and the Case of Wagner*, trans. Walter Kaufmann, New York: Vintage Books, 1967.

_____, *The Complete Works of Friedrich Nietzsche*, ed. Oscar Levy, New York: Russell & Russell, 1964.

_____, *The Philosophy of Nietzsche*, trans. Thomas Common, et al., New York: Modern Library, 1937.

_____, "On Truth and Lie in an Extra-Moral Sense," *The Portable Nietzsche*, ed. and trans. Walter Kaufmann, New York: Penguin Books, 1976.

_____, *The Gay Science*, trans. Walter Kaufmann, New York: Random House, 1974.

_____, *The Will to Power*, trans. Walter Kaufmann and R. J. Holling-dale, ed. Walter Kaufmann, New York: Random House, 1967.

Norris, Christopher, *Derrida*, Cambridge: Harvard University Press, 1987.

_____, *What's Wrong with Postmodernism: Critical Theory and the Ends of Philosophy*, Baltimore: The Johns Hopkins University Press, 1990.

O'Hara, Daniel T. ed., *Why Nietzsche Now?*, Bloomington, IN: Indiana University Press, 1985.

Passmore, John, *A Hundred Years of Philosophy*, London: Gerald Duckworth, 1957.

Pavis, Patrice, "The Classical Heritage of Modern Drama: The Case of Postmodern Theatre," trans. Loren Kruger, *Modern Drama*, 29/1

(March 1986): 1-22.

Pearcey, Nancey R. and Charles B. Thaxton, *The Soul of Science: A Christian Map to the Scientific Landscape*, Wheaton, IL: Crossway Books, 1994.

Peggy Kaumf ed., *A Derrida Reader: Between the Blinds*, New York: Columbia University Press, 1991.

Percesepe, Gary John, "The Unbearable Lightness of Being Postmodern," *Christian Scholar's Review*, 20/2 (December 1990): 118-35.

Peters, Ted, "Toward Postmodern Theology," *Dialog*, 24/3 (Summer 1985): 221-26.

Placher, William C., *A History of Christian Theology*, Philadelphia: Westminster Press, 1983.

Portoghesi, Paolo, *After Modern Architecture*, trans. Meg Shore, New York: Rizzoli, 1982.

Postman, Neil, *Amusing Ourselves to Death: Public Discourse in the Age of Show Business*, New York: Viking Press, 1985.

_____, *Technolopoly: The Surrender of Culture to Technology*, New York: Vintage Books, 1992.

Putnam, Hilary, *Reason, Truth, and History*, Cambridge: Cambridge University Press, 1981.

Rabinow, Paul, ed., *The Foucault Reader*, New York: Pantheon Books, 1984.

Reese, Hilary, *Dictionary of Philosophy and Religion*, Atlantic Highlands, NJ: Humanities Press, 1980.

Risatti, Howard ed., *Postmodern Perspectives: Issues in Contemporay Art*, Englewood Cliffs, NJ: Prentice-Hall, 1990.

Rorty, Richard, "Introduction: Pragmatism and Post-Nietzschean

Philosophy," *Essays on Heidegger and Others*, Cambridge: Cambridge University Press, 1991.

_____, "The Contingency of Community," *Lodon Review of Books* 8/13 (24 July 1986): 10-14.

_____, "Introduction," John P. Murphy, *Pragmatism: From Peirce to Davidson*, Boulder: Westview Press, 1990.

_____, *Philosophy and the Mirror of Nature*, Princeton: Princeton University Press, 1979.

_____, *Objectivity, Relativism, and Truth*, Cambridge: Cambridge University Press, 1991.

_____, *The Consequences of Pragmatism*, Minneapolis: University of Minnesota Press, 1982.

Rose, Margaret A., *The Post-Modern and the Post-Industrial: A Critical Analysis*, Cambridge: Cambridge University Press, 1991.

Ryle, Gilbert, *The Concept of Mind*, New York: Barnes & Noble, 1949.

Said, Edward W., "Michel Foucault, 1926-1984," *After Foucault: Humanist Knowledge, Postmodern Challenges*, ed. Jonathan Arac, New Brunswick, NJ: Rutgers University Press, 1988.

_____, *Beginning: Intention and Method*, New York: Basic Books, 1975.

Santillana, Giorgio de, *The Age of Adventure*, New York: New American Library of World Literature, 1956.

Saussure, Ferdinand de, *Course in General Linguistics*, eds. Charles Bally, Albert Sechehaye, and Albert Riedlinger, trans. Wade Baskin, New York: Philosophical Library, 1959.

Sayre, Henry, "The Object of Performance: Aesthetics in the Seventies," *Georgia Review,* 37/1 (1983): 169-88.

Scharlemann, Robert P., ed., *Theology at the End of the Century: A*

Dialogue on the Postmodern, Charlottesville: University Press of Virginia, 1990.

Schleiermacher, F. D. E., *Hermeneutics: The Handwritten Manuscripts*, American Academy of Religion Texts and Translation Series 1, ed. Heinz Kimmerle, trans. James Duke and Jack Forstman, Atlanta: Scholars Press, 1977.

Solomon, Robert C., *Continental Philosophy since 1750: The Rise and Fall of Self*, Oxford: Oxford University Press, 1988.

Spanis, William V., ed., *Martin Heidegger and the Question of Literature: Toward a Postmodern Literary Hermeneutics*, Bloomington, IN: Indiana University Press, 1979.

Sprentnak, Charlene, *States of Grace: The Recovery of Meaning in the Postmodern Age*, San Francisco: Harper San Francisco, 1991.

Taylor, Mark C., *Deconstructing Theology*, New York: Crossroad, 1982.

_____, *Theology at the End of Modernity: Essays in Honor of Gordon D. Kaufman*, ed. Sheila Greeve Davaney, Philadelphia: Trinity Press International, 1991.

Tillich, Paul, *A History of Christian Thought*, New York: Simon & Schuster, 1968.

Todorov, Tzvetan, *Grammaire du Decmeron*, The Hague: Mouton, 1969.

Ulmer, Gregory L., *Applied Grammatology: Post(e)-Pedagogy from Jacques Derrida to Joseph Beuys*, Baltimore: John Hopkins University Press, 1985.

Van Gelder, Craig, "Postmodernism as Emerging Worldview," *Calvin Theological Journal*, 26/2 (1991): 412-17

Venturi, Robert, *Learning from Las Vegas*, Revised edition, Cambridge:

MIT Press, 1976.

West, Cornel, "Nietzsche's Prefiguration of Postmodern American Philosophy," *Why Nietzsche Now?*, ed. Daniel T. O'Hara, Bloomington, IN: Indiana University Press, 1985.

Westphal, Merold, *Suspicion and Faith: The Religious Uses of Modern Atheism*, Grand Rapids: William B. Eerdmans, 1993.

_____, "The Ostrich and the Boogeyman: Placing Postmodernism," *Christian Scholar's Review*, 20/2 (December 1990): 114-17.

Wilhelm Dilthey, *Selected Writings*, ed. H. P. Rickman, Cambridge: Cambridge University Press, 1976.

William V. Spanos, "Heidegger, Kierkegaard and the Hermeneutic Circle: Towards a Postmodern Theory of Interpretation as Discourse," *Martin Heidegger and the Question of Literature toward a Postmodern Literary Hermeneutics*, ed. William V. Spanos, Bloomington: Indiana University Press, 1979.

Wittgenstein, Ludwig, *Philosophical Investigations*, trans. G. E. M. Anscombe, Oxford: Basil Blackwell, 1953.

_____, *Tractatus Logico-Philosophicus*, trans. D. F. Pears and B. F. McGuinness, London: Routledge & Kegan Paul, 1961.

Wolterstorff, Nicholas, *Reason within the Bound of Religion*, 2d ed., Grand Rapids: William B. Eerdmans, 1984.

Wyschogrod, Edith, *Saints and Postmodernism: Revisioning Moral Philosophy*, Chicago: University of Chicago Press, 1990.

Young, Robert, ed., *Untying the Text: A Post-Structuralist Reader*, London : Routledge & Kegan, Paul, 1981.

색인

가다머, 한스-게오르그(Hans-Georg Gadamer) 192, 202, 203, 206, 207
가치의 일면성, 다면성 62, 63, 67
갈릴레오 109, 110, 132
개념적 상황 219
개념 체계(conceptual frameworks) 167
객관적 세계(objective world) 93, 94
객관주의자, 객관주의자 관점 94, 95, 97
거대 내러티브, 거대 담론(grand narrative) 102, 103
결합 이론(coherence theory) 275
경건주의 289
경험의 수집가(collectors of experiences) 89
계몽주의(Enlightenment) 28, 30, 31, 32, 33, 37, 90 123, 125, 126, 130, 131,
　　　　　　　161, 168, 169, 174, 179, 195, 219, 222, 231, 239, 306
　　　계몽주의 가설 239

계몽주의 사고방식 138
계몽주의 사상가 139, 140
계몽주의 신화(Enlightenment myth) 37
계몽주의 이상 98
계몽주의 인류학 128, 141
계몽주의 인식론 213, 295
계몽주의 프로젝트(Enlightenment project) 29, 30, 32, 93, 136, 160, 221, 222 291, 305
계몽주의 확신(Enlightenment belief) 58
계산적 사고(calculative thinking) 198

계시종교 143, 144
계통학(genealogy) 244, 245, 247, 249, 253, 265
『과학 혁명의 구조』(The Structure of Scientific Revolutions) 117
공시적 212
　　공시적 언어 214
　　공시적 언어학 213
과학의 종말 104
과학적 모험심(scientific enterprise) 105
과학적 혁명 135
관계의 시스템 215
관점주의(perspectivism) 176
『광기와 문명』(Madness and Civilization) 230
교섭(communion) 205
교화 철학(edifying philosophy) 36, 276
구성주의자(constructionist), 구성주의자 관점 94
구조주의(structuralism) 34, 211, 216, 217, 221, 222, 233
　　구조주의 언어학 213, 219
국제적 사회주의(international socialism) 102

권력에로의 의지 174, 175, 177
그로피우스, 월터(Walter Gropius) 63
그린버그, 클레멘트(Clement Greenberg) 66
근본적인 가정(fundamental assumption) 95
기계론적 모델 110
기계적 이해(mechanistic understanding) 110
기의, 기표 214, 234, 255, 259, 263
기호문화(taste culture) 57
기호학(semiology) 215
꼬르뷔제(Corbusian), 꼬르뷔제 건축 양식 65

낭만주의 철학자 171
내러티브 101, 102, 105, 280, 294, 300
노예 도덕성 176
논리 실증주의 209
『논리-철학 논고』(*Tractatus Logico-Philosophicus*) 209
뉴턴, 아이작(Isaac Newton) 29, 109, 110, 136, 137
니체, 프리드리히(Friedrich Nietzsche) 34, 159, 168, 173, 178, 181, 202, 208, 237

담론(discourse) 235, 240, 241
대안적 개념 체계(alternative conceptual frameworks) 167
대응이론(correspondence theory) 94, 292
대중문화 현상 77
데리다, 자크(Jacques Derrida) 35, 67, 73, 226, 250, 252, 255, 258, 261, 262, 263, 264, 266, 268, 269, 273, 292
데카르트, 르네(René Descartes) 131, 133, 134, 137, 156, 161, 162, 163, 206,

207, 281

도덕적 비틀림(moral twist) 35

도커리, 데이빗(David Dockery) 12

듀앙-콰인 테제(Duheim-Quine thesis) 118

듀이, 존(John Dewey) 271, 275

디페랑스 258, 260, 261

디페레 258

딜타이, 빌헬름(Dilthey Wilhelm) 187, 191

라이트, 프랭크 로이드(Frank Lloyd Wright) 62

라캉, 자크(Jacques Lacan) 234

라플러, 로렌스(Laurence J. Lafleur) 131

랑그(langue) 212, 217, 219

랏즈, 데이빗(David Lodge) 75

레비-스트라우스, 클라우드(Claude Lêvi-Strauss) 219, 220

레빈, 세리(Sherrie Levine) 69

레싱, 고트홀드(Gotthold Lessing) 147

로고스 중심주의 253, 255, 256, 266, 286, 293

로우슨, 힐러리(Hilary Lawson) 99

로크, 존(John Locke) 141, 144, 149

로티, 리처드(Richard Rorty) 36, 226, 270, 273, 275, 277, 278, 280, 281, 283, 285, 287, 292

르네상스 122, 123

리요타르, 장-프랑수아(Jean-Francois Lyotard) 91, 104, 294

릴, 길버트(Gilbert Ryle) 163

마르크스, 칼 247

마아즈덴, 조지(George Marsden) 41

맥쿼리, 쟌(John Macquarrie) 192

맥패규, 샐리(Sallie Mcfague) 27

메타 내러티브 101, 107, 292, 294, 295

메타 언어 106

명상적 사고(meditative thinking) 198

모더니즘 226

    모더니즘의 보편성(universality) 65

    모더니즘의 사고(modern mentality) 122

    모더니즘 인식론 297

    모더니티(modernity) 26, 29, 32, 41, 125, 146, 208, 300

    모던 건축, 모던 건축학 64

    모던 사고방식(mind-set) 45

    모던 유토피아적 이상주의(utopianism) 62

목적인(telos) 136

몽타주 기법 67

무어, 찰스(Charles Moore) 65

문자학(grammatology) 262

문학 비평 217

문화 다원론(cultural pluralism) 286

문화적 구성(cultural constructions) 99

문화적 상대성(cultural relativity) 116

문화적 에토스 14

문화적 표현(cultural expressions) 46

문화적 현상(cultural phenomenon) 53

미학적 메타 비평(aesthetic metacritique) 173

바르트, 롤랑(Roland Gerard Barthes) 234

바테스, 롤랜드(Roland Barthes) 218

반토대주의자(antifoundationalist) 283, 284

번역자 217

베르린, 아이자이아(Isaiah Berlin) 141

베이컨, 프랜시스(Francis Bacon) 47, 123, 124, 125

벤베니스테, 에밀리(Emile Benveniste) 213

벨, 다니엘(Daniel Bell) 39

보편 언어 238

보편적 이성(universal rationality) 100

복음주의 41, 289, 290

복음주의 신학학회(ETS, Evangelical Theological Society) 12

복잡성(complexity) 234

복잡성 물리학(physics of complexity) 115

본질주의(essentialism), 본질주의자 272, 286

봄, 데이빗(David Bohm) 110

부재의 미학(aesthetics of absence) 72

부흥주의(revivalism) 289

북미종교학회(the American Academy of Religion) 12

불트만, 루돌프(Rudolf Bultmann) 192

불확정성 이론(Uncertainty Principle) 113

브로글리, 루이스 드(Lois de Broglie) 111

브리콜라주(bricolage) 60, 88

비본질주의자 272, 274

비트겐슈타인, 루드비그(Ludwig Wittgenstein) 96, 116, 208, 209, 211, 275

비표상주의자 274

비현실주의자 274

빠롤(parole) 212, 219

사이드, 에드워드(Edward Said) 221
사회적 창조물(everchanging social creation) 97
산업화 시대 54
상대성 이론(relativity theory) 112, 115
상대적 객관성(relative objectivity) 114
샬레만, 로버트(Robert P. Scharlemann) 99
선험적 허식(transcendental pretense) 155, 156
설명 체계(explanatory system) 118
세계관(worldview) 93
셸링, 프리드리히(Friedrich Schelling) 171
소쉬르, 페르디낭 드(Ferdinand de Saussure) 211, 212, 213, 214, 215, 217, 237, 257
수반현상(epiphenomenon) 32
수행성(performativity) 107
『순수 이성 비판』 121, 148, 151
술라이만, 수잔 루빈(Susan Rubin Suleiman) 92
슐라이어마허, 프리드리히(Friedrich Schleiermacher) 184
스타일의 병치(juxtaposition of styles) 61
『스타 트랙』(Star Trek) 26, 32, 33, 42
『스타 트랙: 다음세대』(Star Trek: The Next Generation) 25, 26, 39, 40, 42, 305, 308
시니피에 214
시이피앙 214
신념 체계 120
신뢰의 망 303
신화(myths) 101, 180
실용주의, 실용주의자 271, 272, 273, 275, 277, 279, 283
　　　　실용주의 유토피아 270
실재(reality) 110, 194, 255, 258, 261, 293

실재론(realism) 98
  실재론자, 비실재론자 94, 272
  실재 세계 97
  실재의 논리 257
  실재의 신화 256
실천 이성, 실천적 이성 152, 157
심미주의 199

아르토, 앙토냉(Antonin Artaud) 70
아리스토텔레스 135
아방가르드, 아방가르드 운동, 전위 예술 68, 78, 269
아인슈타인, 앨버트(Albert Einstein) 111
앨티저, 토마스(Thomas J. J. Altizer) 52
양식의 다양성 67
양자 포텐셜(Quantum potential) 115
양자 이론(Quantum theory) 111, 112, 114
어거스틴 127, 134
언어 235
  언어 게임(language games) 210
  언어의 구조 233
  언어적 질문 208
『역사의 연구』(The Study of History) 51
역사주의 189
연속론자 247
영원한 회귀(the eternal return) 178
예술적 병치(artistic juxtaposition) 68
예술적 표현(artistic expression) 199

오니스, 드 페데리코(Federico de Onis) 51

울스톤, 토마스(Thomas Woolston) 145

웨스톤, 에드워드(Weston Edward) 69

웨스트팔리아 평화 조약(the Peace of Westphalia) 122, 126

위쇼그로드, 에디쓰(Edith Wyschogrod) 76, 163

유기적 견해(organic view) 110

유토피아 58, 297

    유토피아적 이상주의(utopianism) 284, 285

    유토피아주의 201

의미 구성 과정(meaning-construction process) 100

의미-묵상 구조 217

이글톤, 테리(Terry Eagleton) 108

이상향(utopia) 62

이성의 시대(the Age of Reason) 123, 127, 128, 129, 138, 140, 142, 144, 146, 148

    이성적 주체(autonomous rational subject) 29

    이성적인 실체(rational subtance) 137

    이성적 확실성(rational certainty) 302

이접적 합병(disjunctive mergers) 80

이중 암호화(double-coding) 252

이중적 기호체계(double-coded) 59

이폴리트, 장(Hyppolite Jean) 251

이해도(intelligibility) 207

인과 관계(causality) 149

인류의 붕괴 235

인류학 235, 236, 246

인식(perceptions) 38

    인식 과정(knowing process) 158

    인식아(knower) 201, 281, 299

인식론 299
인식론적 가정(epistemological assumptions) 30
인식론적 회의론 150
일반 상대성 이론 112
『일반 언어학 강의』(Course in General Linguistics) 211

자기 참조(self-referential) 259
자라투스트라(Zarathustra) 159
『자라투스트라는 이렇게 말했다』(Thus Spake Zarathustra) 159, 178, 182
자민족 중심주의 280
자아 162, 219, 231, 233
자아중심 범주(egocentric predicament) 134
자연 법칙(natural laws) 139
자연의 거울 271
자연종교(natural religion) 143, 144
자율성(autonomy) 139
잔혹극(theater of cruelty) 70
재부족화(retribalization) 56
전위 예술(avant-garde art) 68
전체론(holism) 37, 48
전체주의(totalitarianism) 299
절대담론 100
정관(contemplation) 276
정보화 사회(postindustrial information society) 56, 57
정보화 시대 55
정언명령(categorical imperative) 154
젱크스, 찰스(Charles Jencks) 44, 50, 62

존재(being-in)　200, 204

　　　　　존재 신학(onto-theology)　35

　　　　　존재 의식(sense of presence)　72

　　　　　존재의 미학(aesthetics of presence)　72

　　　　　존재의 형이상학(metaphysics of presence)　35

종교개혁　127, 289

주관성(subjectivity)　134

즉시성(sense of immediacy)　254

지식 고고학자　227

지식의 관찰자 이론　275

지역적 담론(local narrative)　103

지적 에토스(intellectual ethos)　17

지적 의제(intellectual agenda)　92

지적 풍조(intellectual mood)　46

지평의 융합　204, 205

직설적 기호(indicative signs)　257

『진리와 방법』(*Wahrheit und Methode*)　202

진리의 일반 이론(general theory of truth)　95

진술적 사고(representational thinking)　198

진실 게임　230

차연(differance)　197, 256, 260, 261

참된 담론(true discourse)　245, 246

초현실주의　65

초월적 기의　263, 269

초월적 기호 표현　256

초월적인 이상주의자　166

초월적인 중심 35
초인(Ü bermensch) 159
최초의 철학(first philosophy) 123

칸트, 임마누엘(Immanuel Kant) 121, 141, 146, 147, 153, 154, 157, 161, 162, 165, 253
컨노, 스티븐(Steven Connor) 57, 90
케플러, 요하네스(Johannes Kepler) 132
코그니타리아트(Cognitariat) 54
코페르니쿠스, 니콜라스(Nicolas Copernicus) 135, 148
코레르니쿠스적 혁명 148, 155
콜라주 기법 59, 67
콜레주 드 프랑스(the Collége de France) 229
쿤, 토마스(Thomas S. Kuhn) 117, 118, 119
쿨러, 조나단(Jonathan Culler) 217
크로커, 아더(Arthur Kroker) 86
클리브 제프리(Geoffrey Clive) 168

탈공업화 정보화 사회(postindustrial information society) 56
탈교육학적 교실(post-pedagogical classroom) 100
탈개인주의 복음 299
탈이성주의 복음 301
탈이원론적 복음 304
탈지성 중심의 복음 306
텍스트 173, 207, 217, 218, 263
토도로프, 츠베탕(Tzvetan Todorov) 216

토인비, 아놀드(Arnold Toynbee)   51
토플러, 앨빈(Elvin Toffler)   55
통시적 언어학   213
통일성 원리   62
특수 상대성 이론   112
틴데일, 매튜   144

파스칼, 블레즈(Blaise Pascal)   296
팍스, 하워드(Howard Fox)   68
패러다임   117
패러다임 전환(paradigm shifts)   117
페리, 프레드릭(Frederick Ferre)   101
포스트모더니즘   27, 28, 33, 37, 42, 43, 77, 90, 108, 225, 248, 291, 292, 294
『포스트모더니즘의 도전』(The Challenge of Postmodernism)   13
『포스트모던 상황』   92
『포스트모던 조건: 지식에 관한 보고서』(The Postmodern Condition: A Report on Knowledge)   91
포스트모더니티(postmodernity)   26, 41, 45, 50
포스트모던 건축   62, 63
포스트모던 과학 혁명   108
포스트모던 관점   109
포스트모던 다양성(postmodern variety)   49
포스트모던 대중문화   86
포스트모던 문화   78, 82
포스트모던 실용주의   277
포스트모던 에토스   13, 16, 18, 293, 307
포스트모던 의식   46, 49

　　　　포스트모던 전체론 48
　　　　포스트모던 진리(postmodern truth) 49
　　　　포스트모던 패러다임 234
　　　　포스트모던 회의론 293
표상주의자(representationalist), 비표상주의자 274
표현적 기호(expressive signs) 257
표현 형식 276
푸코, 미셸(Michel Foucault)　35, 58, 125, 222, 225, 226, 227, 231, 232, 233,
　　　　234, 235, 236, 237, 238, 239, 240, 242, 243, 244, 245, 247, 248, 249,
　　　　250, 292
푸트남, 힐러리(Hilary Putnam) 275
프루잇-이게(Pruitt-Igoe) 43, 44
플라톤주의 122
플랭크, 맥스(Max Planck) 111
피들러, 레슬리(Leslie Fiedler) 52
피히테, 조안 G.(Johann Gottlieb Fichte) 165

하버마스, 위르겐(Jügen Habermas) 29, 24
하산, 이합(Ihab Hassan) 52
하이데거, 마틴(Martin Heidegger)　164, 192, 197, 199, 200, 202, 205
하이젠베르크, 베르너(Werner Heisenberg) 113, 115
합리성의 대가(master of rationality) 40
합의 가학 피학증 관능주의 229
해밀턴, 윌리엄(William Hamilton) 52
해석학 202
　　　　해석학적 대화 205
　　　　해석학적 원 190

해체(deconstruction) 265, 266, 267, 269

해체 구축(deconstruction) 34

해체 비평 34, 266

햄프셔, 스튜어트(Stuart Hampshire) 119

헤테로토피아(heterotopia) 58

현상론(phenomenalism) 257

현실주의(realist) 289

현존, 현존재 194, 196

홉스, 토마스(Hobbes, Thomas) 293

회의론 147

회의주의 149

후셀, 에드문트(Edmund Husserl) 193, 251, 257, 258

후천성 면역 결핍증(AIDS) 225

흄, 데이빗(David Hume) 121, 147, 149